KB050507

Kecology: Knowledge Ecology

지식생태학

생태학, 죽은 지식을 깨우다

유영만 외 9인 공저

박영사

다시 떠나는 지식생태학으로의 탐구 여행

여행은 떠남이다. 지금 여기를 떠나야 저기로 갈 수 있고, 저기로 가야 여기서 만날 수 없는 낯선 사람과 환경을 만날 수 있다. 떠남은 곧 만남이며, 만남은 떠남을 전제로 한다. 공부도 지금까지 알고 있는 세계에서 다른 세계로 부단히 떠나면서 마주치는 만남의 과정이다. 지식생태학을 공부해 온 지난 여정은 생태학을 만나고, 생태계에서 살아가는 수많은 생명과 마주치면서 쌓아올린 학문적·체험적 '만남'의 역사로 점철되어 있다.

낯선 지적 충격의 역사가 내가 지니고 있는 앎의 산물이다. 몸으로 체험한 깨달음, 내가 만난 인간적 관계, 내가 읽은 책들의 메시지가 모두 나의 '앎'으로 축적된다. 내가 알고 있는 나의 인식의 세계는 바로 내 삶을 통해서 역사적으로 축적된 깨달음의 얼룩과 무늬의 산물이다. 지식생태학도 90년대 초 미국 캘리포니아 양지바른 산 중턱에서 당시 프랑스 인시아드(INSEAD)대 경영대학원 교수였던 George Por 박사와의 조우로 태어난 산물이다. 그 후 학습과 지식에 대한 학문적 관심과 실천적 애정이 이어지면서 지식생태학이라는 학문적 지평을 열기 시작한 것은 전적으로 행운이 아닐 수 없다. 알면 사랑하게 되고 사랑하면 더 깊이 파고든다. 지식과 생태학 역시 알아가면서 관심이 생겼고, 사랑하면서 더 깊은 공부에 빠져들었다.

이런 학문적 관심과 사랑의 결과로 지금부터 10여 년 전, 〈지식생태학〉이라는 책을 출간했다. 부제목은 '지식기반사회를 위한 포스트 지식경영'이다. 당시 '지식경영(knowledge management)'은 '올해의 경영혁신 상품'으로 인구에 회자되면서 거의 모든 기업에서 올해의 경영혁신 전략으로 채택할 만큼 유행이었다. 하지만, 나의 문제의식은 "과연 지식이 관리대상일까" 혹은 "더 근본적인 차원에서 지식을 관리할 수 있을까"에 있었다. 이후, '지식'의 본질을 탐구하며 지식의 생태학적 측면에 주목하기 시작했고, 지식관리나 지식경영이라는 용어의 현실적 문제점과 한계를 극복할 수 있는 대안으로 '지식'과 '생태학'을 합성한 '지식생태학'을 제안하기에 이르렀다.

지식생태학은 이처럼 생태학적 문제의식으로 당시의 지식경영 담론이 펼치고 있는 한계나 문제점을 극복하고자 대안을 모색하는 가운데 탄생한 학문적 결과물이다. 이번 책은 2006년에 썼던 〈지식생태학〉의 단순한 개정 증보판이 아니다. 당시에 가졌던 문제의식은 지식이 '경영' 또는 '관리'와 만나지 말았어야 될 '잘못된 만남'이라는 데서 출발했다. 지식은 끈적끈적하고(sticky), 불가시적이며(intangible), 철저한 관리를 해도 외부로 샐 수밖에 없는 것인데, 이걸 다양한 시스템을 통해 관리하려는 불필요한 노력이 전개되면서 시간과 에너지를 낭비한다는 것이었다. 지식은 본래 지식을 소유하고 있는 사람과 분리시켜서 생각할 수 없다. 지식은 지식을 보유하고 있는 사람의 몸에 체화되어 있기 때문이다. 따라서 사람의 몸에 체화된 지식은 시스템적으로 관리할 수 없다. 지식은 일본의 경영학자 Nonaka 교수의 말대로 관리 대상이 아니라 창조의 대상이다.

그렇게 〈지식생태학〉 책을 낸 지도 벌써 10년이 흘렀다. 모든 책은 당시의 시대적 배경과 저자의 문제의식이 만들어낸 합작품이다. 시대적 배경도 바뀌었지만 더욱 많이 바뀐 것은 지식생태학이라는 학문 자체를 바라보는 관점과 이것이 지향하는 학문적 탐구의 문제의식이다. 공부는 진공관에서 외롭게 혼자 하는 독립적인 자각의 과정이 아니다. 공부는 인식과 관심을 같이하는 사람들이 하나의 이슈를 잡아 끈질기게 물고 늘어지면서 그것의 깊이를 파고들어 가는 동시에 넓이를 확산해나가는, 한마디로 인식 깊이의 심화와 인식지평의 확산을 도모하는 공동의 깨달음이다. 그래서 공부는 지식공동체라는 연대망 속에서 저마다의 문제의식을 갖고 치열하게 고민하고 실천현장을 매개로 부단히 실험하는 가운데 이론적 실천의 정교함을 드높이고 실천적 이론의 엄밀함을 추구하는 과정이다. 새롭게 출간하는 〈지식생태학〉은 지식생태학에 대해 초기에 가졌던 외로운 문제의식을 함께 나눌 수 있는 학문적 동지들을 만나 정기적으로 만나 공부하는 과정을 서로의 거울에 비춰가며 갈고 다듬어 함께 이뤄낸 합작품이다. 모든 전문성도 전문가가 수많은 사람을 만나면서 주고받은 영향력이 무르익어가면서 생긴 사회적 합작품이다. 마찬가지로 지식생태학이라는 학문적 성취도 서로의 문제의식과 위기의식을 공유하면서 몸으로 체득하고 가슴으로 느낀 체험적 깨달음을 정리해낸 우리 모두의 공동작품이다.

인도계 미국 작가 Jhumpa Lahiri가 이탈리아 언어로 발표한 산문집이 바로 〈이 작은 책은 언제나 나보다 크다〉이다. 얇은 산문집이지만 영어로 글쓰기를 잠시 보류하고 로마로 이사까지 가서 이탈리아 언어를 배우면서 책을 내기까지 분투한 저자의 노력을 담백한 언어로 담아낸 산문집이다. 이 책은 "창작에 있어서 안정감만큼 위험한 것은 없다"고 스스로 선언하고, 익숙한 영어보다 낯선 이탈리아 언어로 글을 쓰는 모험을 감행하면서 겪은 저자의 감동적인 스토리다. 비록 작가의 생각을 서투른 이탈리아 언어로 충분히 표현하지 못했지만 작은 책에 담긴 작가의 열망과 열정은 언어로 표현할 수 있는 수준을 넘어선다. 그래서 라히리는 그의 책이 비록 어설프지만 자신보다 크다고 말한 것이다. 관념적 앎으로 삶을 증명하기보다 전쟁 같은 삶으로 앎을 증명하려고 오랜 시간 함께 노력하면서 만들어낸 〈지식생태학〉 역시 갈 길이 먼 책이지만 언제나 우리 모두의 생각보다 큰 얼룩과 무늬를 담고 있는 책이다. 이 책은 서로의 생각이 교차침투하면서 각자가 생각하는 한계를 넘어서는 작은 성취의 기록이자 앞으로 무엇을 왜 공부해야 되는지를 알려주는 이정표이기도 하다. 모든 작품은 무수한 실패작 끝에 탄생하지만 언제 끝날지 알 수 없는 미완성 작품이기도 하다. 하지만 모든 작품에는 작가의 성품이 자신도 모르게 담기게 마련이다. 보잘 것 없는 작품이라고 할지라도 지식생태학은 그동안 우리가 발품을 팔아가면서 온몸으로 사투한 흔적을 기록으로 남긴 합작품이다. 지식생태학은 생태계에서 살아가는 모든 생명체가 저마다 살아가는 삶으로 앎을 증명하면서 깨달은 체험적 지식에 대한 인식론적 전환점을 마련하는 출발이자 지식을 매개로 새로운 지평이 열리는 인식에 대한 생태학적 상상력의 산물이다.

〈서광〉이라고도 번역되는 Nietzsche의 〈아침놀〉이라는 책에는 지하 바닥을 뚫고 들어가고 파내며 밑을 파고들어가 뒤집어엎는 철학적 광부이야기가 나온다. 지금까지 중심이나 토대라고 생각했던 근거를 뒤흔들어 그것마저도 없애버리고 새로운 근거나 토대를 만드는 니체의 의도가 숨어 있다. 〈차라투스트라는 이렇게 말했다〉가 Nietzsche가 산상수련 10년을 지낸 뒤 세상으로 내려와 그동안 깨달은 설법을 전파하는 책이라면, 〈아침놀〉은 칠흑 같은 어둠을 벗 삼아 끝을 알 수 없는 밑바닥에서 홀로 보낸 뒤 아침이 밝아오자 피곤한 기색으로 자신이 지나온 밤에 대해 말하는 책이다. 하지만 차라투스트라로 변신한 Nietzsche의 설법이나 밑바닥 삶을 통해 깨달은 진리를 말하는 Nietzsche의 말 모두 일반 사람들이 쉽게 이해할 수 없는 슬픈 현실을 부정하기 어렵다. 이 책도 지난 10년 동안 생태학적 문제의식으로 갈고 다듬어서 지식생태학으로 세상을 바라보는 깨달음의 메시지가 들어있다. 다만, 한 선각자의 외로운 외침으로 끝나지 않고 학습과 지식을 포함해서 세상을 바라보는 다른 시선과 관점, 그리고 지금 여기서의 삶을 바꿔낼 수 있는 대안적인 접근논리로 받아들여졌으면 좋겠다는 희망을 가져본다.

Nietzsche는 〈아침놀〉이라는 책에서 사상가를 네 등급으로 분류한다. 현상의 표면을 바라보는 '피상적 사상가', 심층이나 현상의 이면을 연구하는 '심오한 사상가', 그리고 현상 밑의 바닥을 탐구하는 '철저한 사상가'와 밑바닥을 뚫고 들어가서 파헤치고 뒤엎는 '지하의 사상가'가 그것이다. 〈언더그라운 니체〉라는 책을 쓴 고병권에 따르면 앞의 세 부류가 깊이에 따라 구분되었다면, '지하의 사상가'는 깊이 자체를 전복시키는 사상가다. 바닥을 뚫고 들어가 근거들의 무근거성에 도달하고, 깊이 자체를 전복하며 비로소 자유로워진다. '지하의 사상가'가 우리에게 던지는 시사점은 기존의 학문적 탐구 자체의 무의미성을 지적한다는 점이다. 학문세계의 옳고 그름을 일방적으로 판단할 수 없다. 우리는 그저 저마다의 높이에서 저마다의 관점과 저마다의 방식으로 세상을 바라보는 다양한 사상가일 뿐인지도 모른다.

지식생태학을 공부하면서 우리는 '피상적 사상가'로 학습과 지식에 관한 피상적 담론을 훑어보기도 했고, '심오한 사상가'처럼 생태학을 비롯해서 학습과 지식에 대한 심층이나 현상의 이면을 연구하기도 했다. 그리고 생태학적 문제의식의 근본을 파고들거나 다양한 학습개념과 지식개념의 본질을 탐구하는 '철저한 사상가' 노릇도 해봤다. 동시에 우리는 '지하의 사상가'처럼 우리가 옳다고 믿거나 당연하다고 생각하는 이론적 가정의 근거나 믿음의 토대를 전복시켜 원점부터 다시 생각해보는 힘든 노력으로 많은 상처를 받기도 했다. 하지만 이런 노력은 한두 번의 집요한 탐구로 끝나는 것이 아니라 우리가 살아가면서 공부를 계속하는 동안은 영원히 끝나지 않는 미완성 교향곡임을 알고 있다. 지금 이 시점에서 지식생태학에 대한 공부의 결과를 세상에 내놓은 이유도 공부의 결과를 알리는 과시가 아니다. 오히려 이 책은 부단한 성찰과 탐구를 통해 앞으로도 더 치열하게 근본과 토대를 전복시켜 그 위에 새로운 근거를 구축하고 스스로 파괴하는 작업을 부단히 전개할 것이라는 다짐의 증표이다. 지식생태학은 여전히 세상의 변화를 끌어안고 고뇌하며 현실문제를 해결하는 단초를 마련하기 위해 더 치열하게 다듬어 나가야할 생태학적 상상력의 산물이다. 함께 공부했던 지식생태학 학문적 동지들을 대표해서 이 글의 서문을 열어본다.

노을이 아름다워지는 어느 가을날 저녁
저자를 대표해서 지식생태학자 유영만

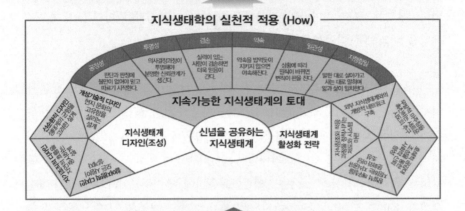

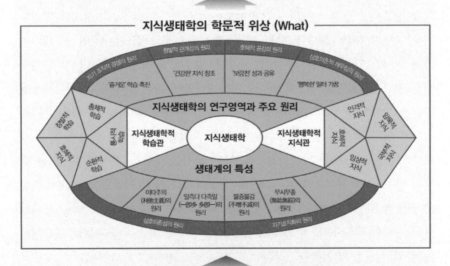

[지식생태학 개념도]

1부 지식생태학의 문제의식과 등장배경(WHY)

3부 지식생태학의 실천(HOW)

WHY

지식생태학의 문제의식과 등장배경

1장

생태학적 문제의식의 출발과
생태론적 패러다임의 전환[1]

1. 자연환경의 위기와 생태학적 문제의식

봄을 알리는 철새들의 소리를 더 이상 들을 수 없는 지역이
점점 늘어나고 있다. 한때 새들의 아름다운 노랫소리로 가득 찼던
아침을 맞는 것은 어색한 고요함뿐이다.
노래하던 새들은 갑작스럽게 사라졌고,
그들이 우리에게 가져다주던 화려한 생기와 아름다움, 감흥도
우리가 모르는 사이에 너무도 빨리 사라져버렸다. 아직 이런 일이
일어나지 않은 마을은 그런 사실조차도 알아차리지 못하고 있다.

Carson, <침묵의 봄> 중에서

---

[1] 본 장에서는 생태학(ecology)에 대한 학문적 접근보다는 저자가 현대 사회가 가지고 있는 병폐에 대한 대안으로서 생태학적 접근에 주목하게 된 배경을 밝히고자 한다.

인류는 장구한 역사 속에 자연과 더불어 진화해 왔다. 자연의 무한한 혜택을 누렸지만, 주어진 자연환경을 극복해야만 생존이 가능했던 투쟁의 역사이기도 하다. 때로는 극복하고, 때로는 압도되면서 역사의 뒤안길로 사라지기도 한다. 인간이 자연을 지배하기 시작한 것은 산업화 시대를 본격적으로 맞이하면서부터다. 산업혁명을 거치며 자연을 지배하고 통제하는 방법과 기술은 빠른 속도로 고도화하기 시작했다. 인간문명은 수단화된 자연자원을 보다 효율적으로 개발·활용하기 위해 정교한 과학기술을 발전시켜왔다.

지구 역사 46억 년을 하루 24시간으로 보면 인류의 조상은 자정 2분 전에 등장했고, 호모 사피엔스는 불과 1분 전에 출현했다. 호모 사피엔스의 역사 24만 년을 하루 24시간으로 보면 산업혁명이 시작된 것은 오후 11시 58분, 산업혁명 이후 200년은 고작 0.37초에 불과하다(Macy, J. & Chris, J., 2012). 인류는 이 0.37초 남짓 되는 찰나의 시간 동안 수십억 년 동안 쌓여왔던 자연 유산을 마구 사용하면서 '기후 변화' 등의 위기를 초래하고 있는 것이다.

기술의 발전과 문명의 발달은 자연의 파괴라는 미증유(未曾有)의 후유증을 남기게 되었으며, 자연 파괴의 심각성은 인간 삶의 폐해로 다가오기 시작했다. 언제부턴가 날씨를 보면서 오늘의 미세먼지 농도를 확인하게 되었고, 황사 예보가 있는 날이면 노약자는 외출을 자제하고 너도나도 방역용 마스크를 구매하기에 이르렀다. 이 문제는 한 국가만의 문제가 아니다. 갈수록 심화되는 생태계의 파괴와 환경오염, 지구 온난화의 가속화와 이에 따른 생태계의 교란, 자연 자원의 고갈과 멸종되어 가는 생물종으로 인한 먹이사슬의 붕괴, 개발지상주의로 치달은 자본주의적 소비 패러다임은 지구 전체의 위기이자 인류가 직면하고 있는 심각한 난제다.

오늘날 인류가 직면하고 있는 환경 위기는 어느 특정 지역에 국한된 국부적인 문제가 아니라 전 지구적 차원의 인류가 함께 짊어진 문제이며, 대증요법적 치유방안이나 어느 한 분야의 과학적인 연구와 노력만으로는 해결할 수 있는 문제가 아니다. 피상적으로 대처할 수 없는 구조적이고 복합적인 문제일 뿐 아니라, 하나의 문제가 또 다른 문제를 연속적으로 파생시키는 순환적인 문제이기에 인위적으로 어떻게 대처할 수 없는 불가역적 문제다(이도흠,

2002). 생태계가 파괴됨에 따라 자신을 끊임없이 새롭게 창조하고 유지해가는 자기조직화(self-organization) 능력을 상실해 가고 있다는 점에서 문제의 심각성이 있으며, 우리는 환경이 회복과 갱생 또는 치유 불가능의 상태로 서서히 빠져들고 있다는 점을 상기해야 한다.

생태학적 문제의식은 이러한 문제점을 극복하기 위해 제기되어 왔다. 생태(生態)란 "살아 있는 모든 것들의 생활하는 상태, 즉 어떠한 존재가 유기적이고 포괄적으로 살아가는 삶의 상태이자 존재방식(박영택, 2003, p.19)"을 말하는 것으로, 이 세상에 존재하는 모든 것은 관계의 그물 안에서 각자에게 맡겨진 역할을 하면서 상호의존하고 기생하면서 더불어 살아간다는 삶의 모습을 의미한다. 자연 속에 존재하는 모든 개별적 존재는 그가 존재하는 구체적인 세계 속에 뿌리를 두고 타자와 분리할 수 없는 상호연관의 체계를 구성한다. '생태학적'이란 "살아있는 것들의 환경 또는 살아있는 것들과 그것들을 둘러싼 환경 사이의 관계의 유형 또는 유기체들의 상호의존성에 관계하는 과학"(박이문, 1997, p.162)을 지칭한다. '생태학적'이라는 말 속에 이미 상호의존성이나 상호작용을 탐구하는 관계지향의 철학이 내재되어 있다.

이러한 생태학적 개념에 비추어보면, 작금의 자연환경이 직면하고 있는 위기의 심각성은 유기적이고 관계적으로 살아가는 삶의 상태이자 존재방식을 망실해가고 있다는 점에서 찾아볼 수 있다. 이 문제의 시발점은 자연을 '환경'으로 인식하고 그 환경을 인간과 무관하게 독립적으로 존재하는 별개의 존재로 규정한 데에서 찾을 수 있다. 인간의 특정 욕망과 필요 또는 생물학적 주체로서의 인간이 추구하는 목적을 달성하기 위해 도구적으로 취급한 상황에서의 사물현상을 환경으로 지칭한다면(박이문, 2002), 오늘날 생태계의 위기는 자연을 환경적 개념으로 파악했기 때문이라고 볼 수 있다. 나아가 자연을 인간적 목적달성을 위한 수단적 가치로 파악하고 발굴과 개발, 착취와 지배, 그리고 통제와 조정의 대상으로만 생각하는 자본주의적 자연개발 패러다임에 문제의 심각성이 존재한다(이상헌, 2011). 자신이 몸담고 사는 환경을 파괴하는 유일한 생명체는 생명체 가운데 가장 영리하다고 간주되는 인간이라는 사실에 주목할 필요가 있다.

2. 생존위기의 원인, 이분법적 분리주의

자연환경의 위기로부터 오는 생존위기는 서로 떨어져서 존재할 수 없는 자연과 인간을 별개의 독립적 실체의 관계로 구분해놓고 어느 한 쪽 입장이 다른 쪽보다 우월하다고 본 것에서 원인을 찾을 수 있다. 자연을 하나의 온전한 생명을 갖고 있는 총합체로 파악하지 않고 과학적 탐구와 개발의 대상인 물질로 규정하고(Yoshikazu, 1990), 과학기술을 이용해 인간이 자연을 지배하고자 하는 논리는 인간이 자연보다 뛰어나고 인간의 과학적 지식과 기술로 자연을 온전히 다 알 수 있다는 환상이 초래한 오류다(전경수, 2000). 이러한 인간중심적 환경관의 밑바탕에는 인간주체와 자연대상을 상호배타적으로 구분해서 이원화시키려는 이분법적 분리주의(dualistic dichotomy)에 근거한 기계론적 패러다임이 뿌리 깊게 자리 잡고 있다(박이문, 2002; 한면희, 2002, 2004).

인간은 자연을 보다 효율적으로 통제하고 조정하기 위해서 과학적 원리와 방법을 개발하고 이를 실제 직면하고 있는 문제를 해결하는 데 적용함으로써 결과적으로 과학기술의 눈부신 발전을 이룩하게 되었다. 이분법적 분리주의는 인간을 주체로, 자연을 객체로 상정하고 주체의 객체 지배논리를 정당화시켜주었을 뿐만 아니라 인간중심적 환경관을 탄생시킨 장본인임은 말할 필요도 없다. 이러한 이분법적 분리주의에 근거하고 있는 인간중심적 환경관에 의하면, 객체로서의 자연은 주체로서의 인간의 요구와 필요에 따라 착취와 억압의 대상이 되며 지배와 통제를 받을 수밖에 없는 물질적 풍요라는 목적을 달성하기 위해 활용되는 수단과 도구로 전락했다.

이분법적 분리주의에서 주체는 언제나 객체보다 우월하다고 전제한다. 이는 지배를 당연한 것으로 여기는 수준을 넘어서서 주체의 객체 억압과 착취까지도 정당화시키는 폐해를 낳았다. 이는 주체와 객체가 서로 존재론적으로 분리되어 있기 때문에, 주체가 객체를 억압하고 착취하는 데 있어서 발생하는 고통은 서로에게 아무런 영향을 주지 않는다고 가정하고 있는 것이다. 주체와 객체를 이분법적으로 분리하는 관점에서 인간의 자연 착취와 무분별한 개발이 성행하게 되었다. 인간은 현재의 환경 재난을 불러일으킨 장본인이 된 셈이다.

박이문(2002)은 인간중심적 환경관을 다음과 같이 설명한다. 첫째, 주체적으로 의식하고 경험하고 판단한 가치만이 진정한 가치이다. 둘째, 인간만이 가치주체로서 어떤 대상 혹은 현상을 실제적인 가치로 의식하고 경험하고 판단할 수 있다는 점에서 가치의 원천인 동시에 궁극적이고 내재적 의미를 갖는다. 반면에 인간 이외의 모든 가치는 인간의 욕망과 목적에 비추어 도구적이고 외재적이며 상대적일 뿐이다. 셋째, 자신 이외의 존재인 자연을 착취, 약탈, 파괴하는 인간의 행위는 정당화된다.

인간주체와 자연대상을 상호배타적으로 구분해서 이원화시키려는 인간중심적 환경관, 이분법적 분리주의에 근거한 기계론적 패러다임에서는 인간 주체의 자연 객체 지배와 통제논리를 정당화시키고, 객체로서의 자연을 주체가 보다 효율적으로 개발·지배·통제·조정할 수 있는 과학기술을 발전시키는 결과를 초래했다. 그렇게 개발된 과학기술은 인간의 통제권을 벗어나 이제 역으로 인간을 지배하고 통제하는 역기능적 논리를 파생시키고 있으며, 과학기술을 통한 무한개발지상주의를 더욱 정당화시켜 자연환경을 파괴하고 오염시키는 주역이 되고 있다. 기계론적 패러다임은 자연을 함께 더불어 살아가면서 서로 영향을 주고받는 공존공생의 순환체계이자 생명 공동체로 파악하지 않고 하나의 착취대상의 이용물로 삼아 남용한 결과 인류의 지속 가능한 삶 자체를 심각하게 위협하는 결과를 가져오고 있다.

기계론적 패러다임은 정신과 물질 또는 몸을 이원론적으로 구분하는 Decartes의 이분법적 사고와, 세상을 하나의 거대한 기계로 파악한 Newton의 세계관이 합작되어 만들어진 세계관 중의 하나이다. 기계론적 패러다임에 의하면 세상은 개별적 요소들의 합으로 구성되어 있기에 전체를 분석하기 위해서 부분이나 요소로 분할해서 분석해야 된다는 환원론적 입장(reductionism)을 취한다. 기계론적 세계관에서 세계는 하나의 기계적 운동으로 환원시켜 설명할 수 있다는 입장을 취하면서도 모든 현상이나 사태는 자연적이고 필연적인 인과 법칙에 따라 작동한다고 믿는다. 이러한 기계론적 패러다임이 지니고 있는 심각한 문제점은 자연을 생명이 없는 물질적 재료나 기계적 움직임으로 파악하기 때문에 자연에서 일어나는 변화를 입자들의 운동과 변화로 설명하려고 시도함으로써 인간의 자연 정복과 이용을 정당화시킨다는 점에 있다.

3. 기계론적 패러다임에서 생태론적 패러다임으로의 전환

오늘날 산업문명의 지배이데올로기인 기계론적 패러다임은 환경파괴와 오염은 물론 정치, 경제, 사회, 문화, 교육 등 전 분야에 걸쳐 온갖 폐해를 낳고 있다. 이같은 문제상황을 해결하기 위해서는 전체를 부분으로 분석하고 종합해서 이해하려는 종전의 환원주의, 인간중심주의 등에 바탕을 둔 기계론적 패러다임에서 벗어나야 한다. 전일적(全一的)이며 역동적인 생명중심 패러다임 또는 생태론적 패러다임으로의 전환이 필요하다(임재택, 2002). 생태학은 사전적으로 생물의 상태 및 생물과 환경과의 상호작용이나 관계를 과학적으로 연구하는 생물학의 한 부분으로 정의된다(Bramwell, 1989). 그러나 자연환경, 특히 유기체와 이를 구성하는 환경적 요소들 간의 관계를 탐구하는 초기의 미시적인 협의의 생태학적 관심은 최근 환경문제가 인구에 회자되면서 환경과 인간간의 관계 전반을 다루는 학문적 탐구영역으로 급부상하게 되었다.

생태학의 어원적 의미를 추적해보면 현 상황에 대한 생태학적 문제의식이 더욱 분명해진다. 생태를 뜻하는 영어 에코(eco)는 희랍어 오이코스(oikos)에서 비롯되었는데 이 말은 본래 집(house) 또는 살아갈 장소(place to live)나 주거단위, 거주지(oekos)라는 개념과 로고스(logos: study of)의 합성어로 이루어진다. 어원 그대로 옮겨보면 '사는 곳에 대한 학문'(이도원, 2002; Bramwell, 1989; Burnie, 2003)을 의미한다. '생태학적'이라는 말은 우선 오이코스에 내재되어 있는 특성, 즉 집·거처·서식지·보금자리와 같은 말에서 연상된 특성에 비추어 본다는 것을 뜻한다. 즉, 생태학은 살림하는 집에 붙어

닥친 위기의 실체와 본질을 밝혀가면서 기존 패러다임의 한계와 문제점을 극복하고 죽음과 죽임을 다시 살림 또는 살림살이의 형태로 되돌리는 학문적 결단이다. 환경과 인간의 문제에 대한 근원적 대안을 모색하는 인식론적, 실천적 전환이다.

생태론적 패러다임은 현재 인류가 당면한 문명사적 위기의 극복을 위한 나침반으로서 기존의 기계론적 패러다임의 코페르니쿠스적 전환을 의미한다(박이문, 1997, 2001, 2002). 생태론적 패러다임에 의하면, 지상에 존재하는 모든 생명체는 독립적으로 존재하는 별개의 객관적 실체가 아니라 전체인 관계의 그물 속에서 상호작용하며, 서로 연결되어 있고 자연과 조화를 이루면서 진화하고 우주의 궁극적 생명과 합일을 추구한다(Capra, 1996, 2002). 이는 인위적 통제와 조정으로 자연의 순리를 역행하는 논리가 아니라 자연의 도를 따르는 것이며, 인간과 자연은 하나의 연결된 전체로 파악하는 동양적 일원론과 상통한다.

기계론적 패러다임에서 생태론적 패러다임으로의 전환은 곧 개체론적 패러다임에서 관계론적 패러다임으로의 전환을 의미한다. 생태론적 패러다임의 본질은 자연과 인간, 인간과 인간, 자연과 자연간의 상호의존성과 관계맺음 방식의 차이에서 찾아볼 수 있다. 생태론적 패러다임으로의 전환이 갖는 인식론적, 실천적 특징은 자연 삼라만상의 존재를 독립적 개체로 파악하지 않고 관계론적 연결망으로 파악한다는 데 있다. 이 세상에 존재하는 모든 것은 따로 떨어져 독립적으로 존재하는 것은 아무것도 없다는 불교철학의 연기설에서도 시사받을 수 있다. 이러한 관계론적 연결망은 생명성이 거세된 상태에서 단순히 물리적으로 연결되는 기계적 연결망이 아니라 시스템의 한 요소나 부분의 손실, 파괴는 결과적으로 생태계 전체에 심각한 영향을 미치는 생명공동체로서의 통합적 연결망이다.

대상이 인식주체와 독립적으로 존재하는 개체론적 사고는 강물의 존재를 궁극적으로 정복해야 될 대상이며, 이를 위한 다양한 기술개발은 정당하고 필요한 것이라고 가정한다. 그러나 강물의 의미는 강물과 내가 맺는 관계방식에 따라 전혀 다른 의미로 다가온다. 강물과 나는 따로 떨어져 독립적으로

존재하는 것이 아니라 강물과 나는 하나의 자연이라는 물심일원적(物心一元
的) 입장이 필요하다.

대지위의 모든 생물, 무생물, 그리고 대지위에서 일어나는 모든 일들은
우리 몸 전체를 하나로 묶어 주는 피처럼
서로 연결되어 하나의 망을 이루고 있습니다.
인간은 그 삶의 망을 직접 짤 수는 없으며
단지 연결된 그 망에 한 올의 실일 뿐입니다.
인간이 삶의 망에 행한 그 어떠한 행위도
바로 자신에게 행한 일임을 잊지 말아야 합니다.

유민봉, <나를 찾아가는 자기경영> 중에서

2장

생태학적 관점의 다양성과
지식생태학과의 관계

생태학적 논의와 주장은 철학과 사회, 정치, 교육, 윤리 등 거의 전 분야에서 활발히 나타나고 있다. 이들은 공통적으로 우리가 사는 시대가 겪는 문제의 핵심이 무엇인지, 그 문제의 근원이 무엇인지, 이에 대한 해결책은 무엇인지에 관심을 갖고 다양한 생태학적 접근을 시도하고 있다. 어떤 생태학적 접근이든 그것이 적용된 정도의 차이만 있을 뿐, 그 근간에는 공통적으로 인간과 인간, 인간과 자연의 관계에 대한 인식론적, 철학적 믿음을 바탕으로 하고 있다. 그러므로 다양한 분야에 적용되고 있는 생태학적 접근을 이해하기 위해서 우선 그 논의의 큰 줄기를 이해할 필요가 있다. 따라서 본 장에서는 심층생태학, 사회생태학 등 생태학적 문제의식과 추구하는 가치를 살펴봄으로써 이것이 지식생태학에 시사하는 바를 정리한다.

1. 심층생태학

1) 심층생태학의 문제의식과 등장배경

(1) Naess(1973)의 심층 생태주의 운동

1960~1970년대 미국에서는 전국적 규모의 환경운동과 함께 관련 정책들이 입안되기 시작했다. 폭발적 인구증가의 문제, 유독폐기물 및 공해로 인한 공기·물·토양 오염이 인간의 건강에 미치는 영향, 일부 생명종의 멸종 등 생태 위기 현상에 대한 위기의식이 급속하게 전파됐기 때문이다(한흥식, 2000). 그러나 다른 한편에서는 이러한 접근들이 표면적인 접근에 머무르고 있다며 이를 비판했다. 실제 당시의 환경 보존을 위한 정책 중심의 움직임들은 경제성장과 기술 발전 등에 따른 문제 상황을 해결해 줄 것이라는 믿음을 갖고 있었다. 환경문제에 대한 근본적인 원인을 탐색하거나 변화를 모색하기보다는 중앙집권적이고 관료적인 환경정책에 의존했다.

이에 Naess(1973)는 기존의 생태학적 입장과 구분되는 대안적 관점으로 '심층 생태주의 운동(deep ecology movement)'을 주장했다. 심층 생태주의 운동은 인간중심 또는 인간우위 입장에서 자연의 가치를 평가·개발·지배하려는 인간적 욕망이 생태계 위기의 근본적인 원인이라고 지적했다. 인간의 과욕이 오늘날과 같은 심각한 생태계의 위기를 초래했다. 심층 생태주의 운동가들은 인간이 다른 생명체보다 우위를 점하거나 그것들을 자유롭게 활용할 수 없다는 데 근본적인 문제의식을 지니고 있었다. 지구에 존재하는 모든 생명체가 저마다 고유한 존재와 생명 가치를 지니고 있다고 여겼기 때문이다. 이런 점에서 심층 생태주의 운동은 기존의 생태학적 주장과 활동이 지금 우리가 직면하고 있는 환경문제를 근본적으로 해결할 수 없는 피상적 수준에서 이루어지고 있다고 비판했다. 단지 현재의 문제 상황만 해결하면 건강하고 풍요로운 삶을 누리게 될 것이라는 표면적이고 인간중심적인 인식에 머물러 있었기 때문이다.

반면 Naess가 주장한 심층 생태주의 운동은 새로운 철학과 가치관의 정립을 요구한다. 그는 심층 생태주의 운동이 산업 사회가 일으킨 심각한 환경 파괴에서 지구 생태계를 구하기 위하여 인간의 인식과 가치, 생활양식 전반에서 근본적으로 변화해야 한다고 보았다. 즉 심층 생태주의 운동은 사회의 지배적인 패러다임의 변혁과 인간중심적인 세계관에서 생태중심적인 세계관으로의 변화를 지향했다(송명규, 1996). 특히, 그는 생태학이 단순히 하나의 과학으로서 존재하는 데 그치지 않고, 보다 근본적인 질문을 제기할 수 있어야 한다고 보았다. '왜' 그리고 '어떻게' 라는 질문을 통해 생태 위기나 문제 뒤에 감춰진 지배적 접근 방법을 당연한 또는 주어진 것으로 간주하지 않고 이를 비판할 수 있어야 한다는 것이다.

심층생태학이 가정하는 환경문제나 위기의 근원은 인간은 자연보다 우월하기 때문에 자연은 인간의 목적과 가치에 봉사해야 된다는 인간중심적 사고방식에 있다고 주장한다. 이런 의미에서 심층 생태주의 운동은 생태 위기나 문제, 현상에 대하여 보다 근본적인 물음을 던지는 생태학적 결단이자 각성이라고 볼 수 있다. 이런 점에서 Naess의 심층 생태주의 운동은 '심층생태학'의 문제의식을 촉발시키며 지금까지의 생태학적 패러다임을 뿌리부터 다시 생각해보는 초석을 제공했다.

(2) 문화적 측면에서의 심층생태학적 문제의식

Thoreau와 Lawrence 그리고 Huxley는 그들의 문학작품을 통해 문화적 측면에서 심층생태학의 문제의식을 제공했다. 이 세 명의 철학가들은 자신의 글을 통해 인간중심적인 세계관이 야기하는 사회적 또는 생태학적 위기와 문제를 설명하며, 이를 극복하기 위해 다시 자연으로 돌아갈 것을 시사했다(Sessions, 1987).

Thoreau는 〈콩고드 강과 메리맥 강 일주일〉(A Week on the Concord and Merrimack Rivers, 1849), 〈월든-숲속의 생활〉(Walden, 1854) 등에서 자신이 자연에서 체험한 바를 문학 작품으로 녹여냈다. 그는 자신의 작품에서 자연과 인생의 진실을 파악하기 위해 노력했다. 인간의 헛된 망상과 욕망으로 물들어 버린 물욕, 습관적으로 반복해온 사회적·인간적 타성에 젖은 사회와 국가 등의 것들에 저항하기 위한 문학적 실험을 감행했다. 그는 물질적 욕구에 젖어 있는 현대인들이 충분히 소유하였음에도 불구하고 만족하지 못하고, 끊임없이 더 소유하고자 안달하는 인간적 욕망과 자연지배 욕구가 오늘날과 같은 심각한 환경문제를 야기한 주범이라고 진단했다(정석권, 2012). 실제 그는 〈월든〉에서 서구문명의 물질중심주의를 대체하는 새로운 생활방식을 몸소 실험했다. 그는 영혼과 육체, 정신과 물질, 자연과 신의 이원론에서 벗어나 인간의 삶에서 자연의 질서와 조화를 추구해야 한다며, 인간의 자연지배적 가치관을 신랄하게 비판했다.

Lawrence는 자신의 작품에서 인간중심성이나 인위성에서 벗어나 인간의 원시적·자연적 본능을 매우 중시했다. 그의 저서로는 〈채털리 부인의 연인〉(Lady Chatterley's Lover, 1928), 〈무지개〉(The Rainbow, 1915), 〈사랑하는 여인들〉(Women in Love, 1920) 등이 있다. 그는 서구사회의 이성 중심적 이념과 가치관에 의해 억압받고 왜곡되었던 인간의 내재적 본성과 가치를 인간과 자연의 유기적 관계로 회복하는 방법을 제시하고자 노력했다. 그의 문학에서 서구사회가 추구해온 이성중심적 이념과 가치관은 인간과 자연의 내재적 본성과 가치를 억압하고 인간의 자연지배를 정당화시킨 주범이 된다. 그는 서구 사회의 인간중심적 이념과 가치관을 비판적으로 바라보았다. 서구사회가 우주와 인간의 관계를 이분법적으로 구분하며 천상·초월·이성·정신 등을 강조하면서, 상대적으로 자연의 본성과 가치를 억압하고 소외시켜 왔기 때문이다. 이를 바탕으로 그는 초월성, 절대성, 보편성에 근거하여 획일화, 서열화를 자행해 온 서구사회를 비판하고 자연과 인간이 지난 본래의 내재적 본성과 가치로 회귀해야 한다고 주장했다(박창도, 1998; 이영철, 2009).

Huxley는 과학발전을 저주하며 만년에는 시골로 내려가 문명과 단절된 삶을 살았다. 그는 당시 무분별하게 이루어지고 있었던 과학발전이 가져올 위험성을 경고했다. 그는 이것이 초래할 사회적·생태적 문제를 경계하며, 자연친화적 방법을 통해 자연을 보존해야 한다고 말했다. 예를 들어, Huxley는 그의 저서 〈멋진 신세계〉(Brave New World, 1932)에서 가상의 미래 세계를 다뤘다. 소설 속에서 그가 묘사한 미래 세계는 하나의 통일된 정부에 의해 운영되며 모든 것이 컨베이어 시스템 속에서 만들어지게 된다. 심지어 인간

마저도 자동적으로 병 속에서 수정되고 길러진다. 이 소설은 극도로 발전한 기계 문명이 모든 것을 통제하는 계급 사회에서 이것이 가져오게 될 비인간적 모습을 경고하고 있다(김기윤, 2016; 신상성, 1998). 자신의 작품을 통해 자신이 살고 있던 사회를 비판하며, 무분별한 과학기술의 발전이 가져올 위험성을 문학 작품으로 그려냄으로써 생태 위기와 문제를 경고한 것이다.

Thoreau, Lawrence 그리고 Huxley의 문학세계는 심층생태학적 문제의식에 영향을 끼쳤다. 그들은 인간중심주의적 관점에서 이루어지고 있는 무분별한 개발지상주의와 남용으로 인해 자연이 파괴되었으며, 이것이 인간의 삶도 병들게 하고 있다고 진단했다. 이들은 문학작품 속에서 회복할 수 있는 방법은 다시 온전한 자연으로 다시 돌아가는 일이라 말하고 있다(김현생, 2010).

(3) 신(新)과학자 Capra

동양의 신비주의 철학에 근거하여 신(新)과학운동을 주도했던 Capra(1975, 1982, 1996)는 Newton의 기계론적 패러다임을 비판하며 생태학적 세계관을 강조했다. 그는 세계를 서로 분리된 부분의 합으로 보는 환원론(還元論: reductionism)적 접근을 거부하고, 하나의 통합된 전체로 보는 전일론(全一論: holism)적 세계관을 취했다(이성범, 1992). Capra에 따르면 세계는 독립적으로 존재하는 객체가 아니라 모두 연결되어 존재하는 관계론적 망(web)이라고 본다. Newton처럼 부분을 분석해서 전체를 이해하려는 발상 자체가 잘못되어 있다는 것이다. 부분의 존재이유는 전체와의 관련성이나 상호의존성에서 찾을 수 있으며 전체와의 관계를 잃어버린 부분의 존재는 무의미하다는 것이다. 생명체의 존재도 생태계와의 관계 속에서 이해할 때 비로소 이유나 살아가는 방식을 이해할 수 있는 것처럼 이 세상에 존재하는 모든 실체는 독립적으로는 그 의미를 알 수 없을 뿐만 아니라 이해한다고 해도 실체의 본질을 왜곡할 뿐이다.

Capra는 〈생명의 그물〉(Web of Life, 1996)에서 세계가 과학적인 접근에서 생태적 접근으로 패러다임이 전환되고 있다고 말했다. 첫째, 부분(part)에서 전체(whole)로의 전환이다. 생태적 관점에서 부분의 특징은 전체의 역동성으로 이해되기 때문에 궁극적으로 부분이란 존재하지 않게 된다. 다만 인간은 서로 분리할 수 없는 상호관계의 그물망 안에서 하나의 부분이자 유형으로 존재할 뿐이다. 둘째, 구조(structure)에서 과정(process)으로 전환되는 것이다. 생태적 관점에서 상호관계를 통해 형성되는 그물망은 본질적으로 역동성을 띠고 있으며 구조는 변화된 과정에 대한 한 순간의 표현(manifestation)으로 나타난다. 따라서 생태적 관점에서 구조는 그 자체로 역동적인 과정으로 인식된다. 셋째, 객관적(objective) 과학에서 인식적(epistemic) 과학으로 전환이다. 생태학적 관점에서 보았을 때, 자연 현상을 기술하는 과정에서 연구자의 사고나 가치가 필연적으로 개입될 가능성이 있음을 인정해야 한다. 넷째, 지식은 은유적으로 건물(building)에서 연결망(network)으로 전환된다. 생태적 관점에서 지식은 건물처럼 독립적인 부분으로 분리되어 존재하지 않으며 서로 긴밀히 상호작용하는 연결망과 같은 형태의 특성을 가진다. 다섯째, 진리(truth)에서 근사적인 진술(approximate description)로 전환되는 것이다. 모든 개념이나 이론 등은 생태학적 관점에서 절대적 진리가 아니며 부분적이고 제한적인 근사값으로 설명될 수 있다. 일반적으로 가장 객관적이라고 생각되는 지각기능도 외부 물체나 색채를 있는 그대로 받아들이는 것이 아니며, 개인의 인지구조 속에서 지각된다(김동광, 1998; 신재식, 2015).

(4) 기계론적 세계관에 대한 비판

Capra의 생태학적 패러다임은 Newton 등이 주장해온 서구의 기계론적 세계관을 대체하는 대안적인 패러다임이다. 생태계 위기를 불러온 주범이기도 한 기계론적 세계관은 오랜 기간 자연을 지배하는 논리체계이자 전통적 과학의 패러다임으로 군림했다. 특히 근대 사회의 대표적인 학자인 Newton과 Bacon의 과학적·철학적 논의들은 기계론적 세계관을 촉발하고 강화시키는 역할을 했다. 이는 심층생태학적 문제의식을 발아하게 만든 근본적인 동인이기도 했으며 그 후 심층생태학을 비롯한 생태학적 패러다임이 공격해온 서구의 지배적인 가치관이자 철학적 사상이었다(김국태, 1990; 장하석, 2014).

Newton은 뛰어난 수학적 재능을 기반으로 자연 현상을 정교한 수학적 법칙으로 증명했다. 이는 그의 저서 〈자연철학의 수학적 원리〉(Philosophiæ Naturalis Principia Mathematica, 1762)에서 극명하게 드러나고 있다. 그는 우주가 불변의 법칙에 의해 지배되고 있으며 완전히 인과적으로 결정되는 기계처럼 운동한다고 보았다. 기계적이라는 말은 결국 원인이 결정되면 결과를 미리 예측할 수 있으며 예측한 대로 결과가 보장된다는 말이다. 이러한 생각의 기반에는 태초에 신이 모든 물질입자의 힘과 운동 방식에 대해 근본적인 법칙을 창조했다는 전제가 내포되어 있었다. 그러나 후대에 의해 과학이 발전하는 과정 속에서 신에 대한 인식은 비과학적 요소로 제거되었으며, 신에 대한 인식이 제거된 과학은 오직 수학적으로 정밀하게 자연을 기술하는 이상적 가치로 추구해 나갔다(김동광, 1998). 자연을 거대한 기계로 바라보는 세계관은 기계처럼 자연을 움직일 수 있으며 인간의 이성으로 통제하고 조정할 수 있다는 발상이 내재되어 있다. 기계론적 세계관은 인간은 자연보다 우월하기 때문에 인간의 이성과 합리성으로 자연을 지배하고 개발해서 인간적 목적으로 사용해야 한다는 논리를 정당화시켜 주었다.

　그의 원리는 과학자들과 대중에게 근대적인 자연관이자 기계론적 자연관으로 인정받았다. 물리학뿐만 아니라 천문학과 화학, 생물학, 심리학, 사회과학 전반에 Newton의 관점이 활용되었으며, 이에 따라 곳곳에서 획기적인 성과를 거둘 수 있었다. 새롭게 발견되는 자연요소나 현상은 모두 수학적 방식으로 엄밀히 수치화될 수 있었고, 부분 요소로 환원될 수 있었다. 과학자들은 그의 관점에 따라 기계론적 인과성에 맞는 연구를 무한히 지속해갔다(박동수, 1995). 자연을 기계로 본다는 이야기는 자연에는 예측 불가능한 신비의 세계가 존재하지 않으며 인간의 의도와 계획대로 정확하게 움직여 준다는 가정이 전제되어 있다. 물론 자연에는 법칙이 존재한다. 하지만 모든 자연현상에 일정한 법칙에 따라 기계처럼 돌아가지 않는다. 자연이 아름다운 이유는 자연스럽기 때문이다. 자연스럽다는 점은 인간의 힘으로 어쩔 수 없는 무한한 가능성이 숨어 있으며 때로는 생각지도 못한 예측불허의 사태가 발생해서 전혀 다른 이미지를 보여줄 수 있다는 점이다. Newton의 기계론적 패러다임은 '기계'로 치부되던 자연을 설명할 수 없는 한계가 점차 노정되면서 기계론적 인과성으로 설명할 수 없는 전일적인 유기체로 인식되기 시작했다(이석재, 1992).

마지막으로 Bacon은 자연이 정상경로에 있는 것, 정상경로를 벗어난 것, 기계기술에 의해 개조된 것 등 세 상태로 존재한다고 보았다. 그는 정상경로에 있는 자연은 실제 우리의 삶에 이미 존재하고 있는 것이며 거의 완성된 형태이기 때문에 인간이 개입할 여지가 없지만, 나머지 상태의 자연은 그렇지 않다고 설명했다. 그는 나머지 두 가지의 자연에 대한 연구가 너무 부족하기 때문에 그 구성요소들을 실험해야 한다고 판단하였다. 이러한 판단의 근거로 그는 첫째, 평범하고 익숙한 사례에 의존하여 구성된 법칙이나 견해의 편파성을 교정할 필요성이 있기 때문이라고 보았다. 둘째, 자연의 경이로 움이야말로 이를 기반으로 하는 기예를 정립할 수 있게 하는 가장 근접한 경로를 제공해 주기 때문이다(Bacon, 2002).

　그는 정상경로를 벗어났거나 기계기술에 의해 개조된 자연의 상태와 그 구성요소를 실험함으로써 그 원인(nature causes)을 판단할 수 있게 된다면, 다음과 같은 이득을 취할 수 있다고 보았다. 첫째, 인간은 과학적 인식을 크게 확장할 수 있으며, 둘째, 그 예측 불가능한 현상을 복제하는 과정에서 인간의 삶을 개선시킬 수 있는 수단을 부수적으로 얻을 수 있다. 그는 자연의 현상이 방황하는 과정을 추적함으로써 이를 다시 원래의 자리로 되돌려 놓을 수 있다고 믿었다. 즉, 그는 자연이 살아있고 능동적이며 변덕스럽게 방황하는 속성을 지녔지만, 인간이 이를 통제할 수 있다고 믿었다(이종흡, 2012).

　이처럼 Bacon의 입장은 자연과 유기체에 대한 기계적 인식을 강화하는 계기로 작용하였다. 정상경로를 벗어난 자연이나 기계 기술에 의해 개조된 자연이든 자연은 인간의 과학기술적 탐구대상이자 과학기술을 통해 그 신비를 밝혀내어 인간적 삶의 목적에 맞게 개조해야 한다는 가정을 갖고 있다. 기계적 인식은 기존의 민간에서 유행하던 미신적 요소를 타파하고 이것이 정치나 종교의 책략으로 악용되는 행각을 현저히 감소시켜 주었으며 사회의 안정화에도 기여하였다는 점에서 의의가 있다고 생각했다. 그러나 그는 기계적 기술(mechanical arts)을 지나치게 맹신하였다. 기계적 기술은 그것이 발생된 최초의 상황에서 부족한 부분을 많이 드러내지만, 시간이 흐름에 따라 점차 개선되며 완성된 방향으로 나아가게 된다. 그는 자연철학 역시 기계적 기술의 관점을 본받아 점진적으로 정교화 되는 과정을 추구해야 한다고 보았다. 궁극적으로 자연과 유기체가 가장 복잡하며 깊숙한 부분까지 모두 기계 부품과 같이 환원될 수 있을 때, 자연철학과 그 지식은 완성될 수 있다고 간주하였다. 기계론적 입장에서 인간에 대한 자연의 지배는 자연스럽게 정당화되었다(김성균, 1998; 정태창, 2011).

그러나 Bacon의 이러한 자연철학적 관점은 Newton의 기계론적 패러다임과 마찬가지로 심각한 생태 위기와 문제를 유발하는 장본인이 되었다. 자연에 대한 지배적이고 인간중심적인 세계관을 형성시켰으며, 이로 인해 산업 문명을 탄생시키는 주류 사상적 기반이 되었다. 여기서 발생되는 생태 위기나 문제는 인간의 발전을 돕는 것이라면 용인될 수 있었고, 자연의 세부 요소들은 언제나 다른 것으로 대체될 수 있기 때문에 큰 문제로 인식되지 않았다. 그 과정에서 자연은 소모적인 도구로 사용되어져 왔을 뿐이다. Bacon의 자연철학적 관점은 자연을 인간의 목적을 위한 도구적 수단으로 활용될 수 있음을 정당화시켜 환경위기나 생태적 난국을 초래하는 사상적 원류가 된 셈이다.

2) 심층생태학의 핵심주장과 원리

심층생태학의 핵심주장과 원리에 대한 논의는 Capra의 〈현대물리학과 동양사상〉, 〈새로운 문명과 과학의 전환〉, 〈생명의 그물〉 등 저서를 통해 정리할 수 있다(백순근, 2002). 여기서 그는 기존의 기계론적 패러다임이 많은 폐해와 역기능을 비판하고 새로운 생태학적 패러다임을 제시했다. 그동안 파편적으로 이뤄지던 논의를 심층생태학적 문제의식과 사유체계에 비추어 하나의 흐름으로 정리했다.

그에 의하면 심층생태학은 유기체를 내재적 관계를 지닌 장(field) 안의 하나의 매듭(knots)으로 바라본다는 것이다. 모든 생태계는 일정한 패턴과 구조가 서로 연결되어 상호 연관관계를 갖고 역동적인 상호작용을 하는 가운데 유지된다. 생태계의 모든 패턴은 반복되지만 그 과정은 어제와 다른 모습으로 끊임없이 변화해 간다. 즉, 생태계에서 모든 구성요소들은 끊임없이 변화하며, 그 속에서 지속되는 물질의 흐름이 존재한다. 물질의 흐름은 곧 내부적 에너지의 흐름인 동시에 외부와 주고받는 에너지의 흐름이기도 하다. 생태계는 일정한 체계를 자체 내의 일정한 패턴과 구조에 따라 움직이기도 하지만 생태계에 영향을 주는 외부적 에너지의 흐름, 예를 들면 공기나 햇볕 또는 바람과 습도 등으로 영향을 받을 수 있다.

이렇게 자동적으로 구현되는 연결망은 모든 구성요소들이 그 내부의 다른 요소들에 의해 생산되는 구조이기 때문에 전체적인 체계는 외부 세계와 경계를 가지고 닫혀 있다고 볼 수 있다. 그 닫힘은 환경이 아닌 그 체제 자체에 의해 수립되기 때문에 외부 환경과 단절된 폐쇄적 닫힘이 아니라 부단히 자기조직화되면서 지속적으로 성장하고 발전하는 개방적 닫힘의 구조라고 볼 수 있다. 개방적 닫힘의 구조이기에 주위환경으로부터 고립되어 있지 않다. Capra는 이에 대해 생명체가 '닫혀 있으면서도 열려 있는' 특성을 갖고 있다고 설명했다. 생물체계는 에너지나 물질이 지속적으로 교환되면서 상호작용을 함께 하게 된다. 자연에서 일어나는 생명체의 발생과 진화의 원리 역시 외부 환경과 상호작용을 하면서도 자체 내의 생명 시스템이 내재하고 있는 패턴과 구조가 어제와 다른 반복을 통해 부단히 변신을 거듭하면서 일어난다(김동광, 1998). 한편, 심층생태학에서는 정교화된 자기조직화 시스템의 이론적 기반과 초기 모형이 논의되기 시작했다. Prigogine(1967)의 '흩어지는 구조(Dissipative Structure)', Hacken(1970)의 '레이저 이론(Laser Theory)', Maturana와 Varela(1980)의 '자기생산 이론(Autopoiesis Theory)', Lovelock (1988)의 '가이아 이론(Gaia Theory)' 등이 그 예다(이상오, 2010). 이와 같은 선행연구들은 Jantsch(1980)라는 오스트리아 물리학자에 의해 그의 저서 〈자기조직하는 우주〉(The Self-Organizing Universe, 1980)에서 체계적으로 종합되었다.

이들의 공통적인 주장은 지구상의 모든 생명체들이 자연발생적이고 창발적인 삶의 질서원리에 의해 출현하고 있다고 말한다. 모든 생명체들은 '하나의 생명'으로서 자신의 삶을 계속 유지해 나갈 뿐만 아니라 존속시키고 발전시킬 수 있다고 본다. 이는 '자기조직화'라는 개념으로 요약될 수 있으며, 그 원리는 다음의 네 가지로 정리할 수 있다. 첫째, 생명체는 자기조직화 과정을 통해 자신만의 고유한 행동양식을 창조한다. 모든 생명체는 저마다 고유한 자기조직적 메카니즘을 갖고 있어서 자생적 성장의지는 물론 외부적 환경변화에 자발적 대응 기제를 갖고 있다. 둘째, 자기조직화는 비평형 상태를 평형 상태로 회복하기 위해 작동한다. 모든 생명체는 균형이 깨지면 균형상태로 회복하기 위해 스스로 조절하고 평형상태로 돌아가기 위해 피드백이 이루어진다. 셋째, 자기조직화가 이루어지기 위해서는 닫혀 있는 동시에 반드시 열려 있어야 한다. 넷째, 자기조직화 과정 내에서 시스템의 구성요소들은 비선형적(non-linear)으로 연결되어 있으므로 앞으로 어떤 변화가 일어날 수 있을지를 초기 상태에서 예측할 수 없다. 마치 혼돈이론의 나비효과처럼 지금 상태에서 미래 상태의 생명체 모습을 예측할 수 없는 이유다. 이상의 네 가지 자기조직화 원리를 기반으로 심층생태학은 생명현상과 그 본질을 인간을 포함해서 어떤 다른 생명체의 의지나 의도에 따라 일방적으로 통제하고 조정할 수 없음을 밝히고 있다(이상오, 2010).

Capra가 Naess가 주창해온 심층생태주의 운동의 이론적 근간을 튼실하게 마련해줌으로써 일종의 기폭제 역할을 했지만 그럼에도 불구하고 심층생태주의 운동이 지향하는 핵심적인 철학과 가치관에 대해서는 직접 언급한 적이 없다. 심층생태학 선구자 Naess가 환경운동가 Sessions와 1984년 공동으로 개발해 지금까지 지속적으로 수정해오고 있는 심층 생태학의 8대 강령에는 심층생태주의 운동이 주장하는 핵심이 담겨져 있다. Naess와 Sessions (1984)의 8대 강령의 구체적인 내용은 다음과 같다.

첫째, 지구상의 인간과 인간을 제외한 생명의 안녕과 번영은 그 자체로서 가치를 지닌다. 이 가치들은 자연계가 인간의 목적을 위해 얼마나 유용한가 하는 문제와는 별개로 존재한다. (The wellbeing and flourishing of human and non-human life on Earth have value in themselves). These values are independent of the usefulness of the non-human world for human purposes.)

둘째, 생명체의 풍부함과 다양성은 이러한 가치의 실현에 이바지하며 또한 그 자체로서 가치를 가진다. (Richness and diversity of life forms contribute to the realization of these values and are also values in themselves.)

셋째, 인간들은 생명유지에 필요한 것들을 만족하게 하기 위한 경우를 제외하고는 생명체의 풍부함과 다양성을 감소시킬 권리가 없다. (Humans have no right to reduce this richness and diversity except to satisfy vital needs.)

넷째, 인간의 생명과 문화의 반영은 실질적으로 더 적은 인구와 양립한다. 인간을 제외한 나머지 모든 생명이 번영하기 위해서는 인구수가 더 적어져야 한다. (The flourishing of human life and culture is compatible with a substantially smaller human population. The flourishing of non-human life requires a smaller human population.)

다섯째, 현재 인간의 자연계에 대한 간섭은 과도하며, 그 상황은 빠르게 악화되고 있다. (Present human interference with the non-human world is excessive, and the situation is rapidly worsening.)

여섯째, 따라서 정책이 변해야 한다. 이러한 정책들은 근본적인 경제적, 기술적 그리고 이데올로기적 구조들에 영향을 미친다. 그 결과 발생할 상태는 현재와는 매우 달라질 것이다. (Policies must therefore be changed. These policies affect basic economic, technological and ideological structures. The resulting state of affairs will be deeply different from the present.)

일곱째, 사상 변화는 더 높은 생활수준에 집착하기보다는 주로 생활의 질, 내재적 가치에 대한 평가와 관련될 것이다. 그렇게 되면 단순히 큰 것과 꼭 필요한 위대한 것의 차이를 심오하게 인식하게 될 것이다. (The ideological change will be mainly that of appreciating life quality (dwelling in situations of inherent value) rather than adhering to an increasing standard of living. There will be a profound awareness of the difference between bigness and greatness.)

여덟째, 이상의 강령에 동의하는 사람은 직간접적으로 필요한 변화를 실행하고자 하는 의무를 지닌다. (Those who subscribe to the foregoing points have an obligation directly or indirectly to try to implement the necessary changes.)

이러한 심층생태학 8대 강령을 실현하기 위해서는 인간중심적 계급주의를 생물중심적(biocentric) 평등주의로 전환하고 인간과 비인간계의 모든 구성원을 동등하게 대우함으로써 자아실현이 되는 비지배적 사회를 구현해야 된다고 심층 생태주의 운동은 주장한다. 여기서 말하는 자아실현이 바로 심층생태학의 근본적인 지향점인 생태학적 자아(ecological self) 실현이다(Sessions, 1993). 생태학적 자아는 인간을 포함해 생태계에 존재하는 모든 생명체는 물론 생물권 전체와 일체감을 갖게 됨으로써 궁극적으로 인간과 자연은 구분되지 않는 대아(大我)의 실현(self-realization)에 있다. 대아란 인간만이 절대적 권위와 이성을 갖고 있다는 소아적 생각(self, ego)을 버리고 자신도 우주자연 삼라만상을 구성하는 일부라고 생각하는 발상이다.

심층생태학에 따르면 자연계의 모든 것은 나름의 독특한 가치와 존재의 미를 갖고 있다. 인간과 비인간을 포함한 모든 생명은 모두 평등하다. 인간도 다른 피조물과 마찬가지로 유한한 생물학적 환경 속에서 상호의존하면서 살아가는 자연의 일부고 생각한다. 이런 점에서 심층생태학은 원리상 생물권의 평등주의를 주장한다. 즉, 관계로 형성된 모든 생명체들은 그 위와 아래의 구분이 없다는 것이다. 심층생태학은 자연이 그 존재 자체 뿐만 아니라 가치 측면에서도 서로 동등하다고 본다. 이는 생명과 생명 사이에도 서열이 없음을 의미한다. 예를 들어 인간의 신체기관은 서로의 우위가 존재하지 않는다. 유기체 전체의 생존을 위해서 그 구성요소들은 서로 수평관계를 유지해야 한다. 또한 자연은 그 자체로 좋고 나쁨이 존재하지 않기 때문에 어떤 생명이 다른 생명을 지배하지 않는다. 결과적으로 심층생태학에서는 자연을 상하의 위계나 대립의 관계로 이해하지 않는다. 자연은 그 구성요소에 의해 상호의존적으로 연관되어 있으며 평등한 관계를 맺고 있을 뿐이다. 그러나 지금까지 인간의 역사는 자연을 지배하고 정복하는 지배의 위계구조로 인식해왔다. 이에 Carson의 〈침묵의 봄〉(Silence of spring, 1963)과 같이 자연과 삶을 수평적 패러다임으로 변화시키고자 하는 생태학적 주장이 등장하게 되었다(김덕규, 2010).

3) 심층생태학의 한계와 문제점

심층생태학은 그물망 또는 관계망의 '총체적 장'으로서 자연(또는 생태계)에 대한 이해를 넘어서, 자연이 그 자체로서 어떤 내재적 가치를 가진다는 주장을 하면서 비판을 받게 된다. 심층생태학은 자연의 모든 생명체들은 인간의 필요충족이나 유용성과는 무관한 독립적인 가치를 가질 뿐만 아니라, 생명체의 다양성 자체도 절대적 의미를 가지고 있음을 강조한다. 심층생태학이 제기한 이러한 '자연의 내재적 가치'는 생태담론에서 주요한 쟁점들 가운데 하나가 되었으나 아직 이에 대한 어떤 합의가 도출된 것은 아니다. 그러나 분명한 점은 이러한 자연의 내재적 가치, 나아가 생물중심적 사고를 정당화하기 위한 논의들은 어떤 피상적 직관에의 호소나 신비주의적 환상에의 의존을 피할 수 있어야 한다. 주장은 이상적이지만 그런 주장을 현실적으로 구현시키기에는 불가능에 가까운 장벽과 걸림돌이 존재한다. 그러나 심층생태학은 이러한 한계를 벗어나기 위한 실질적인 대안 제시보다 여전히 관념적이고 비현실적인 주장을 반복하고 있다는 점에서 지속적으로 비판받고 있다(최병두, 2001).

Bookchin의 주장처럼 심층생태학은 표층생태학(환경)이나 사회생태학에 비해 현실에서 구현될 가능성이 거의 없는 신비적이고 비현실적인 인식이다 (전용갑, 황수현, 2016). 심층생태학자들은 이처럼 자연의 내재적 가치나 신비주의적 직관 등에 호소하는 생태중심적 주장을 하고 있지만, 환경위기를 유발하는 사회적 원인들에 대한 분석이나 이론적 근거를 기반으로 주장하는 데에는 관심을 두지 않아 정작 자신들의 주장을 뒷받침할 수 없는 논리적 모순이나 실제적 한계에 직면하고 있는 상황이다. 심층생태학이 강조하는 생물평등주의는 인간과 비인간, 또는 종들 간의 근본적 호혜주의를 강조하는 것으로, 사람들 간의 평등에 주안점을 두는 도덕적·정치적 입장은 아니다(최병두, 2001). 심층생태학은 민주적이고 호혜적인 공동체를 위한 철학적 기반을 제공한다고 강조하지만, '생물계적 호혜주의'가 인간 사회의 호혜주의를 규정하지 않는다. 모든 종이 평등하다는 주장이 한 종 내의 어떤 개인, 집단 또는 공동체들 간의 평등의 조건이나 성격을 규정하는 데로 이어지는 것은 아니다. 구체적으로 생물평등주의를 구현하기 위해 인간은 어떤 조치를 취해야 하는지, 그래서 지금 여기서의 삶은 앞으로 어떤 모습으로 변화되는지를 제시하지 못하고 여전이 관념적 주장과 논의에 머물러 있다는 비판을 면하기 어렵다(한홍식, 2000).

심층생태학이 강조하는 것처럼, 생물계의 평등과 권리의 중요성을 아무리 강조해도 지나침이 없겠지만 이러한 생물계에서의 평등과 권리를 어떻게 설정하고, 어떻게 확인할 수 있는가의 문제가 발생한다. 즉, 인간을 제외하고는 심층생태학자들이 그렇게 높이 평가하는 생물중심적 평등주의나 생물권리 및 자연의 내재적 가치를 이해할 수 없다. 권리, 평등, 정의의 개념이 비록 자연과의 관계를 포괄할 수 있도록 확대되어야 하지만, 그렇다고 인간을 배제해도 무방한 것처럼 생물계에 일방적으로 전가하는 것은 결국 자연을 신비화하는 경로라고 할 수 있다. 생물평등주의를 구현하기 위해 인간은 자연에 가하는 어떤 압력과 피해도 주지 않고 생명유지에 반드시 필요한 최소한의 욕구를 따르라고 하지만, 그것이 어떤 욕구인지, 과연 그런 욕구를 따라간다면 인간적 삶은 가능한 것인지 조차도 불확실하다. 따라서 생물평등주의 및 이와 관련된 개념들은 자연 그 자체에 부여되어 있는 것이 아니라, 자연과 인간간의 관계에 내재된 사회 철학적 윤리로 이해되어야 한다(최병두, 2001). 윤리는 저절로 생성되지 않는다. 윤리를 선언하고 그 효력이 유지되기 위한 최소한 요건과 준수해야 될 당위성을 천명하고 그것을 함께 지켜나갈 사회적 연대가 함께 필요하다.

탈구조주의자들의 주장에 의하면, 생물중심주의는 인간·자연간의 이원론에서 Descartes 이후 인간에게 부여되었던 중심성을 자연에게로 이전한 것에 불과하며, 생태적 위기는 이와 같이 자연 또는 생태계에 어떤 형이상학적 절대성을 부여함으로써 해결될 수 있는 것은 결코 아니라고 본다(Zimmerman, 1994). 즉 인간중심적 자연관을 자연중심적 자연관으로 이전함으로써 인간중심적 자연관의 폐해와 역기능을 비판하기 위해 등장했던 심층생태학은 결국 또 다른 이분법적 오류에 빠져들고 있는 것이다. 환경문제가 안고 있는 심각성을 경고하며 등장한 심층생태학은 자연을 보존해야한다는 탁월한 통찰력을 제공해주었고, 자연에 대한 경외심으로 인도하는 영성적 자세까지도 형성했다. 하지만 너무 이상적으로 자연 중심성을 표방하면서 자연으로 회귀하자는 반인본주의로의 이행을 강조하면서 스스로 오류에 빠지고 말았다. Stark(1995) 역시 심층생태학자들의 자연주의적 주장들의 근거는 자연주의에 대한 어떤 본연적 증명이라고 할 수 없다고 말한다. 따라서 심층생태학이 '자연'을 구성하는 것으로 간주하는 것들의 범주에 대해 의문을 제기해야 하며, 그렇지 않을 경우 심층생태학의 반인류중심주의는 궁극적으로 매우 위험한 '자연주의적' 담론이 된다고 비판받는다.

2. 사회생태학

1) 사회생태학의 문제의식과 등장배경

앞서 살펴본 바와 같이 심층생태학은 생물중심주의와 반인본주의라고 하는 한계를 가진다(방영준, 2000). 생물중심주의와 반인본주의는 동일한 뿌리에 대한 두 가지 양상으로, 자연을 구성하는 존재들 사이의 위계 차이를 인정하지 않는 기계적 평등을 통해, 사실상 인간의 지위와 역할을 무색하게 만든다. 사회생태학은 이러한 심층생태학의 한계를 비판하면서 '생태문제는 곧 사회문제'라는 인식 위에서 탄생하였다.

사회생태학은 심층생태학과 생태학이라는 같은 범주 안에 있지만, 생태문제를 바라보는 인식틀과 그에 대한 해법 모두에서 상당한 차이가 있다. 사회생태학은 심층생태학과 달리 생태 문제를 인간 사회의 구조적 모순이 자연으로까지 전이된 것으로 본다. 한 마디로 '인간에 의한 자연 지배는 인간에 의한 인간 지배로부터 비롯되었다'는 입장을 생태 문제의 근본적 인식틀로 삼고 있다. 인간 사회의 불균형과 지배 구조가 소비적, 탐욕적 자본주의 질서와 만나 무제한적인 개발과 파괴의 힘을 허용하고 있다는 것이다. 때문에 해법에 있어서도 자연에 대한 인간의 전일적인 복속을 주장하는 것이 아니라, 인간 사회 속에서 위계질서와 지배에 대한 비판과 해체를 주장한다. 인간 사회의 구조적 모순을 해결함으로써 생태적 위기를 극복한다는 입장이다.

문제의 근원이 인간에게 있고, 그것의 구체적인 형태가 착취적이고 탐욕적인 인간 사회의 질서로 나타난다면, 그것을 해결하는 방법 역시 인간 자신에게서 찾아야한다. 때문에 사회생태학은 인간에게 주어진 성찰적 능력으로서의 이성을 부정하지 않는다. 오히려 인간 이성에 대한 새로운 방식의 긍정과 책임을 요구한다. 사회생태학이 생물 세계를 바라보는 방식과 그 철학적 기초에 대한 구체적 검토를 통해 그 내용을 자세히 살펴보자.

2) 사회생태학의 핵심주장과 원리

(1) 참여적 진화와 자유를 기반으로 하는 생태공동체의 형성

자연에 대한 이해의 가장 근대적인 인식틀은 진화론이다. 이는 일반적인 것에서 다양한 것으로 분화하고, 그러한 분화를 통해 특정한 안정 상태에 도달한 것이 우리가 현재 보는 자연 세계라는 사고방식이다. 이러한 진화에 대한 인식에는 두 가지 큰 전제가 내포되어 있다. 하나는 진화를 촉발하는 힘이 외부의 압력으로서의 투쟁과 경쟁 상황이라는 것이고, 다른 하나는 그러한 외부의 힘에 대한 수동적 대응으로서 자연 속의 개별 개체들이 진화의 과정을 밟는다는 것이다. 이는 생명체들을 자신의 외부에 존재하는 힘의 피동적 '대상'으로 이해하는 사고방식이다(노상우, 이강림, 2004).

사회생태학의 이념적, 실천적 기초를 놓은 Bookchin은 이와는 다른 방식으로 자연의 진화를 이해했다. Bookchin(1999)은 생명체들이 자기 자신의 발전과정에서 자기 방향성을 가지고 나름대로의 진화의 길을 선택하고 참여할 수 있다고 보았다. 그리고 이런 방식의 진화를 이끄는 추동력은 종들 간의 상호작용이 맥락적으로 구성되어 있는 생태 공동체로부터 나온다고 하였다. 즉, 종들 간의 투쟁인 아닌 생태 공동체 속에서의 공존이 경쟁이 아닌 상호 참여가 진화의 요인이 된다는 것이다. 이것이 사회생태학이 말하는 '참여적 진화'의 핵심이다. 참여적 진화의 인식틀로 바라보면 종들은 단순히 수동적으로 구성된 요소가 아니라 자신의 진화에 적극적으로 참여하는 존재이므로, 개개의 종들은 본질적 차원에서 '자유'를 갖는다. 참여적 진화는 궁극적으로 이 '자유'가 확장되는 방향을 지향한다. 다만 Bookchin은 생물종 각각이 참여적 진화의 능동적 주체라는 점을 인정하면서도, 이 과정에서 인간을 모든 생물종과 동일한 위치에 놓는 것을 경계한다. 인간은 자아의식과 성찰능력을 가지고 능동적으로 참여적 진화의 과정을 매개하는 존재이기 때문이다.

Bookchin(1999)은 참여적 진화의 과정으로 자연을 크게 일차 자연, 이차 자연, 자유로운 자연(혹은 자유 자연)으로 구분한다. 일차 자연은 감각기관을 통해 지각하게 되는 자연 환경을 뜻한다. 이차 자연은 인간에 의해 만들어진 문화적인 자연, 사회적인 자연, 정치적인 자연을 뜻한다. 이차 자연은 오늘날 우리가 마주하고 있는 문명의 속성들, 위계질서, 계급, 국가, 사유재산, 경쟁적인 시장경제 등을 그 특징으로 한다. 그런데 자연의 진화는 이차 자연에서 멈추지 않는다. 진화의 방향은 자유와 책임의 증진을 요구하는 방향으로 사회를 이끄는데, 이것이 이차 자연에서 자유로운 자연으로의 진화를 이끄는 힘이 되며, 인간은 여기에서 성찰적이고 능동적인 책임을 부여받은 진화의 매개자가 된다.

자유로운 자연은 인간에 의한 인간 지배 현상을 그 특징으로 하는 이차 자연의 고통과 아픔을 최소화하는 유기적인 협력체제로서, 새로운 사회윤리적인 자연이며 생태적 공동체이다. '참여적' 진화에 내포된 각 생물종의 본질적 권리로서의 '자유'는 자유로운 자연에서 온전히 회복된다. 이것이 사회생태학이 지향하는 생태적 공동체의 이상향이다. 상호작용 과정에 대한 참여와 자유의 증진을 향한 지속적인 변화 과정으로 자연을 이해하는 Bookchin의 입장은 세계를 '변증법'적으로 인식하는 것이다. 그렇다면 사회생태학의 토대를 이루는 또 하나의 중요한 원리인 변증법적 이성에 대해 살펴보자.

(2) 인본주의의 원동력으로서의 변증법적 이성

사회생태학은 자연과 인간에게 주체성을 부여해주었다. 그리고 그 과정에서 인간이 자연 속에서 갖는 존재의 의미와 역할을 설명하였다. 인간은 수직적 위계 속에 갇혀 명령과 통제를 일방적으로 받으며 살아가는 수동적인 존재가 아니다. 사회생태주의자들은 모든 것을 계급적 위계의식으로 파악하려는 인간의 지배의식은 결국 인간의 인간 지배를 넘어 인간의 자연지배로까지 확산되는 위기를 낳게 되었다고 주장한다. 인간적 지배 욕구에서 인간과 인간, 인간과 자연을 동등한 입장에서 바라보며 함께 생태민주주의를 건설하는 주역으로 거듭날 필요성을 강조한다. 나아가 사회생태주의자들은 지배 욕구에서 벗어난 인간이 자연 진화의 매개자로서 생태학적 윤리성을 지니고 사회를 생태적으로 구현해 나가야 함을 역설한다. 이에 Bookchin은 인간이 자연과 어떻게 조화를 이루어야 할지 그 방법을 결정할 수 있어야 한다고 보았다 (정윤경, 2001). 만약 우리가 자연에 대해 합리적이고 명료한 답변을 하지 못한다면 그 문제를 극복하는 과정에서 윤리성을 잃고 효율적 행동을 위한 지침을 제공하지 못하는 상태로 모호한 직관과 비이성적 감정에 의존하게 될 뿐이다. 여기서 그는 현대의 생태 위기와 문제를 초래하는 '도구적 이성'과 '변증법적 이성'을 구분하였다.

먼저 '도구적 이성(instrumental reason)'은 생태 위기를 초래한 근대의 도구적이며 분석적인 이성을 말한다(Horkheimer and O'Connell, 2013). 도구적 이성이란 목적을 달성하는 과정에서 가장 효율적으로 판단하는 합리성을 지칭한다. 도구적 이성은 목적의 당위성을 도덕적으로 판단하기 보다는 목적달성을 위해 효율적인지의 여부를 가장 중요한 판단 기준으로 생각하는 이성이다. 이성이 본래의 목적을 위한 합리성으로 작용하지 않고 무엇인가를 달성하기 위한 수단적 가치로 전락된다. 도구적 이성으로 파악된 자연은 인간의 목적달성과 가치 추구를 위해 수단과 도구가 된다. 나아가 도구적 이성은 동일성의 원칙에 입각하여 모든 사물이나 현상을 고정되어 있고 변하지 않은 가치로 파악한다. 즉 도구적 이성은 존재와 형성의 관계를 본질이나 본래의 가치에 비추어 판단하지 않고 무엇을 위한 수단적 가치로 파악한다.

Horkheimer와 O'Connell(2013)은 〈도구적 이성 비판〉에서 이성이 '도구화'되면 맹목적이 되어 현상의 본질을 올바르게 파악할 수 있는 비판적 기능을 상실한다고 주장했다. 이성은 본질적으로 사물의 본질과 본성을 파악할 수 있는 비판적이고 성찰적인 기능을 갖고 있다. 하지만 이성이 도구화되면서 본래의 목적과 기능을 상실하고 수단적 가치에 최적화되어 목적달성에 맹목적으로 봉사하는 물질적 가치로 전락한다. 진정한 이성이란 목적이 지향하는 가치를 잊은 채 단지 목적 달성에 합리적인 수단만을 계산하는 능력이 아니라는 것이다. 이성은 목적이 추구하는 가치를 이해하고 이를 달성하는 수단을 목적에 비추어 비판적으로 이해하고 판단하며 여기에 작용하는 역기능과 폐해를 비판하는 능력이어야 한다. Horkheimer와 O'Connell(2013)에 따르면 도구적 이성은 목적이 추구하는 본래적 가치를 잊어버리고 규범과 이념을 상실한 상태에서 목적 달성을 위한 효율성과 합리성만이 최적의 가치로 인정되어 버린다고 했다. 따라서 진정한 이성을 발휘해서 도구적 이성으로 왜곡되거나 오도된 가치의 본질적 의미를 복원시키는 것만이 우리 사회가 직면하고 있는 병폐와 역기능을 치유할 수 있는 길이다.

Bookchin은 '도구적 이성'을 대체하는 개념으로 '변증법적 이성'을 제시하였다. 변증법이 정반합의 원리로 이루어지는 것과 같이 변증법적 이성은 '현재 있는 것'과 '있어야 하는 것'을 대비시킴으로써 새로운 가능성을 사고할 수 있는 능력을 의미한다(구승회, 1997). 그는 변증법적 이성이 세계의 과정을 설명하는 데에 적합한 개념이라고 보았다. 변증법적 이성은 자연이 만들어지고 발전하는 역동적인 과정을 설명하는 변증법적 관점과 생태계 구성요소들의 역동적인 관계에 대한 생태학적 관점, 일반적인 것에서 다양한 것으로 부단히 변화되는 과정을 중시하는 진화론적 관점이 융복합되어 탄생된 이성이다. 사회생태학의 방법은 '변증법적 자연주의'이며 변증법적 자연주의는 변증법적 이성에 근거한다고 볼 수 있다(한면희, 2002). 따라서 변증법적 이성을 지닌 인간은 개별적 실체들 간 상호연관성을 파악하는 대신에 그 합으로써 미래의 바람직한 진화가 어떻게 이루어지는지, 각 요소가 지니고 있는 잠재성이 어떻게 분화되는지, 그리고 이러한 진화는 어떠한 방향으로 나아가게 되는지에 관심을 가진다(안승대, 2009). 자연 전체가 변형과 발전을 거듭해나가는 과정에서 변증법적 이성을 지닌 인간은 윤리적 책임성을 갖고 자연의 유기적인 진화에 참여해야 한다.

(3) 인류문명 기반의 생태적 인본주의

오늘날의 생태 위기나 문제는 인간으로부터 비롯되었다. 그리고 생태 위기를 해결하기 위해서는 인간의 특수한 존재를 인정해야한다. 그럼에도 불구하고 심층생태학자들은 인간을 자연에 완전 복속시킴으로써 자연세계에서 인간이 차지하는 위치를 무시하였다. 이는 인간이 자연을 경외한다는 명목 하에 인간을 소외시킴으로써 그 실존적 존중을 부정하게 만든다. 자연에 비추어 보았을 때 인류와 개인의 삶은 하찮은 것으로 전락해 버린다. 인간도 자연공동체를 구성하는 한 가지 부분에 지나지 않는다고 심층생태학자들은 바라본 것이다. 사회생태학자들은 이와 같은 심층생태학의 논지에 반대한다. 인간보다 생태계의 우위를 강조하는 논의는 자칫 생태파시즘이나 인간혐오주의로 번질 수 있기 때문이다(이필렬, 2003). 인간의 자연지배와 마찬가지로 자연의 인간지배로 역전됨으로써 인간적 가치의 절대적 하락으로 인간이 지니고 있는 변혁적 혁명의 가능성을 올바르게 평가하지 못할 수 있다.

사회생태학은 현재의 생태계 파괴의 원인이 인간 전체의 탓이 아닌 소수 계층에 의해 이루어지고 있다는 점을 강조한다. 소수가 빚어낸 문제로 인해 나머지 계층이 엄청난 에너지와 자원을 소비하고 있다. 사회생태학은 생태계 파괴의 원인이 인간중심적 세계관이 아닌 소수자의 다수 통제와 지배라는 사회구조적 문제와 연결되어 있다고 본다. 그러므로 사회생태학은 인간의 도구적 이성이 가져온 문제로서 생태 위기나 문제의 해결방법을 인간의 이성으로부터 찾는다. 그러나 이 때의 이성은 앞서 논의한 바와 같이 변증법적 이성에 기인한다(구승회, 1997). 사회생태학에서 인간은 변증법적 지식을 소유한 존재로써 인정된다. 자연과는 별개의 고유한 존재로 인간을 인정하면서 인간이 지식을 이용하여 생태위기를 극복할 수 있다고 보았다. 안승대(2009)는 인간이 지식을 소유하고, 합리적이고 객관적 이성으로 지구가 처한 문제를 해결할 수 있는 존재라고 하였다. 인간은 변증법적 지식으로 자연을 구할 수 있으며 일종의 책임감 같은 인간의 본성에 기초하여 생태위기를 극복할 것이다. 사회생태학에서 자연과 인간은 서로 돕는 상생의 관계이다. 이를 '생태적 인본주의'라고 한다. 그래서 사회생태학자들은 인류 문명의 근원을 부정하지 않으면서도 생태 위기에 대한 근본적 해결책을 강구하고자 한다.

3. 심층생태학 · 사회생태학 논쟁을 통한 시사점

"새로운 패러다임은
주체·객체, 인간·자연이라는 이원론의 거부를 요청하며,
혹성으로서 지구의 전체적인 상호연계성에 관한
보편적인 인지를 요청한다."

Devall, <The deep ecoogy movement> 중에서

지금까지 살펴본 바와 같이 심층생태학과 사회생태학은 저마다의 문제의
식과 해결책을 바탕으로 인류가 직면한 생태계 위기를 극복할 수 있는 철학
적 이념과 실천적 대안을 제시하고 있다. 심층생태학은 주체·객체, 인간·자
연의 이분법에 내재된 문제점을 극복하기 위해 노력하면서, 자연 또는 생태
계에 대한 새로운 관점을 정립하고자 했다(이상오, 2010). 이를 위해 '환경 속
의 인간'이라는 이미지를 거부하고, '총체적 장'의 이미지를 구축하였다. 즉,
생물평등주의에 입각하여 인간이 다른 생명체 위에 군림하는 존재가 아니라
다른 생물과 대등한 위치에서 생태계를 구성하는 구성요소 중 하나로 자리매
김하는 것을 시도한 것이다. 나아가 심층생태학은 세계의 모든 것들은 내적
관련성에 기초한 전반적 통일성의 일부이며, 그 속에 있는 다른 것들과 연계
되어 상호의존적 상호작용을 통해 부단한 관계망을 형성하고 있음을 논거한
다(김동광, 1998). 따라서 오늘날 봉착한 환경위기를 극복하기 위해서는 이원
론과 개인성을 부정하는 대신 통일과 전체성을 긍정하는 것이 필수적임을 제
시한다. 궁극적으로 심층생태학은 생명현상으로서 자기조직화의 개념을 제시
한다(Capra, 1996). 모든 생명체는 앞서 논의한 일련의 특성을 바탕으로 '하나
의 생명'으로서 삶을 유지하고, 존속 및 발전시킬 수 있다는 것이다. 이러한
논의를 바탕으로 심층생태학은 생명의 본질에 대해 융합적 생명철학의 영역
을 개척하는 학문적 기반을 마련해주었다(이상오, 2010).
　이와 달리 사회생태학은 생태계 위기를 일으킨 장본인이 인간의 자연지

배를 핵심적 원인으로 지목하지 않는다. 그보다 더 근본적으로 인간이 자연을 지배하도록 만든 인간에 의한 인간지배와 착취구조에 주목한다(구상화, 1997). 즉, 생태계의 위기를 지나친 물질과 인간중심적 사고와 기계론적 패러다임이 주창한 인간과 자연의 이분법적 분리와 같은 관념 철학 혹은 그러한 패러다임으로부터 온 것이 아니라는 것이다(안승대, 2009). 사회생태학은 생태계의 위기란 사회 구조 측면에서 인간을 억압하는 권위주의 의식과 위계적 사회구조에 있다고 주장한다. Bookchin에 따르면 권력을 추구하는 엘리트들이 우선 사회적 위계를 구축한 다음 그것을 자연에 투사하기 시작했으며, 인간에 의한 인간 착취가 심화되어 이것이 다시 자연을 지배하고자 하는 노력으로 변화했다는 것이다(송명규, 2003). 따라서 생태계 문제를 바라보는 인식의 출발점이 사회적 차원의 문제일 수밖에 없다. 사회생태학은 심층생태학이 주창하는 추상성과 지나친 관념적 이상성을 구체적인 현실성에 맞게 극복하기 위해 생태문제를 최초로 사회적인 문제로 다시 보려는 시도를 했다는 점에서 의의를 가진다. 그렇지만 여전히 이상적인 담론 수준에 머무르고 있어서 현실화시키기에는 많은 한계와 문제점을 지니고 있다는 지적을 받고 있는 것이 현실이다.

지금까지 살펴본 바와 같이 두 가지 생태학적 입장은 고유한 문제의식을 바탕으로 생태계 문제를 진단하고 해결대안을 제시하고 있다. 그러나 각각의 입장 하에 세상을 편협하게 바라보고 해결책을 제시하고자 하는 오류를 범하고 있다. 그 결과 생태학적 시각이란 현실적으로 구현 불가능한 이상적인 대안을 관념적으로 모색하는 수준에 머물러 있다는 비판을 면치 못하는 상황이다(송명규, 2006). 따라서 지식생태학은 심층생태학이나 사회생태학의 주장을 있는 그대로 수용하지 않는다. 두 가지 생태학의 핵심 논의를 바탕으로 지식생태학을 설계하는 아이디어와 원리를 차용하고자 하지만 현실 가능한 해결책을 제시하기 위해 지속적인 성찰의 과정을 거치는 것이다. 이에 지식생태학은 그동안의 심층생태학 및 사회생태학의 역사적 발전과정과 학문적 논쟁을 통해 드러난 개념들을 변증법적으로 수용, 제3의 생태학적 입장으로서 지식생태학의 개념과 원리를 구축하기 위해 시도하였다. 그 결과 지식생태학은 기계론적 패러다임에 기반한 이분법적 세계관의 한계와 문제점에 대해서는 수용하면서도, 생명 현상의 문제로 모든 문제의식과 논지를 치환하지는 않는다. 지식생태학의 핵심 구성 요소인 지식과 학습에 대한 관점을 살펴보면 이러한 성격이 잘 드러난다.

지식생태학에서의 지식이란 자연의 일부로서 생성 및 순환이 자연스럽게 일어나는 생명으로서 바라본다. 지식은 부분 부분 박제되어 유통될 수 있는 존재가 아니라 자기조직력을 바탕으로 살아 숨쉬는 동적 생명체이다. 따라서 지식은 지식생성의 주체인 구성원들과 이들을 둘러싼 환경(시스템, 문화 등) 등과 함께 긴밀한 '관계망'을 형성한다. 이러한 지식관을 기본으로 한 지식생태계로서의 조직은 그것이 가진 문제가 서로 연결되어 있는 공동체 전체와 연결되어 있다. 또한 지식생태계에 위기가 닥칠 경우 자기조직화의 원리에 따라 깨어진 균형을 스스로 회복시키는 시스템이 작동하여 균형을 맞춘다. 지식생태학의 학습은 총체성을 전제로 한다. 학습 과정에서의 지식 및 그 밖의 구성요소들은 전체와의 구조적 관계 속에서 평등하게 서로 연결되어 있으며, 단선적인 인과관계로 파악할 수 없는 영향력 관계에 있음이 강조된다. 즉, 심층생태학 및 사회생태학의 문제의식을 존중하며, 그동안의 학습관이 지니고 있었던 문제나 한계를 극복할 수 있는 대안적 관점을 지향하는 것이다. 이러한 학습은 새로운 지식을 배우는 과정으로서의 학습은 물론 기존에 습득된 지식을 버리고 새로운 학습의 여력을 만들어내는 망각학습(unlearning), 그리고 신규 지식을 다시 배우며 익히는 반복학습(relearning)이 함께 균형을 이루며 전개된다. 이처럼 지식생태학은 심층생태학과 사회생태학을 바탕으로 새로운 생태학의 지평을 열게 되며, 그것의 핵심 요소인 지식과 학습에 대한 생태학적 관점과 특성을 바탕으로 다음과 같이 네 가지 특징을 제시한다.

첫째, 지식생태계는 그것을 구성하는 조직의 각 요소를 합친다고 해도 전체가 될 수 없는 총체성을 가진다. 즉, 지식을 잘 생성하고 관리하는 조직의 구성요인을 규명한 후, 이를 다른 조직에 그대로 적용한다고 하더라도 기대했던 바와 동일한 복제본이 만들어질 수 없는 것이다. 지식생태계는 그것이 구성되는 과정에서 고유한 문화와 맥락적 요소와 같은 무형적 요소가 작용함에 따라 그것을 다시 부분으로 나누고 합하는 과정을 거친다고 하더라도 원래 지식생태계가 갖고 있는 특성을 그대로 구현할 수 없다. 지식생태계란 그것을 분해하고 해체하는 순간 생명성을 상실하고 죽음에 이르는 지식사태계로 변해버릴 수 있다는 것이다. 나아가 지식생태계는 심층생태학의 관점을 이어 받아 그것을 구성하는 요소들이 불가분의 상호의존적 관계를 형성된 일종의 거대한 연결망으로 정의한다. 따라서 지식생태계를 변화시킨다는 말은 곧 이러한 연결망을 변화시키는 문제이며, 이는 해당 지식생태계가 어떤 상황에서 어떤 문제의식과 목적의식을 갖고 움직이는지에 따라 다르게 접근되어야만 함을 의미한다.

둘째, 지식생태계의 지식이란 지식생성의 주체들 간의 상호관계를 전제로 내재된 문제를 드러낼 수 있는 것을 통해 생성된다. 지식생태학의 관점에서 조직이나 기업이 처한 문제 상황은 표면적 요인만으로 파악할 수 없다. 해당 조직 내부의 시스템, 문화 등의 상호관계를 통해서만 지식생태계로서의 특성과 문제를 밝혀낼 수 있다. 이는 사회생태학의 근본적인 문제의식으로서 생태계의 위기는 인간이 이성으로 자연을 지배하고 종속시키려는 착취 구조에서 기인한다는 시각과 맞닿아 있다. 즉, 지식생태계는 지식생태계를 구성하는 모든 요소들이 하나의 관계망이나 연결망으로 형성되어 지배적 종속관계가 아니라 수평적 상호의존적 관계로 이루어지는 생태계다. 지식생태계에서 지식을 갖고 있는 사람과 지식을 소비하는 사람이 맺는 상호관계는 지배와 종속으로 관계가 맺어지는 수직적 종속관계나 위계관계가 아니다. 오히려 지식생태계에서 이루어지는 관계맺음은 누구나 저마다의 위치에서 지식을 생산하고 소비하는 상호의존적인 수평적 관계다. 따라서 지식생태계는 사회생태학이 지향하는 참여적 진화를 통한 생태공동체를 구성할 수 있어야만 한다. 다만 참여적 진화가 지식생태계 내부에서 일어나도록 하기 위한 지식생태학적 조건과 환경을 조성하는 문제는 여전히 숙제로 남아 있다.

셋째, 지식생태계에서 발생하는 문제는 조직이나 공동체 전체와 연결되어 있기 때문에 이를 해결하기 위해서는 그 문제가 발생한 지역을 중심으로 해결의 실마리를 찾아나가야 한다. 앞서 언급했던바와 같이 조직이 처한 문제

상황은 그 조직이 갖고 있는 사회문화적인 맥락을 이해해야만 설명할 수 있다는 것이다. 이러한 특성을 고려할 때 지식생태계에서의 지식과 학습이란 보편타당한 접근, 일반화된 해석을 바탕으로 생각할 수 없음을 의미한다. 따라서 지식생태계는 일정한 목적의식을 갖고 디자인하는 사람의 의도성과 지향성을 인정해 주어야만 한다. 생태계의 모든 구성요소들은 동등한 위치에 있다는 심층생태학의 입장을 넘어 생태계가 인간보다 중요해지는 생태파시즘의 오류를 덮어쓰지 않기 위해서는 지식생태계를 일정한 목적의식으로 끌고 가려는 생태적 인본주의 입장을 지식생태계의 상황에 맞게 번안하여 적용할 필요가 있는 것이다. 지식생태계는 자연생태계처럼 인간의 의도적 개입 없이도 자연스럽게 선순환되는 생태계가 아니다. 그렇다고 인간중심적인 입장에서 인간에 의한 지식창조 및 공유과정을 통제하고 지배하려는 인간우위론적 입장도 아니다. 지식생태계가 지향하는 입장은 지식생태계를 발전시키는 과정에서 인간의 고유한 역할과 책임을 인식하되 변증법적 이성의 힘으로 인간과 자연의 상생관계를 모색하려는 입장임을 기억해야 한다.

넷째, 지식생태계는 다양한 지식을 생성하고, 이를 생로병사의 순환과정으로 순환시키는 것을 궁극의 가치로 지향한다. 지식생태학적 관점에서 지식은 살아 숨 쉬는 유기체다. 따라서 지식은 특정 조직이나 기업의 필요에 의해서 탄생하며 활발히 사용되다가 시간의 흐름에 따라 진화 혹은 폐기될 수 있다. 이러한 지식 순환의 과정이 해당 조직이나 기업의 풍토와 일치되어 자연스럽게 움직일 수 있도록 망(network)으로 연결시켜야만 한다. 이를 위해 사회생태학의 변증법적 이성을 시사점으로 차용할 수 있다. 즉, 지식생태계 디자이너가 개입하여 해당 조직의 현재 모습과 지식수준을 진단하고 지식생태계로서 지향하는 미래의 모습을 구성원간 합의를 통해 도출하는 것이다. 이후 현재 상황과 이상 사이에 존재하는 격차를 좁히기 위해 전체적인 변화관리의 차원에서 어떻게 노력할 것인지 모색하도록 한다. 이러한 과정을 지속적이고 반복적으로 이루어 가는 것이 생명으로서 지식의 순환이며, 지식을 끊임없이 새롭게 살아 숨쉬도록 하는 원동력이 될 수 있다.

3장

지식생태학의 문제의식과
학문적 의도1)

　　모든 학문은 저마다의 문제의식과 고유한 탐구영역을 확보하기 위해 부단히 노력한다. 지식생태학의 문제의식은 기본적으로 생태학적 문제의식을 계승하고 있다. 지식창조 및 공유과정은 물론 지식의 학습과정을 생태학적 시각으로 접근하면서 기존 학습이론과 지식창조 과정의 접근논리가 갖고 있는 한계나 문제점을 극복하기 위한 대안을 모색한다. 여기서 '생태학적'이란 "살아있는 것들의 환경 또는 살아있는 것들과 그것들을 둘러싼 환경 사이의 관계의 유형 또는 유기체들의 상호의존성에 관계하는 과학"(박이문, 1997, p. 162)이다. 생태학적 문제의식은 세상의 모든 생명체를 거대한 관계망의 일부로 보지 않고 독립적 개체로 파악하는 관점에 대한 불편함에서 출발한다. 생태계는 생명체들이 더불어 살아가는 거대한 관계망이다. 하나의 생명체는 다른 생명체와의 상호의존적 관계 속에서만 자신의 정체성을 알 수 있다. 지식

1) 이 부분은 다음 논문을 참고해 지식생태학적으로 재해석해서 작성되었다.
　유영만(2003). 한국 교육학의 미래와 「거리의 학습학」: 새로운 學習學 정립을 위한 시론적 논의. 한국교육학회편찬위원회(편)(2003). 자생적 한국교육학의 미래(pp.479-512). 서울: 도서출판 원미사.

생태학은 생태학적 문제의식과 위기의식을 학습과 지식창조·공유과정에 대입함으로써 기존의 학습관과 지식관이 가정하는 기계적 효율성에 반대한다. 학습과 지식창조·공유과정은 일정한 시간과 노력을 통해 자연스럽게 이루어져야 함에도, 기계적 효율성 관점에서는 이를 인위적으로 통제하여 적은 노력으로 보다 많은 목표를 달성하는 데에 주된 관심이 있다.

생태학적 관점에서 바라보는 학습과 지식은 접속보다는 접촉, 속도보다는 밀도, 속성보다는 숙성, 편리보다는 불편, 효율보다는 효과를 추구한다. 기술과 문명이 발달할수록 후자보다는 전자가 지나치게 강조되면서 심각한 문제와 폐해가 발생하기 시작한다. 예를 들면 인간적으로 접촉하는 시간보다 디지털에 접속하는 시간이 많아질수록 사색하는 시간보다 검색하는 시간이 많아진다. 진정한 학습과 지식은 인간적 접촉이나 문제 상황을 직접 발로 뛰어다니면서 몸으로 체득하는 과정에서 일어난다. 접속을 통해서는 오로지 단순한 자료나 정보만 습득할 수 있을 뿐이다. 지식은 오로지 지식을 보유하고 있는 사람과 직접적인 접촉을 통해서만이 전수되고 공유될 수 있다.

지식은 정보가 일정기간 숙성기간을 거치면서 지식창조 주체의 문제의식과 열정, 철학과 혼이 가미될 때 비로소 탄생된다. 속성으로 지식을 습득하고 공유할 수 있다는 발상은 기계적인 효율성에 근거해서 지식을 바라보는 잘못된 관점이다. 사람은 기존 지식으로는 해결이 불가능한 문제상황에 처하면, 외부로부터 새로운 지식을 받아들이거나 내부적으로 창조하는 과정을 통해 엄청난 학습을 하게 된다. 이런 학습과정은 기계나 시스템이 대신해 줄 수 없다. 색다른 지식은 오로지 학습주체의 불편한 깨달음의 과정에서만 창출된다. 따라서 개인이나 조직의 경쟁력을 좌우하는 핵심지식은 효율적으로 창조될 수 없다. 지식 창조 주체의 고뇌와 결단, 집요한 노력과 체험적 깨달음을 거치는 오랜 시간의 숙성을 통해 창조된다. 비록 비효율적이지만 가장 효과적인 지식창조가 일어나는 길은 오로지 생태학적인 방법이다. 효율성은 오로지 기계적 논리에만 통용되는 산업주의적 패러다임의 산물이다. 생태학적 문제의식의 기원은 경쟁과 성과, 효율과 속도 담론이 인간의 삶을 풍요롭게 만들긴 했지만 행복하게 하지는 못했다는 데 있다. 인간의 삶은 결국 자연과 더불어 공존하며 자연의 속도로 살아가는 삶을 지향하고 실천할 때 비로소 행복한 삶으로 귀결될 수 있다.

생태학적 문제의식을 받아들인 지식생태학의 문제의식은 지식은 관리 또는 경영대상이 아니라 창조의 대상이라는 점에서 출발한다. 지식이 창조, 공유되는 과정과 시스템은 관리할 수 있지만 지식 자체는 관리할 수 없다는 Brown과 Duguid(2000)의 주장에 근거를 두고 있다. 지식을 관리하려면 지식을 소유하고 있는 주체와 분리시켜 별도의 프로세스나 절차에 따라 지식의 흐름을 통제하거나 조정할 수 있어야 한다. 지식은 지식소유주체와 분리해서 생각할 수 있는 독립적 실체나 개체가 아니라 소유주체와 분리할 수 없는 역동적인 흐름이다. 이들의 주장에 따르면 지식은 불가시적이고(intangible) 끈적끈적하며(sticky), 아무리 통제하고 관리해도 밖으로 새나갈(leaky) 수밖에 없다(Brown & Duguid, 2000).

지식을 보다 빠른 시간에 시스템이나 기술을 통해 효율적으로 공유하고 관리할 수 있다는 생각에서 나온 경영혁신전략이 지식경영·지식관리(knowledge management)다. 지식이 경영이나 관리라는 말을 만나면서 김건모의 노래처럼 '잘못된 만남'이 시작되었다. 저수지에 물을 가둔 다음 가뭄이 왔을 때 저장된 물을 활용하여 가뭄을 극복하는 인공댐처럼 지식경영이나 지식관리는 구성원이 가진 지식을 추출하여 인공지식창고에 저장했다가 필요한 사람에게 필요한 지식을 필요한 시기에 제공하겠다는 발상이다. 사실 지식은 지식소유자와 분리, 독립시켜 생각할 수 없을 뿐만 아니라 지식을 객관적 실체로 저장했다가 사용할 수 없다. 지식은 부단한 흐름(flow)이다. 저수지에 물이 고여 흐르지 않으면 썩는 것과 마찬가지로 지식창고에 지식을 저장하면 지식의 생명성은 사라지고 효능도 떨어진다. 지식은 사람과 사람 사이를 오고 가는 영원한 흐름이다. 지식생태학은 사람과 사람의 관계를 기반으로 사람이 만들어가는 공동체와 조직에서 어떻게 하면 원활하게 지식의 흐름을 만들어나갈 수 있을지를 연구하고 실천하는 학문이다.

1. 학습에 대한 기계론적 접근과 학습개념의 오염

자연은 저마다 개성을 지니고 있는 생명체가 자기 고유의 삶의 속도로 살아가는 다양성과 다름의 세계다. 인간이 기계나 기술을 도입하여 의도적으로 자연의 흐름을 조정하고 통제한다면 더 이상 자연은 자연스럽지 못하며 그 아름다움도 잃게 된다. 더 나아가 자연은 돌이킬 수 없는 파괴와 오염이 발생하여 우리에게 심각한 역기능을 미치게 된다. 이처럼 자연은 개발의 대상이라는 인간 중심의 환경관과 이분법적 분리주의에 근거한 기계론적 패러다임으로 인해 심각한 난개발을 초래하였다. 이로 인해 돌이킬 수 없는 환경파괴가 일어났다. 과학기술은 자연을 개발하고 활용해서 문명발전을 이룩하고 인간에게 보다 편리한 삶을 제공하는 순기능을 가졌지만, 그에 못지않은 역기능과 폐해도 가져왔다. 일련의 개발로 본래 자연 생태계의 자연스러움은 자취를 감추고 있다.

이러한 양상은 인간의 삶 전반에 침투했으며, 인간이 학습하는 양상 마저 바꾸어놓았다. 본래 학습(學習)이란 배우고(學) 익히는(習) 자연스러운 과정을 통해서 삶의 교훈을 얻는 힘든 과정이다. 힘들게 배우지 않고서 익힐 수 없으며, 고생하면서 익히지 않고서 진정한 배움은 일어나지 않는다. 그러나 이처럼 배우고 익히는 힘들고 불편한 과정을 기술이나 도구가 대신하거나 촉진시킬 수 있다는 주장이 고개를 들며 문제가 발생하기 시작했다. 자연 속에서 온 몸으로 느끼고 깨달아가며 학습하는 일상적이고 자연스러운 배움은 사라지고, 인위적으로 조성된 환경에서 효율성을 극대화하는 방식의 학습활동이 그 자리를 대신하기 시작했다.

효율성을 극대화하려는 학습은 심리학적 학습이론에서도 그대로 나타났다. 인간 학습은 겉으로 관찰할 수 있는 행동의 변화만을 연구대상으로 삼아야 한다는 행동주의 심리학이 이런 움직임을 주도했다(Driscoll, 2000). 행동주의 심리학은 객관적으로 측정가능한 목표를 보다 짧은 시간 내에, 가능하면 최소한의 시간과 노력을 투입하여, 보다 많은 학습목표를 달성하려는 효율중심적 학습관을 지지한다. 행동주의적 학습관에 따르면 관찰 측정이 불가능한 학습목표는 목표 달성 여부를 평가할 수 없기 때문에 학습목표에서 제외된다. 또한 학습목표 달성과 무관하거나 도움이 되지 않는 학습활동은 학습의 효율성을 저하시키는 바람직하지 못한 활동이기 때문에 무시되거나 의도적으로 배제된다. 행동주의적 학습이론의 한계와 문제점을 극복하기 위해 '인지주의 학습이론', '구성주의 학습이론'이 등장했지만 여전히 학습 현장은 행동주의적 학습관과 Newton의 기계론적 패러다임을 중심으로 학습과정을 효율화시키는 데 많은 관심과 노력을 쏟고 있다.

2000년대 이후에 등장한 다양한 기술 매체는 학습의 무대를 오프라인 기반에서 온라인 기반 디지털 학습공간으로 확장시켜 e-러닝, u-러닝, m-러닝, 플립 러닝, 소셜 러닝, 스마트 러닝 등 새로운 교수학습 방법이 등장하고 있다. e-러닝, u-러닝, m-러닝, 플립 러닝, 소셜 러닝, 스마트 러닝의 e, u, m, 플립, 소셜, 스마트는 각각 electronic, ubiquitous, mobile, flipped, social, smart를 지칭하는 형용사다. 문제는 앞에 있는 기술적 변화를 지칭하는 다양한 형용사가 뒤에 붙어 있는 학습의 본질과 성격을 근본적으로 규정하지 못한다는 점이다. 다양한 기술적 발달과 그 부산물로 생기는 수단과 도구는 학습방식을 바꾸고 학습자의 학습과정을 지원하는 수단이 될 수 있다. 하지만 이런 기술적 발달이 학습의 본질과 성격을 근본적으로 바꾸지 못한다는 점을 분명하게 인식할 필요가 있다. 지식생태학적 문제의식은 기술이 인간학습 과정을 지원하고 촉진하는 하나의 효율적인 수단이 될 수 있지만 다양한 정보를 가공하고 편집해서 나의 문제의식이 담긴 지식으로 창조하는 학습과정을 대체할 수 없다는 점이다. 그동안 기술적 변화와 발달에 따라 수많은 학습 솔루션이 도입되었으나 그것이 인간 학습의 본질을 밝혀내는 데 얼마나 기여했으며, 우리 삶을 바꾸는 데 어떤 공헌을 해왔는가에 대한 성찰이 필요하다. 기술적 발달을 대변하는 다양한 형용사가 학습이라는 명사의 본질을 바꿀 수 없다. 아무리 첨단학습방법이나 솔루션이 개발된다고 해도 정보를 나의 지식으로 전환하는 고되고 힘든 과정은 학습자가 수행해야 될 일생의 과제이다. 흩어져 있는 정보에 관계와 의미를 부여해서 새로운 지식을 창조하고 그 지식을 새롭게 해석하는 과정은 기계가 대체할 수 없는 인간 고유의 학습과정이며, 그 과정은 지난한 여정일 것이다.

2. 효율중심 학습의 한계

배우고 익히는 과정이 학습(學習)이다. 배우는 과정(學)은 기술적 수단이 도와줄 수 있지만 익히는 과정(習)은 온전히 학습자의 몫이다. 충분히 익히는 과정 없이 배우는 과정만을 반복하는 것은 미처 소화시키지 못한 음식이 위에 가득 차 있음에도 불구하고 계속 음식을 입에 집어넣는 것과 다를 바 없다. 기술이 주도하는 학습환경은 오히려 학습의 본질을 흐리게 만든다. 기술적 수단과 방법을 활용하여 인위적으로 조성된 학습환경에서 이루어지는 학습이 활성화되면 될수록 배우는 활동인 '학'(學)에 치중하게 되며, 이를 내면화시켜 자기 고유의 지식으로 새롭게 창출하는 '습'(習)의 활동은 간과 또는 생략된다. 느림과 여유 속에서 천천히 느끼고 깨달아가는 지혜의 덕보다는, 짧은 시간에 보다 많은 학습자가 많은 정보를 유통시키는 속도의 미학은 효율성 제고를 위한 최선의 방책으로 인정되고 있다. 이런 곳에서는 아름다움, 창의성, 즐거움, 영감, 시적 감수성은 제거되거나 최소화시켜야 할 악덕이나 구습으로 간주되기도 한다(McDonough & Braungart, 2003). 배움(學)의 효율성은 기술적 수단이 제공해줄 수 있지만, 익힘(習)의 효과성은 오로지 인간적 체험의 고통과 그 결과에 대한 고뇌에 찬 결단의 과정을 통해 비로소 달성될 수 있다. 다양한 기술적 도구와 수단을 활용하면서 학습의 효율성을 추구하는 데 주력하는 동안, 오히려 학습의 효과는 떨어지고 다음과 같은 부작용이 발생할 수도 있다.

첫째, 학습의 효율성 극대화를 위해 다양한 기술적 도구와 수단이 적용되면서 학습의 속도는 빨라지고 있지만, 학습의 밀도와 강도는 줄어들고 있다. 한마디로 배운 내용을 나의 것으로 익히면서 숙성할 시간이 없다. 스마트 테크놀로지에 의존하면서 속도는 증가했지만, 몸과 정신의 감각은 둔해져만 간다. 학습의 효율은 올라가고 있지만, 학습의 효과는 떨어지고 있다. 효율은 효과가 있을 때 의미가 있다. 접속을 통한 정보와 지식에의 접근성은 수월해 지고 있지만, 접촉을 통해 나만의 지식으로 체화시키는 불편과 수고, 정성은 회피하고 싶은 힘겨운 노동으로 간주된다. 진정한 의미의 지식은 나의 정성과 노고, 자신만의 고유한 철학과 열정이 담긴 주관적 신념의 산물이다. 학습 주체의 적극적인 참여와 수고, 몸이 수반되는 체험적 깨달음과 느낌이 수반 되는 학습활동은 손쉽게 네트워크에 접속하는 활동으로 대체되거나 기계가 대신 해주는 활동으로 착각한다. 체험적 학습을 통한 건강한 지식 창조는 먼 나라 이야기다.

때가 되면 꽃이 피는 자연에 효율의 논리가 도입된다면 그 결과는 끔찍할 것이다. 모든 생명체는 저마다의 생존방식과 삶의 원리를 터득하면서 자기방 식대로 살아남았다. 철저하게 치열하게 살아오면서 온몸으로 체득한 삶의 원 리가 곧 내 삶의 방식으로 굳어진 것으로 여기에 효율이 들어갈 틈바구니는 없다.

둘째, 이러한 학습 환경에서 이루어지는 학습활동은 학습자의 고통²⁾을 체화한 인격적 지식(personal knowledge)을 창조하지 못한다. 인격적 지식은 다른 사람이 만든 세상의 지식이 아니라 나의 문제의식과 위기의식, 내가 생 각하는 신념과 철학, 열정과 용기가 반영된 지식이다. 지식생태학적 문제의식 은 주관이 배제된 객관적 지식의 대량 양산이 오히려 인간적 깨달음의 묘미 와 경이로운 즐거움을 앗아가는 주범이라고 생각하는 데에서 시작한다. 체험 없는 학습으로 만들어낸 관념적 고민이나 기술이 나를 대신해서 만들어가는 학습은 피상적 지식(surface knowledge)을 만들어낼 뿐이다. 피상적 지식은 나의 문제의식으로 포착되지 못하고 도처에 산재한 남의 지식이다. 피상적 지식을 축적한 학습자가 피상적 지식을 창조·축적·공유·활용하는 과정은 주어진 문제에 정해진 답을 찾는 익숙한 경로에 갇히기 일쑤다. 예기치 않은 상황에 질문을 만들어내고 임기응변적·상황대응적 지식을 만들어내기 어렵

---

2) '고통'은 무엇을 할 것인지 머리 속으로 고민만 하는 추상적·관념적 사유작용과 달리 고민한 결과를 직접 문제상황에 적용하여 체득한 체험의 결과를 통해 기존 인식체계를 근본적으로 수정하고 보완해나가는 자 기 성찰적 활동을 지칭한다는 윤노빈(2003)의 신생철학에서 차용한 개념이다.

다. 모든 지식은 주관적 신념을 지닌 학습자가 또 다른 주관적 신념을 지닌 학습자와 만나 상호작용하면서 자기만의 문제의식으로 정련해 낸 상호주관성의 산물이다. 지식에는 내 삶이 고스란히 들어있고 내가 인간적으로 고뇌하면서 보고 배우고 느낀 모든 진통과정이 스며들어 있다. 지식은 그 사람의 인격이다. 그래서 모든 지식은 인격적 지식이다.

셋째, 학습 주체의 자발적·자생적·자율적 지식창출 의지와 무관하게 자본주의 경제 논리로 생산된 지식은 지식창출의 주체와 과정, 그에 따른 결과를 분리시킨다. 세상의 모든 지식은 특정한 사람이 특정한 문제의식을 갖고 특정한 맥락에서 탄생된 특수한 지식이자 특이한 지식이다. 특수한 지식은 그 지식이 탄생된 문맥이나 맥락성을 거세할 경우 무의미해진다. 모든 지식은 그래서 지식과 창조 주체의 주관적인 판단과 해당 문제 상황과의 부단한 상호작용이 만들어낸 사회적 관계의 합작품이다. 지식은 지식소유 또는 창조 주체와 분리시켜 생각할 수 있는 독립적 실체나 객체가 아니다. 지식창출 주체의 의지와 관계없이 독립적으로 창조·활용·유통되는 피상적 지식을 객관적 실체로 파악하게 되면 지식과 지식창조 주체를 주객이원론으로 생각하게 만드는 문제점을 갖고 있다. 이에 따라 객관적 실체로서의 지식을 보다 효율적으로 창조하고, 공유하며, 유통시키는 기술적 수단과 방법을 보다 정교화하는 악순환의 연결고리를 계속 이어가게 만든다. 일정한 의도를 갖고 조성한 학습 환경 속에서 인위적으로 개발된 첨단의 기술적 수단과 방법을 활용하여 전개되는 다양한 학습활동, 기술적 편리함을 기반으로 한 학습활동은 학습의 본질과는 거리가 먼 역기능적 학습결과를 초래한다. 첨단 기술을 기반으로 학습 환경 조성에 초점을 맞춘 학문적·실천적 노력이 주류를 이루는 현상도 효율 지상주의가 낳은 병폐 중의 하나다.

3. 효과성을 추구하는 지식생태학

지식생태학의 문제의식은 건강한 지식생태계를 복원하고 유지하며 발전시키기 위한 근본적인 대안을 강구하려는 학문적·실천적 각성에서 비롯됐다. 기술적 도구나 수단을 활용해 효율성의 극대화를 추구하는 학습 환경 설계에 따른 역기능과 폐해를 극복하기 위한 근본적 문제를 제기하고 이에 대한 대답을 찾아 나서는 학문적 결단이 바로 지식생태학이다.

지식생태학은 학습의 효율성과 효과성을 올리려는 기존의 교육적 노력을 넘어 생태적 효과성(eco-effectiveness)을 추구한다. 생태적 효과성이란 효과성을 추구하는 본래 목적과 효과성을 추구하는 과정에 누락된 것이 무엇인지를 성찰하는 숙고의 전(全) 과정을 의미하는 개념이다. 생태적 효과성은 학습자 개인의 개체론적 효과성(individualistic effectiveness)보다 관계론적 효과성[3]을 지향한다. 관계론적 효과성은 생태계를 구성하는 학습자 입장에서 바라볼 때 효과적이지만 다른 생명체에게 미치는 영향을 고려해보면 비효과적일 수 있음을 고려하는 효과성이다. 기존에는 주도자 입장에서 의도했던 목표를 달성하면 효과적이라고 판단했지만 관계론적 효과성은 목표달성을 넘어 생태계 전체의 관계를 고려했을 때에도 여전히 효과적인지를 고려하는 전체적이고 통합적인 효과성을 뜻한다. 관계론적 효과성은 학습주체인 학습자 개인 역시 생태계를 구성하는 하나의 구성요소일 뿐 학습 환경을 지배하거나 통제하는 절대 우위의 주체가 아님을 강조한다.

학습의 효과성 여부를 판단하기 위해서는 개인 차원의 유의미성을 넘어 학습주체이자 지식창출의 주체인 인간 학습자가 어떠한 사회역사적·문화적·환경적 여건 속에서 그 지식을 창출·공유·활용하고 있는지에 대한 관계론적 인식이 필요하다. 이는 학습활동 전·중·후의 생태학적 맥락성(ecological context)을 생태적 효과성에 비추어 판단할 때 가능해진다. 창조된 지식에 담

---

3) 효율성과 효과성, 생태적 효율성과 생태적 효과성의 개념적 차이점과 문제의식은 이 책에 제시되어 있는 별도의 Imagination & Insight를 참고한다.

긴 사연과 배경을 공유하면서 상호간에 숙의하고 공감하며 논쟁하는 가운데 생태계 전반에 미치는 생태적 효과성을 진단하고 점검하는 활동은 건강한 지식생태계의 지속가능성을 가늠하는 기준으로 작용한다. 결과적으로 지식생태학의 궁극적인 관심은, 개인적인 지식 창조 및 공유 활동이 전체 지식생태계의 지속가능한 발전을 도모하는 메커니즘을 학문적으로 모색하고 실천적으로 적용하는 것에 있다. 이를 위해서 생명의 순환이 자연스럽게 일어나는 생태계의 원리가 지식생태계의 원리에 어떻게 적용될 수 있는지를 밝히기 위한 노력이 필요하다. 지식생태학은 생태계 내부의 자연적 순환원리와 인간의 의도적인 지식창조 및 공유의 목적의식이 통합되어 지식이 창출·공유·활용·소멸하는 원리를 밝히는 학문적 탐구분야다. 지식생태학은 '효율적인' 학습을 추구했으나 '효과적인' 지식은 창조되지 않는 기존의 기계적 효율중심의 학습관에 반대한다. 대신 지식생태학은 생태적 효과성을 추구하는 학습활동이 지식생태계 내부에서 지속적으로 일어날 수 있는 생태학적 원리를 규명하고 적용하며 유지하고 관리하는 방안을 학문적으로 탐구하고 실천적으로 실험한다.

지식생태학에서 지식은 물질적 객체나 실체와 같은 고정자산(stock)이 아닌 '흐름'으로 파악한다. 지식이 창조되고 공유되는 지식생태계는 흐름으로서의 지식이 유의미한 가치를 창출할 수 있도록 지원하고 촉진하는 생태계다. 기존의 지식은 체계적으로 관리되어야 할 객관적 실체로 상정되었으며, 지식의 활용은 경제적 환전가치의 극대화를 모색하는 것에만 초점이 맞춰져 있었다. 지식이 인식주체와 관계없이 외부에 존재하는 객관적 실체로 파악되었기에 이를 발굴 또는 채굴하는 과학적인 방법만 개발되면 사람이든 조직이든 존재하는 어떠한 지식도 모두 발견될 수 있다는 입장이었다.

반면, 지식생태학이 상정하는 지식은 고정된 실체 또는 객체가 아니라 끊임없이 새로운 모습으로 재탄생하는 흐름이자 과정으로 인식된다(유영만, 2006). 나아가 지식생태학은 현존 지식이 기술적·시스템적 접근에 치중한 나머지 지식이 창출되는 상황적 맥락을 탈맥락화 시켰을 뿐만 아니라 지식창출 및 공유의 주체인 인간 소외의 결과를 초래하고 있음을 경계한다. 또한 지식생태학적 관점은 지식창출 및 공유조건을 기술적으로 합리화시켜 단절적 지식객체를 기술적 수단을 통해서 빠르게 공유하는 노력이 효율적이라 하더라도, 과연 그런 노력이 의미 있는 지식을 효과적으로 창출하고 공유하며 활용할 수 있는 전략인지에 대해 문제를 제기한다.

지식생태계는 지식창출 과정을 왜곡하고 방해하는 내외적 조건과 장애요인에도 불구하고 스스로의 자정 작용과 자율적 성장 기제, 그리고 인간의 의도적 개입 수단을 통해 부단히 성장하고 발전하는 생태계다. 자연적인 흐름에 인간이 기술적으로 개입하여 과도한 개발을 추진할 경우 생태계가 파괴되는 것처럼 지식생태계도 인위적 조작과 통제, 기술적 개입 수단을 지나치게 투입하여 효율적 운영만을 추구할 경우 오히려 파괴될 수 있다. 지식생태학에서 관심을 갖고 관리해야 하는 대상은 지식이 아니라, 지식 창출이 일어나는 조건이나 환경, 문화, 시스템이다(SK C&C, 유영만, 1999). 지식은 전술한 바와 같이 끈적끈적하고 불가시적이며 밖으로 샐 수밖에 없는, 지식창조 주체와 분리할 수 없는 역동적인 흐름이다. 따라서 지식생태계가 지식의 역동적인 흐름이 지속적으로 유지되는 생태계를 뜻한다면, 지식생태학은 그런 지식생태계를 효과적으로 디자인, 조성, 유지, 관리할 수 있는 생태학적 전략을 모색하고 연구하는 학문적 노력이다.

제2부 지식생태학의 학문적 위상에서는 지식생태학이 무엇(what)을 다루는 학문인지를 보다 구체적으로 드러내기 위해 지식생태학의 연구영역과 주요 원리, 지식생태학의 학습관과 지식관, 그리고 지식생태계를 구성하는 행위자 관계망으로 나누어 논의를 전개하고자 한다.

무한 변신의 황제, '명태':
나는 명태의 다른 이름을 얼마나 알고 있는가?[4]

명태(明太)는 이름이 다양하기로 유명한 생선이다. 방금 잡아 올리면 '생태(生太)', 잡아서 꽁꽁 얼리면 '동태(凍太)', 따뜻한 바닷가에서 완전히 말리면 '북어'라고 한다. 또한 명태 새끼를 바싹 말리면 '노가리'라고 하는데, 한꺼번에 많은 알을 까는 명태에 빗대어 "노가리 깐다"라는 말이 생기기도 했다. 또 명태를 반쯤 말리면 '코다리'라 하는데, 이는 명태의 코를 꿰어 말린다고 하여 그러한 이름이 붙었다고 한다. 산란하고 나서 잡힌 명태는 '꺽태', 산란 전에 알을 밴 상태에서 잡힌 명태는 '난태'라고 한다.

눈과 바람을 맞으며 낮에 녹았다가 밤에 얼기를 4~5개월 정도 반복하면 해장국으로 자주 등장하는 고소한 '황태'가 된다. 밤에는 혹한의 눈보라를 맞으며 추위를 견디며 꽁꽁 얼리다가 다시 낮에는 얼었던 부위를 서서히 녹이는 고통스러운 과정을 반복하여 황태가 탄생한다. 황태는 바닷가의 해풍에 말린 '북어'와는 다르게 대부분 바닷가에서 멀리 떨어진 백두대간 높은 고갯마루나 산골에서 만들어진다. 특히 황태가 탄생하는 최적의 덕장은 겨울에 눈이 많이 와 적당한 수분을 유지할 수 있는 곳이다. 따라서 바닷가에 가까운 덕장보다 강원도의 진부령이나 대관령 일대 등 높은 고갯마루나 산골의 덕장이 최적지로 손꼽힌다. 황태가 부드러운 맛을 내기 위해서는 몇 가지 조건이 필요하다. 우선 기온이 영하 10℃의 환경을 유지해야 하고, 일교차가 커서 꽁꽁 얼었다가 녹는 과정이 반복되어야 하며, 적당한 바람이 불어야 한다. 참으로 천혜의 명당이 아니고서는 황태가 쉽게 탄생되지 못한다. 그렇기 때문에 좋은 황태가 만들어지기는 매우 어렵다.

황태로 변신하기가 하늘의 별을 따는 일만큼 쉽지 않기 때문에 이 과정에서 실패한 생태의 종류도 참으로 다양하다. 황태를 만들 땐 바람이 너무 불면 육질이 흐물흐물해진 '찐태'가 되고, 너무 추우면 꽁꽁 얼어붙은 '백태'가 되며, 너무 따뜻해지면 검게 변한 '먹태'가 되어 황태만큼 제값을 받지 못한다. 얼지 않고 말라버리는 바람에 딱딱해진 황태는 '깡태', 속살이 부드럽지 않고 딱딱한 황태는 '골태', 내장을 빼지 않고 통으로 만든 황태는 '봉태', 잘못하여 땅에 떨어지면 '낙태', 몸통에 흠집이 생기면 '파태'가 되기도 한다. 이렇게 비록

---

4) 이 부분은 Premium Chosun 2014. 1. 21. 〈재미있는 과학: 이름이 가장 많은 생선은?〉 내용을 참조하였다.

황태로 변신하지 못했을지라도 여전히 생태의 다른 모습으로 사람에게는 더 없이 소중한 먹거리가 된다. 특히 시련과 역경을 잘 견뎌내면서 탄생한 황태는 술꾼들의 속을 달래주는 해장국으로 최고로 대접을 받는다. 황태 대가리와 다시마, 무로 맑게 끓여낸 황태 해장국은 해장은 물론 추위와 피곤에 지친 몸에 최고의 보양식으로 꼽힌다. 황태 국물은 체내의 일산화탄소를 배출해주는 효능이 있어 한약재로도 쓰이고, 특히 흡연자들에게 아주 좋은 먹을거리가 된다. 그래서 황태를 하늘이 내린 음식이라고도 한다.

생태의 변신은 여기서 끝나지 않는다. 낚시로 잡은 생태는 '조태', 그물로 잡은 것은 '망태'가 되고, 봄에 잡히는 것은 '춘태', 가을에 잡으면 '추태' 등 생태의 명칭은 참으로 다양하다. 그 밖에도 명태는 잡는 시기에 따라 일태·이태·삼태·사태·오태·섣달바지·춘태 등으로 불리며, 크기에 따라서는 대태·중태·소태·왜태·춘태·애기태 등으로 불린다. 명태가 이렇게 다양한 모습을 띠면서 각각 다른 이름으로 불리는 까닭은 그만큼 우리 생활과 가까이서 먹거리로 소비되고 있기 때문이 아닐까. 한 가지 안타까운 사실은 이런 생태가 심각해지는 지구 온난화의 영향으로 해수의 온도가 올라감에 따라 점차 우리 바닷가 근처에서 사라지고 있다는 사실이다.

지식생태학자(知識生態學者)도 본래는 지식명태학자(知識明太學者)였다가 겨울이면 동태(動態)를 파악하기 위해 지식동태학자(知識凍太學者)로 변신하기도 하고 혹한의 추위를 견뎌내고 얼렸다가 녹였다를 반복하면서 지식황태학자(知識黃太學者)로 바뀌기도 한다. 지식생태학자는 생태(生太)의 삶의 터전인 생태계(生態界)를 위협하는 모든 역기능과 폐해와 맞서 싸우면서 자연 그대로의 생태계가 유지될 수 있는 다양한 생태학적 상상력과 대안을 모색하는데 주력한다. 지식생태학자는 지식의 동태를 파악하고 지식의 선순환적 창조와 공유가 유기적으로 일어날 수 있는 생태학적 대안 마련에 몰두하는 학자다. 깊이 없는 지식 노가리를 풀지 않고 넓이 없는 답답한 지식에도 찬성하지 않는다.

[Imagination & Insight 2]

생태적 효율성과 생태적 효과성

효율성과 효과성의 본질과 그 차이점

농업사회는 산업사회, 정보사회를 거쳐 지식기반사회로 전환되어 왔다. 농업사회에는 인간이 자연을 벗삼아 자연의 속도대로 살았다. 그러나 기계 문명이 발달하고 짧은 시간에 대량생산이 가능해지면서 인간은 어떻게 하면 적은 노력과 시간을 투입해서 보다 많은 생산을 할 것인지를 골몰하기 시작했다. 즉, 어떻게 하면 보다 효율적으로 목표달성 과정을 운용할 수 있을 것인지에 관한 고민이 내재되어 있다. 덕분에 농업도 근대화와 과학기술의 물결을 타면서 생산성이 과거와 비교하기 어려울 정도로 증가했다. 그러나 생산성이 증가할수록 농지는 산성화 되어 갔으며, 자연의 속도를 거슬러 인위적으로 조작하는 유전자 교배와 교란을 통해 본래 존재하지 않았던 무수히 많은 농작물을 탄생시키게 되었다. 그 결과 자연의 성장모델을 따르지 않고 산업의 성장모델을 따르면서, 인간은 스스로 마음만 먹으면 무엇이든지 해낼 수 있다는 엄청난 자만심을 갖게 되었다.

'철이 든다'는 말도 이때 나왔다. 철이 들지 않으면 숙성된 과일을 먹을 수가 없었으며, 싱싱한 채소도 밥상에 올려놓을 수 없었다. 그러나 최근에는 '철들지 않은' 각종 채소와 과일을, 제철이 아니라도 사시사철 언제 어디서나 먹을 수 있게 되었다. 자연의 속도를 거슬러 인위적 시간을 조작해서 만든 농작물이기에 철에 관계없이 인간의 편의를 돕는다. 그러나 잊지 말아야 할 것은 기다리면서 숙성되는 시간적 여유 속에서 맛과 멋이 만들어 진다는 것이다. 청국장의 장맛과 발효된 묵은 김치의 형언할 수 없는 맛처럼, 기다림의 미학은 속도의 마력으로는 절대로 만들어 낼 수 없는 것을 창조한다. 여기에는 '효율'의 원리가 끼어들 수 없을 것이다. 오로지 참고 기다리면서 주변 온도와 조건을 활용하여 뜸 들이는 시간이 절대적으로 필요하다.

그런데 이러한 기다림의 미학은 효율의 과학 아래 한량들에게나 통용되는 구습으로 전락하고 있다. 효율은 기다림의 미학을 앗아갔다. 기다리면 기다릴수록 효율곡선은 하강하기 때문에 보다 빨리 시장이 요구하는 농산물을 재배해서 적기에 필요한 사람에게 공급해야 한다. 이렇듯 철이 없는 농작물을 먹는 사람들이 늘어나면서 이제 사람도 철이 없는 사람으로 바뀌기 시작한 것이 아닐까? 철이 없기 때문에 철에 따라 해야 될 일을 망각하기 시작했으며, 아무 때 아무것이나 아무 거리낌 없이 하는 철없는 사람들이 철없는 농작물을 먹으면서 사는 세상이 편리한 세상이 된 것은 아닐까? 그런 편리함이 사람들이 살아가는 삶의 본질인가? 편리함은 곧 행복인가? 고민하지 않을 수 없는 문제다.

신영복 교수의 〈강의〉에 다음과 같은 일화가 나온다. 자공(子貢)이 초(楚)나라를 유람하다 진(晉)나라로 가는 길에 한수(漢水) 남쪽을 지나면서 한 노인이 우물에서 물을 길어다 밭에 주고 있었는데 힘은 많이 드나 효과가 별로 없는 광경을 보게 되었다. 딱하게 여긴 자공이 노력은 적게 들고 효과는 큰(用力甚寡 而見功多) 용두레(용)라는 기계를 소개하자 그 노인은 분연히 낯빛을 밝히고 다음과 같이 항거한다. "기계의 기능이 있는 한 반드시 효율을 생각하게 되고(機心), 효율을 생각하는 마음이 자리 잡으면 본성을 보전할 수 없게 된다네(純白不備). 본성을 보전하지 못하게 되면 생명이 자리를 잃고(神生不定) 생명이 자리를 잃으면 도(道)가 깃들지 못하는 법이네. 내가 기계를 알지 못해서가 아니라 부끄러이 여겨서 기계를 사용하지 않을 뿐이네."(신영복, 2005, p.329에서 재인용) 효율은 기본적으로 '무엇'의 문제(what)라기보다는 '어떻게'의 문제(how)다. 한 마디로 입력 대비 출력비율로써 효율이 높아지려면 입력은 최소화시키고 출력은 최대로 만드는 방법을 고안해야 한다. 효율은 목표달성 과정을 단순화시킬 것을 요구한다. 왜냐하면 초기에 설정된 목표에 빠르게 도달하기 위해서는 중간과정에 만나는 변수들을 최소화 시켜 목표에 도달하는 최단 코스를 선택해야 되기 때문이다. 초기 의도했던 목표를 어떻게 해야 최단 기간 내에 도달하느냐의 방법만을 고민하다 보면 인간적 수고와 정성의 문제는 쓸모없는 것으로 치부되고 방법의 정교화, 첨단화를 통해 쉽고 빠르고 편리하게 목표를 달성하는 방법적 장치와 기교문제만이 핵심적인 관건으로 부각된다.

효율지향 논리는 상대방을 배려하는 법이 없다. 사람이 하는 일을 기계가 대신할 경우, 기계는 주변 상황을 배려하지 않고 자기 식대로 운동논리를 전개해 나간다. 자동응답기가 붙어 있는 전화기에 전화를 걸면 사람이 없을 경우 기계가 전화를 받는다. 내가 어떤 동작을 취하건 관계없이 기계는 사전에 설정된 대로 녹음된 내용만을 말한다. 상대방의 감정 상태나 주변상황을 고려하지 않고 부지런히 자신이 추구하는 목적을 달성하고 나고서야 작동을 멈춘다. "효율성이 지배하는 세상에서는 모든 것이 그저 편협하고 실용적인 목적을 위해 봉사할 뿐이다. 아름다움, 창의성, 환상, 즐거움, 영감, 시적 감수성은 중도에서 모두 탈락하고 정말로 매력 없는 세상을 만들어 낸다. 최고로 효율적인 세상을 한번 생각해 보자. 붉은 색 알약 한 알과 인공향이 첨가된 물 한잔이 전부인 이탈리아 저녁식사를 생각해 보자. 모차르트는 늘 4분의 2박자로만 피아노를 연주하고 반 고흐는 오직 한 가지 색깔만 사용한다고 생각해보자. 휘트먼의 길고도 아름다운 시를 그저 한 페이지에 다 적는다고 생각해보자."5)(McDonough & Braungart, 2003, p. 92) 아름다움이 제거되고 효율성을 극대화시키기 위해 존재하는 세상은 즐거움과 안심, 평안과 행복, 보람과 가치가 다른 각도에서 재정의될 필요가 있다. 모든 것이 시간의 속도 굴레에 덮어 씌워져 있고 그 속에서 모두가 목적달성을 위한 첩경만을 선택해서 질주하는 세계 속에서 나는 진정 어떤 삶의 의미와 가치와 행복을 찾을 수 있을 것인가? "만일 자연이 효율성이라는 인간의 모델을 따른다면 아름다운 체리 꽃도 훨씬 줄어 들것이고 그 영양분 또한 감소할 것이다. 나무도 적어지고 산소도 줄어들며 깨끗한 물도 줄어들 것이다. 노래 부르는 새들도 줄어든다. 생물의 다양성도 훼손되고 창의성과 기쁨도 적어진다. 자연을 더욱 효율적으로 만들려는 생각, 또 아무것도 버리지 않으려는 생각은 터무니없는 것이다."(McDonough & Braungart, 2003, p.107) 자연은 자연법칙대로 흐르는 선순환의 원리에 따라 인위적 통제와 조정, 외부적 개입수단 없이도 자신의 생명을 유지해 나가는 내재적 성장 메커니즘이 존재한다.

효율은 현대 과학기술 문명이 불러온 최대의 적이 아닐 수 없다. "기계보다는 사람을 소중하게 생각하고, 효율성보다는 깨달음을 소중하게 여기는 문화를 복원해 가야 한다고 생각합니다. 그러나 절망적인 것은 우리의 현실이 그러한 반성을 원천적으로 봉쇄하고 있다는 사실입니다."(신영복, 2005, p.333) 무엇이든지 자연의 속도, 생체 시계를 거슬러 '보다 적은' 노력과 시간을 들여 '보다 빨리', '보다 많이'를 달성하려는 인간적 욕심의 표현이 바로 효율이기 때문이다. 효율이 높아져서 보다 빨리, 보다 많이, 보다 편리하게 되어서 인간적 삶도 이와 상응하게 행복해지고 있는가를 물어보면 여전히 그 답은 미지수다. 효율 또는 능률복음이 세상에 전파되면서 천천히 하기, 여유와 느림은 효율복음이 퇴치해야 될 악덕이나 잘못된 관습으로 치부되어 폐기처분의 대상이 되고 있지만 자연과 더불어 살아가는 인간적 삶의 본질은 효율의 반대편에 서 있다. 한 그루의 나무가 싹이 터서 줄기가 자라고 잎이 자라면서 한 철을 돌다보면 나무가 자신이 몸담고 있는 자연에게 돌려준 낙엽은 거름이 되어 자신은 물론 모든 생명체들의 성장에 도움이 되는 비료로 작용한다. 이 과정에는 효율이 들어 갈 틈이 없다. 효율이 개입되면 개입될수록 나무의 성장에는 오히려 해가 된다. 자신의 성장 과정을 고스란히 담고 있는 나이테가 말해 주듯 빨리 자란 나무의 나이테는 간격이 넓지만 견고함이 없다. "갑자기 찐 살이 시간을 들여 운동으로 다져진 근육보다 좋지 않듯, 풍상을 견디며 더디게 자란 나무가 결국에는 제 몫을 다하는 법이다"(신응수, 2005, p.29)라는 말에서도 효율은 들어 설 자리가 없다. "나이테는 그 나무가 어떻게 자랐는지, 또 얼마나 자랐는지, 많은 것을 알려주는 나무의 지도이기도 하다. 나이테가 잘 자라는 때

---

5) 이어령(2003)도 이와 비슷한 맥락에서 효율성 또는 능률복음의 폐단을 다음과 같이 지적하고 있다. 능률주의란 무엇인가. 그것은 원인과 결과 사이의 과정을 깨끗이 지워버리는데 있다. 과정이란 불편한 것이고 낭비고 어리석은 것이라고 생각한다. 우리에게 소중한 것은 항상 결과일 뿐이다. 그러니까 계단을 한 층 한 층 밟고 올라가는 것이 아니라 엘리베이터를 타고 층계를 건너뛰어 오르는 것이 가장 이상적인 생활 방식의 하나로 되어 있다(p.65).

와 잘 자라지 않는 때가 있다. 좋지 않은 날씨가 유난히 많았거나, 병충해에 시달리면 나이테가 잘 자라지 않는다. 나이테로 성장 과정을 알 수 있는 것이다. 사람으로 치자면 우여곡절이 나이테에 다 드러나 있다. 이렇게 더디 자라고 우여곡절을 겪으며 촘촘하게 번진 나이테의 나무를 깎았을 때 그 결이 최고로 아름답다."(신응수, 2005, p.30)

그렇다면 효과는 효율에 비해 어떤 점이 다른가? 우선 효과는 "할 일을 제대로 하느냐(Do the right thing)"의 문제이다. 어떤 일을 성취하고 나면 그 일이 효과적인지 여부는 그 사람이 그 일을 제대로 했느냐의 문제와 연결되어 있다. 내가 본래 하고자 했던 일을 했느냐, 즉 결과에서 느끼는 보람이나 가치가 효과이다. 효과성은 본래 의도했던 목표에 대한 달성 정도를 의미한다. 효과적인지 아닌지의 여부는 그 일을 얼마나 잘 했는지보다 달성한 일이 본래 의도했던 일인지의 여부와 관련되어 있다. 효과적인 사람은 항상 어떻게 하면 잘 할 것인지를 고민하기 이전에 자신이 하고자 하는 바가 무엇인지를 정확하게 포착하는 데 관심을 집중한다. 즉, 무엇을 할 것인지를 결정한 다음 어떻게 할 것인지를 고민한다. 따라서 효과는 항상 효율보다 앞선다. 효율적이나 전혀 효과적이지 못한 경우가 발생하는 것은 바로 내가 하고자 하는 바가 정확하게 무엇인지 포착하지 못하고 어떻게 하면 잘 할 수 있을 것인지에 대한 방법적 대안이나 기교만을 고민했기 때문이다. 효과적이기 위해서는 정확한 방향 설정이 중요하다. 그래서 조금 극단적인 분류 방법일 수도 있지만 리더는 효과적인 사람이 필요하고 관리자는 효율적인 사람이 필요하다고 한다. 리더 한 사람의 잘못된 방향 설정으로 수많은 구성원들이 엄청난 고생을 할 수 있다. 정확한 방향설정을 제시하는 리더와 필요한 자원을 적재적소에 배분하고 일이 잘 될 수 있도록 통제하고 조정하는 관리자가 각각 필요하다는 주장이 역할분장론이다.

그러나 효과에 대해서도 고려할 점이 있다. 할 일을 했다고 자부한 일이 다른 사람들이나 주변 환경에 부정적 영향을 미칠 수도 있다는 점을 간과해서는 안 된다. 개인적인 입장에서 볼 때 효과적이었지만 다른 일과의 관련성이나 다른 조건과 환경에 미치는 영향력 등을 관계론적 시각에서 바라볼 때 그 효과는 오히려 다른 목적지향적 행동에 부정적인 영향을 미칠 경우도 발생한다. 이러한 점에서 단순히 효과성이라는 말보다는 생태담론과 함께 '생태적'이라는 형용사가 가미된 생태적 효과성이야말로 진정한 의미의 효과성을 나타내는 말이라 할 수 있다. 이와 같은 맥락에서 효율성이라는 말에 '생태적'이라는 형용사가 붙어서 생태적 효율성이라는 새로운 조어를 만들 수도 있다. 이러한 생태적 효과성 및 생태적 효율성은 기존의 효과성 및 효율성과 어떤 점에서 근본적인 차이를 보여주고 있는지, 그 이면에 담겨진 숨겨진 의도가 무엇인지를 간파할 필요가 있다.

생태적 효율성의 한계

효율성의 심각한 폐해가 지적되면서 새롭게 부각된 개념이 생태적 효율성이라는 개념이다. "생태적 효율성이란 원료를 채취해 제품을 만들어 사용하다 버리는 인간의 산업을 경제, 환경, 윤리적 문제를 두루 고려하는 산업으로 변화시키는 것이었다."(McDonough & Braungart, 2003, p.74) 생태적 효율성은 다른 말로 하면 자원을 좀 더 효율적으로 사용하고, 오염물질이나 폐기물질을 덜 배출하며, 인간의 건강이나 환경에 끼치는 폐해를 최소화하고, 재생 불가능한 자원보다 재생 가능한 자원을 사용하는 산업이나 유관 활동을 장려해야 한다는 생각의 표현이다. 이러한 생태적 효율성은 환경보전이나 유지에 어떻게 기여할 것인지에 대한 관심보다는 자원이 안전히 파괴되는 시점을 이전보다 늦춤으로써 경제적 효율성에 근거한 이윤추구 노력의 자기 정당화를 위해 포장된 자본주의적 이데올로기의 다른 표현에 관심을 두고 있다(장욱, 1998). 생태적 효율성은 결국 기존의 효율성은 경제적 생산성 극대화를 통한 이윤 극대화 논리의 배경 이데올로기로 인식됨에 따라 생태적 효율성은 그 본질과 정체에 대한 근본적인 반성을 요구한다. 특히 누구를 위한 효율인가? 왜 속도 경쟁에 뛰어 들어 효율을 극대화시켜야 하며, 이렇게 하는 궁극적인 목적은 무엇인가에 대한 성찰적 반성의 움직임이 일면서 효율적인 삶의 동인과 추동력에 대한 문제의식을 싹틔운다.

감축(reduce), 재활용(reuse), 재생(recycle)의 소위 3R 슬로건을 통해 기존 효율성 논리의 취약점과 한계를 극복하고자 노력하였지만 결국 3R을 통해서는 자원고갈이나 환경 파괴를 근본적으로 막지 못하고 다만 그 속도를 줄일 뿐이라는 사실이 드러나고 말았다. 생산과 소비의 미학을 강조했던 경제적 효율성 개념을 생태적 효율성 개념으로 포장한 논리적 주장은 환경의 한계를 신중하게 고려하지 않고 대량생산을 통한 대량소비에 몰두해 왔다. 그러다 주변 환경오염과 그로 인한 폐해가 심각하게 되자 감축(reduce), 재활용(reuse), 재생(recycle)이란 추가적인 조치에 나선 것으로 그 이면에는 여전히 경제적 효율성을 극대화시키려는 의도와 방식이 숨어 있다. 환경에 악영향을 미치는 제품을 적게 쓰거나 다시 재활용한다고 환경에 영향을 미치지 않는 것이 아니라 영향력을 줄이는 것일 뿐이기에 장기적으로 3R 전략도 근본적인 해결대안이 되지 못한다. 이런 점에서 3R을 주장하는 사람들이 지향하는 지속가능성의 문제는 환경 문제를 해결하는 근본적인 대안이 아니라 임시방편에 불과하다. 왜냐하면 3R 전략을 활용한다고 해도 인간과 자연이 공존하게 되는 것은 아니다. 다만 환경파괴와 자원고갈의 속도만 늦출 뿐이기 때문이다.

생태적 효과성과 지속가능성

나무의 성장 과정을 보면 장기적인 측면에서 지속가능성의 문제가 어떤 문제인지를 이해할 수 있을 것이다. 나무는 완벽하게 지속가능하다. 나무 자체는 물론 이것과 영향을 주고받는 주변 나무와 나무가 자라는 땅, 그 땅 위에서 자라는 다른 생물과 환경, 그리고 인간에게까지 나무는 다른 생명체에 악영향을 미치는 쓰레기를 방출하지 않는다. 오히려 나무는 주변 생명체의 성장에 이로운 산소를 비롯한 갖가지 유익한 피톤치드를 방출할 뿐만 아니라, 인간에게는 휴식의 안식처를 제공해 준다. 그뿐만 아니라 제 생명을 다한 나무와 낙엽은 풍파에 썩어 거름이 됨으로써 자신은 물론 주변 생물체의 성장 과정에 중요한 영양분으로 재활용된다. 여기서의 재활용은 생태적 효율성에서 주장하는 재활용의 문제와 근본적으로 다르다. 생태적 효율성에서 주장하는 재활용은 재활용이 거듭될수록 주변 환경에 부정적인 영향을 미치는 물질을 발생시킨다. 즉, 재활용이 거듭될수록 재활용되는 제품의 품질 수준은 낮아지고 질적 속성은 변질되어 결과적으로 재활용되는 제품의 주변 환경은 오염될 수밖에 없다. 그러나 나무의 재활용은 재활용이 거듭될수록 나무와 관계를 맺고 있는 인간을 포함하여 모든 자연 삼라만상이 동반해서 성장하고 발전하는 메커니즘을 구성하게 된다. 생태학자들이 주장하는 지속가능성의 문제가 나무의 재활용 과정에서 비로소 완벽한 지속가능성의 꿈을 구현하게 되는 것이다. 한마디로 효율성에서 주장하는 자원 재활용은 자원 소진적(resource-depletive)(장욱, 1998)이어서 결과적으로 자원고갈과 환경파괴의 악순환의 연결고리를 끊을 수 없는 반면, 나무의 재활용 과정에서 보여주는 메커니즘은 자원 재생적(resource-generative)이어서 결과적으로 자원 및 환경보전은 물론 인간과 자연이 함께 동반 성장하는 선순환의 연결고리를 맺게 되는 셈이다.

자원 재생적 선순환의 메커니즘은 바로 생태적 효과성의 핵심 구동원리라고 볼 수 있다. 이전의 효과성과 생태적 효과성의 근본적인 차이는 생태적 효과성이 일회성 효과성이나 독립적 효과성이라기보다는 선순환적이며 관계론적 효과성이라는 점이다. 어떤 노력이나 과정을 통해 창출된 결과가 생태적으로 효과적인지의 여부는 창출된 결과 자체의 효과성을 넘어서서 창출된 효과가 또 다른 재생적 또는 순환적 과정에 선순환적으로 입력되는지의 여부와, 효과성을 창출하는 데 직간접적으로 관여된 다른 구성요소들을 고려하여 이것이 전체에 미치는 효과성까지 고려했느냐의 여부에 달려있다. 전통적인 의미의 효과성은 달성하고자 하는 목표를 과연 달성했는지에 대한 결과론적 관점이었다면, 생태학적 효과성은 의도하고자 하는 방향을 선택해서 달성하고자 하는 목표를 달성했는지, 그 과정과 결과가 주변 환경에도 호혜적인 영향을 미치고 있는지를 따져보는 관계론적 관점이다. 즉, 생태학적 효과성은 효과가 있느냐 없느냐를 일회성으로 따지지 않고 생태계를 구성하는 요소들의 성장과 발전에도 자원재생적으로 작용하는지의 여부를 논의하는 데 중점을 둔다. 따라서 생태학적 효과성은 어떤 노력이나 과정이 끝난 시점에서 그 결과만을 보고 판단하지 않고 모든 생태계의 성장과 발전에 또 다른 선순환적 영향을 미쳐 결국에는 모두가 함께 성장하고 발전하는 메커니즘으로 결과가 창출된 것인지의 여부를 근간으로 판단하는 상호의존적 관점이다.

생태학적 효과성은 나무의 성장과정에 비유할 수도 있지만 밥과 똥에 비유할 수도 있다. 밥은 에너지를 축적하는 과정이고 똥은 에너지원으로 쓰인 밥이 배설되는 경우이다. 오늘날 우리들의 삶을 보면 밥은 똥이 되지만 똥이 다시 밥으로 되는 순환과정이 막혀 있는 경우가 많다. 밥이 똥이 되고 똥이 다시 밥이 되는 자원 재생적 과정은 완벽하게 생태적으로 효과적이다. 그런데 수세식 화장실이 대중화되면서 밥을 먹고 똥으로 배설한 것이 다시 밥을 만드는 원료로 작용하지 않고 심각한 환경 오염원이 된다. 자원 소진적 과정이 반복되면서 식수원이 심각하게 오염되는 등 환경오염의 주범으로 작용하고 있다. 밥이 사람들의 에너지원으로 활용된 다음 배설된 똥이 다시 논과 밭의 비료로 활용될 경우 자원 재생 싸이클의 선순환이 이루어져 생태적으로 효과적이다. 밥 속에 똥이 들어 있고 똥 속에 밥이 들어 있다는 것이 불일불이(不一不二)의 생태학적 원리이다. 밥과 똥은 별개의 사물이므로 하나가 아니다(不一). 밥은 몸으로 들어가면 소화되어 영양분이 몸의 구석 구석으로 배분된 다음 똥으로 나오는데 어떤 밥을 먹느냐에 따라 똥의 색깔과 성질이 달라진다. 밥은 똥이 되고 똥은 밥이 되므로 양자가 둘도 아니다(不二). 밥이 있어서 똥이 되고 똥은 다른 생물체의 또 다른 밥이니 이것이 있으므로 해서 저것이 있고 저것이 있으므로 해서 이것이 있다. 밥일 때는 그 자체가 다른 생물체의 거름으로 사용할 수 없으므로 밥은 똥 속에 들어가는 것이 아니다. "밥은 어김없이 똥이 되는데, 똥은 밥이 되지 않으니까. 모두들 먹는 것에만 관심이 많고, 똥은 우습게 알아. 밥이 몸에 피가 되고 살이 되는 건 알지만, 똥이 얼마나 귀한지는 까맣게 잊고 지낸다."(이현주 외, 2005, p.54)

WHAT

지식생태학의 학문적 위상

Imagination & Insight 3) 생태학적 상상력과 4찰(四察)

1장

지식생태학이란

　지식생태학은 지식과 지식창조 과정에 대한 생태학적 접근으로 탄생된 융합학문이다. 지식(knowledge)과 생태학(ecology)의 합성어로 탄생한 신조어가 바로 '지식생태학(kecology)'이다. 지식생태학은 간학문적 접근(interdisciplinary approach)으로 생명체의 생존방식이나 원리에 대한 통찰을 인간과 조직의 지식 창조 과정에 적용하는 다양한 이론과 방법을 연구한다. 지식생태학은 이상적인 지식생태계가 무엇인지, 기존 생태계와 어떤 점에서 다른지, 지식생태계가 갖추어야 할 구성요소는 무엇인지, 구성요소들의 다양하고 역동적인 상호작용을 어떻게 촉진할 것인지, 건강한 지식생태계로 발돋움 할 수 있는 기반과 조건이 무엇인지를 규명하고 해명하는 데 일차적인 관심을 갖고 있다. 지식생태학은 지식생태계 안에서 즐거운 학습과 건강한 지식이 창조되고, 공유, 활용, 소멸되는 선순환적 과정과 촉진요인을 연구한다. 나아가 지식생태학은 기존 지식생태계를 복원하고 활성화하는 방안은 물론 새로운 지식생태계를 어떻게 설계하고 개발하며 활용하고 평가할 수 있는지를 생태학적 관점과 인접 유관분야를 활용하여 탐구하고자 한다.

또한 지식생태학이 지식생태계를 연구한다는 것은 지식생태계를 통해서 창조하고자 하는 지식의 바람직한 속성, 즉 지식생태학적 지식의 이상적인 특징이나 조건을 연구한다는 의미다. 지식생태계는 지식창조 주체의 즐거운 학습을 통해 건강한 지식이 창조되고 공유되는 생태계다. 지식생태학이 지향하는 지식을 창조하기 위해서는 어떤 학습활동을 통해서 건강한 지식을 만들어낼 것인지에 대한 연구를 내포한다. 이에 따라 건강한 지식이 무엇인지, 즐거운 학습이 무엇인지에 대한 학습관과 지식관을 새롭게 조명하고 개념화를 시노한다.

자연생태계를 관찰하다 보면 수많은 생명체들이 저마다의 생존방식과 관계맺음으로 건강하게 유지·발전되는 모습을 볼 수 있다. 살아있는 유기체 간의 상호작용이 이루어지는 생태계처럼, 지식생태계 역시 지식창조 주체들의 다양한 학습활동을 기반으로 지식을 창조·공유·활용하는 상호작용을 통해 유지·발전될 것이다. 자연은 보호나 개발의 대상이 아니라, 그 안에 어울려 함께 살아가고 학습하는 터전이다. 인간의 생명은 자연의 거대한 순환과 맞물려 돌아간다. 따라서 인간적 삶의 지혜를 자연의 순리와 순환에서 배울 수 있는 것은 어쩌면 당연한 일일지 모른다. 지식생태계는 생태계로부터 지식의 창조, 공유, 활용, 소멸의 원리를 배워 나간다.

다만, 자연생태계의 원리를 무조건 차용하는 것은 곤란하다. 자연과 달리 사회생태계는 인간의 의도라는 것이 반영되어 있다. 인간의 의도성이 반영된 사회생태계에 자연생태계의 원리를 적절하고 유용한 원리로 변형·가공해서 선별적으로 적용한다. 자연생태계는 의식적 개입이 없는 생명체들 간의 다양한 상호작용과 자생적 움직임으로 성장하고 유지된다. 이 점이 사회생태계와 다르다. 지식생태계는 자연생태계와는 다르게 인간이 의도적으로 지향하는 사회생태계의 범주에 속한다. 이러한 점에서 자연생태계와 사회생태계를 구분하는 기준은 '의도적 목적성'의 유무다(김선빈 외, 2007). 사회생태계로서의 지식생태계는 일정한 목적의식을 갖고 의도적인 개입을 통해 지식을 창조하고 공유하는 활동을 설계·개발·활용·평가하는 활동이다. 지식생태학은 자연생태계에서 다양한 시사점과 교훈, 학습과 지식창조의 원리와 방식을 배우지만, 그것이 적용되는 생태계의 맥락적 차이를 인정한다.

그럼에도 불구하고, 이상적인 지식생태계는 최소한의 외부적 개입수단과 통제·조정을 통해 자가 발전 및 유지를 위해 스스로 시스템의 안정과 조화를 도모하고 규제하면서 자기 스스로 지속적인 성장과 발전을 도모한다. 다른 생물학적 시스템처럼 자기유지적(self-sustaining)이고, 자기규제적(self-regulating)이며, 자기조직적(self-organizing)이다. 즉, 필요로 하는 지식이 부족하거나 충족되었을 경우 새롭게 지식을 창조하거나 기존 지식을 폐기·소멸시키는 활동이 자생적 메커니즘에 의해 이루어진다.

지식생태학은 구성원들의 다양한 정보와 아이디어, 통찰력과 영감이 자유롭게 공유되고 공감되는 '자기조직적 지식생태계(self-organizing knowledge ecosystems)'를 설계하고 지원한다. 여기서 말하는 자기조직적 지식생태계는 생태계의 기본 원리를 지식의 창출·축적·공유·활용의 과정에 변형·적용하거나 대입하여, 이전 지식과 근본적으로 다른 지식을 부단히 창출, 활용하는 일련의 선순환적 과정이 반복되어 지식창출과 소비의 조화가 자연스럽게 이루어지는 시스템이다(유영만, 2005, pp.164-165). 자기조직적이라는 말은 균형상태가 깨졌거나 불협화음이 존재할 경우 이를 다시 원상 복귀시키려는 생태계의 자생적 운동성을 추구한다는 의미다. 더우면 땀을 흘려서 열을 밖으로 내보내고 추우면 옷을 입고 체온을 보호한다. 배가 고프면 음식을 먹어서 위를 채우고, 궁금하면 호기심의 물음표를 던져 궁금증을 해소한다. 물론 자연생태계처럼 인간의 의도와 개입 없이 선순환적으로 지식이 창조되고 공유되는 이상적인 생태계는 존재하지 않는다. 다만 지식생태학은 바로 이런 자생적 메커니즘을 어떻게 하면 기존 공동체나 조직에 장착시킬 수 있을지를 탐구한다.

지식생태학에서 이를 탐구하기 위해서는 지식을 창조하고 활용하는 과정을 촉진하는 학습주체의 의지와 동기, 이들의 지식창조 과정 및 활동, 사회문화적 조건과 제도 및 시스템을 조성하고 설계하는 이론과 실천분야를 망라할 필요가 있다. 생태계가 직면하고 있는 위기를 극복하고 현실적 문제를 해결할 대안을 모색하기 위한 생태학적 탐구가 현실 변화에 별다른 도움을 주지 못하고 학문적 논쟁을 위한 논쟁으로 치닫는다면 특히 생태학의 존재이유는 유명무실해질 수 있다. 이런 문제점에도 아랑곳하지 않고 생태학적 주장이 상대의 주장에 비해 우월하거나 탁월하다는 일방적 주장을 반복한다면 건설적 대안 모색보다는 탁상공론에 머무르는 소모전으로 끝날 것이다. 필요한 지식을 창조하고 개인과 조직 변화를 추진하는 과정에 유용한 시사점을 제공해 줄 수 있는 학문적이면서도 실천적인 논의 또한 포함되어야 한다. 이를 위해서는 지금 여기 존재하는 생태계를 직접 학문적 탐구 대상으로 삼으면서 현실적 변화를 모색하는 다양한 실천적 대안을 탐색할 필요가 있다.

2장

생태계의 특성

생태계는 늘 살아 움직이면서 성장·발전하고 일정한 상태를 유지한다. 겉으로는 아무런 변화가 없는 것처럼 보이지만 생태계의 내부를 들여다보면 치열한 생존경쟁을 통한 견제가 빈번하게 일어난다. 경쟁은 모두가 파멸의 길로 치닫는 상쟁(相爭)이 아닌 모두가 함께 더불어 살아가는 상생(相生)이다. 경쟁은 상생의 길을 모색하기 위해 일어나는 예기치 못한 사태일 수도 있고 숲을 더욱 강건하게 만드는 예견된 기적일 수 있다(차윤정, 2004).

그렇다면 생태계를 지속적으로 성장, 발전시키는 원동력은 무엇이며, 그 원동력은 어디에서 유래되는 것일까? 생태계를 유지·존속시키고 성장·발전시키는 동인과 기제(mechanism), 원리와 법칙을 발견한다면 지식생태학적 기제를 구조화하고 지식생태계에 적용할 수 있을 것이다. 외부의 강제적 변화 개입 수단 없이도 자생적·자율적·자발적·자연적인 지식의 생산·활용·소멸의 사이클을 구상할 수 있는 지식생태학적 기제를 구성하고자 한다.

우선 생태계를 유지하고 발전시키는 기본 원리와 생태계를 구성하는 핵심적인 개념적 구인(constructs)을 파악하기 위해 선행연구(Cherrett, 1989[1]); 최미현, 2000에서 재인용)를 검토하였다. 도출된 개념적 구인에 담겨진 법칙정립적 설명이나 개념적 구인이 전제하고 있는 기본 원리에 대해서 생태학 관련 저서와 논문(이상훈, 2003; 임재택, 2002; 전경수, 2000; 차윤정, 2004; 한면희, 2004; 한숭희, 2002; Bowers, 1995; Burnie, 2003; Capra, 1996, 2002; Hawken, 1993; Johnson, 2002; Senge, Scharmer, Jaworski & Flowers, 2004; Yoshikazu, 1990)을 통해 심층적 이해를 도모한 뒤, 생태계의 본질적 속성을 설명하고 이해하는 데 결정적인 단서를 제공해줄 수 있다고 판단되는 2가지의 중심 원리와 6개의 핵심 특성을 도출하였다. 2가지의 중심원리는 상호의존성의 원리와 자기조직화의 원리이고, 상호의존성과 관련된 핵심 특성으로는 잡종강세, 일즉다 다즉일, 이타주의적 파트너십을, 자기조직화와 관련된 핵심 특성으로는 불일불이, 무시무종, 불증불감을 꼽았다.

---

1) Cherrett(1989)가 영국생태학회(British Ecological Society) 회원 중 14개국의 운영 위원들에 의해서 선정된 148명의 생태학자들에게 생태학에서 가장 중요하다고 생각되는 10개의 개념을 중요순으로 기술하도록 하는 조사를 하였다. 그 중 15개국에서 70명 회원의 응답을 중심으로 50개의 중요 개념을 설정, 우선순위별로 나열하면 다음과 같다: 생태계(生態系; ecosystem), 천이(遷移; succession), 에너지 흐름(energy flow), 자원 보존(conservation of resource), 경쟁(competition), 생태적 지위(生態的 地位; niche), 물질 순환(materials cycling), 군집(community), 생활사 전략(life-history strategies), 생태계 허약성(ecosystem fragility), 먹이 그물(food webs), 생태적 적응(ecological adaption), 환경적 이형성(環境的 異形性; environmental heterogeneity), 종 다양성(species diversity), 밀도 의존 조절(density-dependent regulation), 제한 요인(limiting factors), 수용 능력(carrying capacity), 최대 지속 생산(maximum sustainable yield), 개체군 주기(population cycles), 포식자(捕食者)-피식자(被食者), 상호작용(predator-prey interactions), 식물-초식동물 상호 작용(plant-herbivore interactions), 도서(島嶼) 생물 지리학 이론(island biogeography theory), 먹이 사슬에서의 생물 축적(bioaccumulation in food chains), 공진화(共進化; coevolution), 확률 과정(stochastic processes), 자연적 교란(自然的 攪亂; natural disturbance), 서식지 복원(棲息地 復元; habitat restoration), 관리된 자연 보존(the managed nature reserve), 지표 생물(指標 生物; indicator organism), 경쟁과 배타의 원리(competition & the conditions for species exclusion), 영양 단계(trophic level), 패턴(pattern), r과 K 선택(r and K selection), 동/식물 공진화(plant/animal coevolution), 다양성/안정성 가설(the diversity/stability hypothesis), 사회생태학(socioecology), 최적 섭식(最適 攝食; optimal foraging), 기생자(寄生者)-숙주(宿主) 상호작용(parasite-host interaction), 생물종(生物種)-면적(面積) 관계(species-area relationship), 생태형(生態型; the ecotype), 극상(極上; climax), 세력권 확보(territorality), 할당 이론(allocation theory), 내재적 조절(intrinsic regulation), 개체수로 표현한 삼각주(pyramid of numbers), 핵심종(核心種; keystone species), 생물군계(the biome), 종군(種群; species packing), 간벌(間伐)의 법칙(the 3/2 thinning law), 길드 혹은 유사 생활종(the guild).

1. 상호의존성의 원리

깊은 산 속 죽어가는 고목(枯木)도 자신의 역할이 있다. 죽어 가면서도 거름이 되어 새로운 생명을 이어준다. 다른 생물이 서식할 수 있는 보금자리를 마련해 준다. 서로는 서로에게 원인이 되기도 하고 조건이 되기도 하면서 함께 존재한다. 모든 존재는 전적으로 상대적이고 상호의존적이다. 존재의 의미는 개체의 본질을 분석하는 과정에서 밝혀지는 것이 아니라 개체들이 맺는 관계의 역사적 상황적 맥락성에 따라서 다르게 파악된다(한숭희, 2002). 우리는 살면서 나하고는 아무런 관계가 없는 것처럼 보여서 주변 관계를 인식하지 못하는 경우가 많다. 숲의 날숨이 나의 들숨으로 연결되는 관계성의 무수한 역사성을 깨닫는 일이야말로 생태학적 인식의 기본 출발점이다.

1) 잡종강세(雜種强勢)

순혈교배와 잡종교배 중 어떤 선택이 생태계를 지속가능하게 만들었는지는 생태계의 역사가 잘 말해주고 있다. 생물군이 특정 종으로 획일화 될 경우 특정 생물이 다른 생물보다 우위적 입장을 점유함으로써 급신장하게 되고 이것은 결과적으로 다른 종의 파멸을 불러온다. 다른 종의 파멸은 상호의존성의 원칙에 따라 그 영향력과 파급효과가 나에게도 직접 미치게 된다. 잡종강세의 원칙은 생존방식이 비슷한 종 내부의 자가수정을 통한 종족보존보다 타가수정을 통한 종족보존이 생존율도 높을 뿐 아니라 다양한 변화에 대응하는 내성(耐性)도 보다 강하다는 생태계의 생존법칙을 보여주고 있다. 특히 잡초는 언제 어떠한 상황이 전개될지 모르는 악조건 하에서 자라는 경우가 많으므로 자신의 종자를 후세에 남겨 발아의 가능성을 높이는 방법을 택한다. 가능하면 자신의 종자와 다른 다양한 종자를 많이 남겨 불확실한 상황 하에서도 살아남을 수 있도록 배려하는 생존전략을 선택한다.

2) 일즉다 다즉일(一卽多 多卽一)

하나 속에 전체가 있고 전체가 곧 하나이다. 일즉다 다즉일의 원칙은 하나 속에는 전체의 모습과 특성이 그대로 반영되어 있어서 하나만 보아도 하나가 소속되어 있는 전체의 모습과 특성을 알 수 있는 프랙탈의 원리와 일맥상통하고 있다. 또한 오도일이관지(吾道一以貫之)의 철학이 지향하는 바와 같다. 오도일이관지란 하나의 이치로 모든 이치를 꿰뚫는다는 의미를 내포하고 있다(강판권, 2002). 하나의 사물이나 현상 속에 숨겨진 본질적 속성이나 이치를 깨달으면 하나를 포함하고 있는 전체의 본질적 속성이나 이치를 깨달을 수 있다.

3) 이타주의(利他主義)적 파트너쉽

생태계는 자기의 안위만을 위한 이기적인 삶을 살지 않는다. 먹고 먹히는 먹이사슬이 존재하면서도 남을 위한 배려와 더불어서 함께 살아가는 공존의 미덕과 상생의 묘미가 함께하는 세계이기도 하다. 생태계 속에서 이루어지는 수많은 경쟁 양상은 궁극적으로 협력과 조화를 위함이며 더불어 살기 위함이다(남효창, 2004). 많은 식물들은 포기의 미덕을 운명처럼 받아들이며 살아간다(차윤정, 2004). 아낌없이 주는 나무처럼 마지막 남은 잎과 열매, 그리고 씨앗까지 다른 생태계를 구성하는 생물에게 나눠준다. 이타주의는 일방적 자기희생이라기보다는 생태계의 공진화적 성장(coevolutionary growth)과 발전을 통해 상호간의 호혜적인 관계를 모색하는 철학이다.

2. 자기조직화의 원리

생태계가 혼돈과 요동을 거치지만 결과적으로 평온한 안정을 되찾아 선순환의 성장과 발전을 지속하는 근본적인 동인은 생태계에 내재된 자기조직화(self-organizing)의 원리 때문이다. 폭풍우가 지나고 거목이 쓰러지면, 그동안 거목 때문에 빛을 받지 못했던 수많은 군목과 식물군들이 순식간에 급성장하면서 새롭게 군락을 형성한다. 이처럼 생태계는 생태계 내부 또는 외부로부터 시스템적 안정과 균형을 위협하거나 파괴하는 현상이나 사태가 발생하면 이에 대한 자생적 대응이 즉각적으로 일어나 또 다시 시스템을 안정과 균형상태로 회복시키는 자율적 메커니즘이 존재하는데, 이를 자기조직화 원리라고 한다.

1) 불일불이(不一不二)

하나도 아니고 둘도 아니며, 하나이자 둘이다. 동시에 존재하면서 하나의 생명으로 존재하는 세계다. "씨와 열매는 별개의 사물이므로 하나가 아니다(不一). 국광 씨에서는 국광 사과를 맺고 홍옥 씨에서 홍옥 사과가 나오듯, 씨의 유전자가 열매의 거의 모든 성질을 결정하고 열매는 또 자신의 유전자를 씨에 남기니 양자가 둘이 아니다(不二). 씨가 있어 열매를 맺고 열매가 있으니 씨가 나오는 것처럼 이것이 있음으로 해서 저것이 있고 저것이 있음으로 해서 이것이 있다. 열매일 때는 씨가 없으므로 씨는 열매 속에 들어가는 것이 아니다. 씨일 때는 열매가 없으니 열매는 씨에서 나오는 것이 아니다"(이도흠, 2002, p.51). 이도흠(2002)은 불일불이의 철학을 원효의 화쟁사상의 핵심적인 사유체계로 상정하고, "우열이 아니라 차이를 통하여 자신을 드러내고, 투쟁과 모순이 아니라 자신을 소멸시켜 타자를 이루게 하는 상생의 사유체계"라고 주장한다.

2) 무시무종(無始無終)

숲은 시작과 끝이 없이 늘 순환하는 모습으로 살아 움직이는 영원한 흐름의 과정이다(남효창, 2004). 생태계의 삼라만상은 부단히 여기서 저기로 저기서 이곳으로 옮겨오고 옮겨간다. 생태계는 시작도 끝도 없이 늘 순환한다. "나무는 씨앗을 낳고, 씨앗은 나무를 키우고, 나무는 다시 씨앗을 낳는다. 봄빛은 잎과 꽃을 만들고, 꽃은 열매를 만들고, 잎은 열매를 키우고, 여름빛은 열매를 살찌우고… 열매는 다시 가을바람을 기다린다." 이처럼 봄, 여름, 가을, 겨울로 이어지는 여정은 시작과 끝이 정해져 있지 않는 영원한 순환일 뿐이다(차윤정, 전승훈, 1999; 차윤정, 2004; Heeks, 2000). 시작과 끝은 인간이 인위적으로 만든 일정한 시점이다. 생태계는 어디가 시작이고 어디가 끝인지에 대한 분간과 구분을 거부한다. 봄이 시작일 수 있지만 봄은 겨울의 시작 없이 맞이할 수 없다. 마찬가지로 겨울의 시작은 가을의 결실이 있을 때 비로소 가능한 휴식의 시간이자 다음 단계의 희망찬 출발을 위한 준비기간이기도 하다.

3) 불증불감(不增不減)

환경 생태계의 대차대조표는 항상 차변(debit)과 대변(credit)이 같다는 사실을 명심할 필요가 있다(전경수, 2000). 가지고 나가면 부족해서 병이 들고, 가지고 들어오면 남아서 병이 든다. 나무들의 열매생산을 통해 숲 안의 동물들의 밀도를 조절하는 숲의 심리적 동조현상은 불증불감의 법칙을 보여주는 전형이라고 볼 수 있다. 즉, 열매 생산이 많으면(가지고 들어오면) 이것을 먹이로 하는 동물들의 개체수가 늘어날 것이고, 늘어난 동물들이 식물이 생산한 열매를 필요이상으로 많이 먹으면(가지고 나가면) 식물 생장의 문제가 생긴다(부족해서 병이 생긴다). 이에 대응해서 다음 해 식물은 열매 맺기의 양을 감소시켜(가지고 들어오는 양의 조절) 동물들의 개체수를 줄임으로써 생태계의 균형을 회복하고 지속적인 성장을 확보할 수 있게 된다. 생태계의 생산(활용 또는 공유)과 소비(소멸)의 과정이 외부적 통제와 조정 없이도 자연적으로 유지되고 성장하는 것은 불증불감의 법칙에 따라 기존 생태에 인위적으로 더하지도 빼지도 않고 균형상태를 유지할 수 있기 때문이다.

생태계는 상호의존성의 원리와 자기조직화의 원리로 작동되며, 결과적으로 부분의 합보다 전체가 더 큰 창발성(emergence)이 발현된다. 창발성이란 DNA나 단백질로부터 생명체가 만들어지듯 구성요소(단백질)가 개별적으로 갖지 못한 특성이나 행동이 구성요소를 함께 모아놓은 전체구조(생명체)에서 자발적으로 돌연히 출현하는 현상을 말한다(Johnson, 2002). 숲은 비료나 농약을 주지 않아도 저절로 푸르러진다. 맨 땅에서 시작한 풀들은 이 세월을 거듭할수록 더 다양한 풀과 나무가 크는 거대한 숲으로 변해간다. 애벌레에서 다양한 나비와 나방으로, 작고 큰 새들로 풍성해진다. 하위수준(구성요소)에 없는 특성이 상위수준(전체구조)에서 창발하는 것은 상호의존성과 자기조직화 때문이다. 생명체, 사람의 뇌, 증권거래소, 국가 경제 등 대부분의 자연 및 사회체계는 상호의존성과 자기조직화 능력을 갖고 있다. 생태계의 수많은 현상은 결국 창발하는 현상이며, 창발적 상호작용을 통해 생태계는 지속가능한 기반을 확보할 수 있게 된다.

3장

지식생태학의 연구영역과
주요 원리

선행연구(유영만, 2006)에서는 ① 자기조직적 갱생의 원리와 즐거운 학습, ② 상호의존성의 원리와 건강한 지식, ③ 불일불이의 원리와 보람찬 성과, ④ 잡종강세의 법칙과 행복한 일터 개념을 제시한 바 있다. 여기에 새롭게 제시된 생태학 원리와 통합하고 부분적으로 수정해서, '즐거운' 학습을 촉진시키는 자기조직적 갱생의 원리, '건강한' 지식을 창조하는 창발적 관계성의 원리, '보람찬' 성과를 나누는 호혜적 공감의 원리, '행복한' 일터를 가꾸는 상호의존적 깨우침의 원리로 지식생태학의 생태학적 지식순환 원리를 재정립하였다.

1. '즐거운' 학습을 촉진시키는 자기조직적 갱생 원리: 지식생태계의 지속가능성을 확보하기 위한 전제조건

지식생태계에서 말하는 학습이란 통제된 실험실에서 일어나는 사이비 학습(pseudo-learning)이 아니라 일상적 삶과 일터에서 일어나는 학습이다. 여기서 말하는 학습은 일상적 삶이나 일과 구분되지 않는, 앎과 삶이 일치된 하나의 활동이다. 앎으로 삶을 말하기보다 삶으로 앎을 말하는 학습, 삶과 일터에서 분리된 창백한 앎이 아니라 삶과 분리될 수 없는 앎, 삶으로 터득한 앎으로 다시 삶을 복원하는 학습을 말한다. 즐거운 학습은 목적을 달성하기 위한 학습, 남에게 보여주기 위한 공부, 결과를 만들어내기 위해 어쩔 수 없이 관여하는 학습이 아니라 배우는 과정 그 자체가 재미있고 즐거워서 완전히 빠져서 배우다보니 빠져나올 수 없는 학습이다.

배우는 목적은 배우는 과정에서 느끼는 즐거움이자 희열이다. 논어에서 말하는 남에게 보여주기 위한 위인지학(爲人之學)의 공부가 아니라 공부하는 과정 자체가 즐겁고 재미있어서 열정적으로 몰입하는 위기지학(爲己之學)의 공부다(유영만, 2016). 지식생태계에서 일어나는 학습은 무엇을 위한 학습이라기보다 생명현상으로 존재하는 학습이다. 예를 들면 나무는 누군가에게 보여주기 위함이 아닌 다만 자신의 자리에서 자신의 본분을 다하며 살아갈 뿐이다. 어떤 결실을 목적으로 하거나 누군가에게 보여주기 위한 생존경쟁이 아닌 그저 최선을 다해 살아갈 뿐이다. 나무는 환경을 탓하지 않는다. 그 결과로 녹음이 우거지고 단풍이 들며 꽃이 피고 열매가 맺힌다. 철저하게 이기주의적으로 살면서 자기 분야에서 위업을 달성해야 남에게 보여줄 수 있고 나보다 못한 위치에 있는 사람에게 내 배움의 결과를 나누어 줄 수 있다. 나누려면 파고들어야 한다는 평범한 사실을 나무가 가르쳐준다(유영만, 2017).

자기조직적 갱생의 원리는 생태계 자체의 성장기제에 따라 외부의 개입 수단이나 통제와 조정기제 없이도 생태계 자체의 성장기제에 따라 자가 발전적으로 지속적인 성장을 가능케 하는 생태계의 핵심적인 원리라고 볼 수 있다. 자기조직적으로 갱생을 통해 학습이 일어난다는 것은 시작과 끝의 구분 없이(무시무종의 원리) 선순환적 학습활동이 일정하게 유지된다는 의미다.

이러한 자기조직적 갱생의 원리는 이홍(2004)의 자기탈구성적 조직(SDO: Self Deconstruction Organization)개념과 맞닿아 있다. 자기탈구성적 조직은 마치 뱀이 허물을 벗으면서 지속적인 성장을 하듯이 자기지식의 껍질을 스스로 끊임없이 벗어버리면서 새로운 지식을 창조하여 채워 넣는다. 자기탈구성적 조직의 핵심적인 운영원리는 의도적인 문제제기 및 미래 지향적 성찰활동과 문제해결활동이 동시에 이루어진다. 또한 문제해결활동을 통해 창출된 혁신안을 지체 없이 수용함으로써 종래의 관행과 폐습을 버리고 탈구성적 창조활동으로 몰입하는 자가발전적 선순환의 과정을 거듭한다.

자기조직적 갱생의 원리는 자기탈구성적 조직의 성장기제를 내재화시킨 원리라고 볼 수 있다. 이러한 과정은 어느 한 순간 강하게 작동된 후 일정기간 휴면기간에 들어간다거나, 강압에 의해 마지못해 이루어지는 반강제적 움직임이 아닌 자가 발전적으로 순환되는 즐거운 학습과정이다. 자기탈구성적 활동이 즐겁지 못할 경우 이 과정은 오래 지속되지 못할 뿐 아니라 지식의 건강성을 확보하기 어렵다. '즐거운' 학습이 지속적으로 일어나기 위해서는 창출된 지식이 딜레마적 문제상황의 탈출을 돕고 새로운 성장기회를 확보함으로써 '보람찬' 성과창출로 이어져야 한다. 그 중심에는 학습자의 치열한 문제의식과 학습에 임하는 강인한 열정이 있다. 나아가 '즐거운' 학습을 통해 창출되는 지식의 양(量)과 이것이 실제 업무상황에 적용되어 일정정도 효과를 창출한 뒤 특정 시점 후 폐기되고 자연 소멸되는 지식량은 균형이 맞춰질 필요가 있다.

지속가능한 생태계는 내부의 성장기제에 따라 지식의 폭증(暴增)과 급감(急減)현상이 발생해도 항상성을 유지한다. 지식의 폭증현상은 필요 이상으로 지식공급이 많아진 현상이고 지식급감은 필요 이상으로 지식이 외부로 유출된 현상이다. 그러나 지식폭증과 지식급감 현상이 발생해도 생태계의 유지·발전 원리 중의 하나로 언급되었던 '불증불감(不增不減)의 법칙'에 따라 정상적인 상태로 금방 회귀된다. 불증불감의 법칙은 지식생태계 내에 지식량이 일정한 상태로 유지되는 일종의 지식질량불변의 법칙이라고 볼 수 있다. 즉, 지식의 생산·활용··소비의 균형을 맞춤으로써 지식생태계 싸이클이 유지·발전되는 과정을 전체적으로 통제하고 조정하는 자율신경체계라고 볼 수 있다. 한 지식생태계에 유입되는 지식양이 지식 소비 또는 소멸량에 비해서 점차 많아지기 시작하여 지식공급이 수요를 초과하면 지식홍수(knowledge flood)가 일어나고 공급이 지식의 수요보다 적으면 지식가뭄(knowledge draught)현상이 발생한다. 또한 지식공급이 이루어진 뒤 공급된 지식을 일정기간 사용하지 않고 방치하다 일정 시점에서 그 지식을 활용하기 위해 찾았으나 그 지식이 어디에 존재하는지를 찾을 수 없는 현상은 지식고아(knowledge orphan)현상이다. 불증불감의 법칙은 지식가뭄과 지식홍수 그리고 지식고아현상이 발생하지 않고 필요한 지식을 생산, 활용한 후 일정 시점이 지나 불필요해진 지식은 폐기처분되거나 자연 소멸됨으로서 균형을 유지하는 법칙을 말한다.

지식유입량을 결정하는 것은 전적으로 지식생태계가 보유하고 있는 현재 지식량에 따라 달라지며, 단순히 지식의 많고 적음에 따라 결정되는 것이 아니라 보유지식의 질적 수준, 더 구체적으로 말하면 현재 지식생태계가 직면하고 있는 문제상황이나 전략적 기회포착에 필요한 지식수준에 따라서 결정될 것이다. 이홍(2004)에 따르면 경쟁사에 비해 탁월한 제품이나 서비스를 창출하는 기업의 공통적인 특징은 기존상태에 만족하지 않고 의도적으로 문제를 만들고 그 속에 뛰어들어 소위 지식점프라고 하는 현상을 만들어 낸 것이라고 한다. 여기서 지식점프[1])란 "환경적응력도 환경창출력도 발휘할 수 없는 낮은 수준의 지식에서 환경적응력과 창출력을 높이는 질 좋은 지식으로 옮겨가는 것"(이홍, 2004, p.17)이다. 기존 상태에 대한 불만족을 해결하기 위해 의도적인 문제가 제기되고 이를 해결하기 위해 보통 이상의 강도 높은 노력이 요구된다. 강도 높은 노력의 발생과 유지여부는 현재 보유하고 있는 지식과 목표하는 지식간에 존재하는 격차의 정도와 목표하고 있는 지식을 현재 어느

---

1) 지식점프에는 지식의 구성요소와 이들을 담고 있는 틀(프레임워크)의 변화에 따라 다음과 같은 세 가지 유형으로 나눌 수 있다(이홍, 2004). 첫째, 지식구성요소의 변화는 크지 않으나 지식을 담고 있는 프레임워크에 큰 폭의 변화가 생긴 지식응용이다. 둘째, 지식의 틀에는 변화가 없으나 지식 요소의 변화가 대폭으로 이루어진 지식갱신이다. 셋째, 지식요소와 지식틀 모두에서 변화가 발생한 지식약진의 경우로 지식점프의 정도가 가장 큰 경우이다.

정도 내부적으로 보유하고 있느냐의 여하에 따라 결정된다.

결국 지식생태계에서 발생한 문제를 해결하기 위해 도전적인 문제제기가 이루어지고 이를 해결하기 위한 강도 높은 학습이 수반된다. 결과적으로 목표 하고자 하는 지식이 어느 정도 충족되면 문제의식에 따라 발동된 학습노력은 잠시 휴면기를 거치지만 또 다른 문제제기에 이은 새로운 학습노력이 이루어진다. 즉, 지식생태계 내부의 문제상황과 이를 기반으로 제기되는 문제의식 및 이를 충족시키기 위한 학습노력은 부단히 자가 발전적으로 계속된다. 따라서 문제제기를 통한 지식창출의 시작과 끝은 특정 시점에서 결정되지 않고 지식생태계 내부의 정황에 따라서 다르게 결정된다. 이러한 점에서 불증불감의 법칙은 무시무종(無始無終)의 원리와 맞닿아 있다. 지식창조와 지식소멸의 시작과 끝은 개념적으로 구분될 수 있을지 모르지만 실제적으로는 지식창조가 지식소멸의 시작이며, 지식소멸이 지식창조의 시작이다. 시작과 끝이 없이 영원히 지속되는 순환궤도상의 어느 지점에서 지식창조와 지식소멸의 선순환 과정은 계속될 것이다. 이런 점에서 즐거운 학습은 기존의 고정관념이나 관행적 습관에 의문을 제하고 불필요한 지식은 버리는 폐기학습 또는 창조적 파괴학습(unlearning)이 전제될 때 새로운 학습활동(learning)을 전개하거나 다시 학습(relearning)하는 활동이 이루어지는 것이라고 볼 수 있다.

2. '건강한' 지식을 창조하는 창발적 관계성의 원리: 지식생태계의 성장조건과 건강성 판단기준

건강한 지식에는 지식을 창조한 사람의 확고부동한 신념과 철학, 불굴의 의지와 용기, 결연한 결단과 체험적 지혜가 담겨 있다. 지식생태계에서 강조하는 지식은 맥락적 깨달음과 해석이 담긴 지식이다. 모든 지식은 지식이 태어나는 과정에서 저마다의 애틋한 사연과 배경, 문제의식과 위기의식 같은 특정 상황적 배경을 매개로 지니고 있다. 사연 없는 지식은 관념적 파편에 불과하며 현실 변화에 무력한 지식이다. 지식생태계에서 강조하는 지식은 생태학적 맥락과 사연을 품고 있는 지식이다. 하나의 지식이라고 할지라도 독립적으로 존재하기보다는 그 지식이 내포하고 있는 사회역사적 관계성으로 말미암아 다른 지식과의 연계성 속에서 존재한다. 따라서 지식이라는 말보다 지식체계라는 표현이 지식생태학에서는 적절한 개념이 될 수 있다. 왜냐하면 지식은 지식발아가 이루어진 지식토양과 지식발아에 작용한 다양한 지식 자양분, 즉 물과 공기, 햇볕 등과의 긴밀한 상호의존성 속에서 탄생했기 때문이다. 지식의 본질적 속성을 규정하는 것은 지식자체의 독립적 특성과 본질보다는 그 지식이 어떠한 생태학적 여건과 환경 속에서 성장하고 발전된 지식인지의 여부라고 볼 수 있다.

지식은 주어진 현상이나 사실적 정보에 대한 주관적 신념체계를 정당화시킨 판단(justified belief systems or judgement)을 호혜적 상호작용을 통해 자기 내면화시킨 결과다. 여기서 중요한 점은 주관적 신념체계의 정당화과정은 다양한 실천경험에 대한 의미 부여과정 속에서 이루어진다는 점이다. 따라서 건강한 지식은 지식창조 과정에 참여하는 구성원들의 다양한 경험과 관점의 이종교배 또는 잡종교배가 이루어지는 가운데 비로소 이루어진다. 지식은 한 개인의 외로운 사투 끝에 탄생하는 객관적 진리가 아니라 다양한 사람들의 체험적 깨달음과 공동체가 지향하는 가치체계로 물들여진 주관적 신념체계다.

지식생태계는 다양한 관심과 이질적 전문성이 뒤섞여 있는 인간적 네트워크다. 여기에는 복잡한 미로처럼 얽혀 있는 수많은 전문가 네트워크, 전문가와 전문가를 구분하는 선과 경계, 저마다의 전문가들이 파고 들어가는 깊이, 다른 전문성과 만나는 통로, 다양한 전문성 뿌리의 연대 등이 끝없이 뻗어나간다. 끝없이 전개되고 다양한 방향으로 뻗어나가는 전문성의 뿌리들 간의 접속은 마치 Deleuze와 Guattari의 〈천개의 고원〉이 제시하는 리좀처럼 엮여져 있다. 다양한 지식간의 잡종교배가 자유롭게 일어나 어떤 지식이 어느 시점에서 창조될 수 있을지 예측하기 어렵다. 리좀의 핵심 원리는 다양한 이질적인 것과의 접속이다. 이질적인 전문성 및 다양한 전문성과의 다양한 접속이 창발적으로 일어나면서 언제 어떤 접속으로 통해 무슨 지식이 창조될 수 있을지 예측이 불가능하다. 우연한 영감(serendipitous interactions)이 빈번하게 일어나는 공간이며 임기응변력으로 무장한 창발성(emergence) 혁명이 수시로 일어나는 장소다. 리좀을 통한 창발적 접속은 어떤 전문성과도 배타적이지 않고 새로운 접속 가능성을 열어 놓는다는 점, 하나의 특징이나 기준으로 포섭되지 않고 그 자체로 차이가 드러나는 다양성을 존중하면서 부단한 접속을 시도 한다는 특징을 지닌다. 따라서 지식생태학자는 전문가와 전문가 사이 또는 중간에 존재하면서 이질적이면서 다양한 전문성과 전문성이 접속될 수 있도록 다리를 놓는 작업에 많은 관심을 갖고 있다. 전문성은 그 자체로서 다양한 차이를 갖고 있지만 다른 전문성과의 관계맺음 방식에 따라 그 의미와 가치는 확연한 차이를 드러낸다.

Nietzsche는 그래서 "모든 진리는 휘어져 있다"라고 했다. 세상의 편견과 독립적으로 존재하는 순수한 진리는 없다. 모든 지식은 지식창조 과정에 관여한 모든 이해관계자들이 정치적으로 합의하는 가운데 생기는 사회적 협상물이다. 건강한 지식일수록 색다른 비판적 문제제기에 열려 있어야 하며 어떤 제안이라도 긍정적으로 검토해야 한다. 이 과정에서 보다 많은 사람들의 심금을 울릴 수 있는 지식으로 변신할 수 있다. 지식은 낯선 사건과의 우발적인 접속이 끊임없이 이어지는 가운데 인식의 지평이 확산되고 깊이가 심화되며 이 과정에서 지식은 탄생된다. 의도성을 갖고 어떤 정해진 산물을 만들어내려는 노력을 전개하는 와중에도 산물보다 부산물이 더 의미심장한 결과로 창출되는 경우가 많다. 리좀은 시작도 끝도 없이 무한대로 뻗어나가며 종단과 횡단을 거듭하는 가운데 다양한 창발적 접목과 융합을 시도한다. 마찬가지로 지식을 창조하는 과정도 하나의 획일화된 관점이나 가치관을 중심에 설정해놓고 그것을 기점으로 위계적 관계를 만들어나가는 사고과정이 아니다. 시작도 끝도 없는 가운데 부단한 접속과 창발적 접목을 통해 어제와 다른 차이를 반복하는 과정이다. 우연의 끝은 또 다른 우연으로 접속되어 무한대의 또 다른 우연으로 뻗어나갈 뿐이다. 살아가면서 만나는 우연한 만남이나 마주침이 그 어떤 가르침보다 강력한 깨우침과 뉘우침을 주는 경우가 많다. 지식생태계는 생각지도 못한 우연한 마주침이 생각지도 못한 삶의 계기나 전기를 마련하고 그 계기나 전기 속에서 탄생하는 숱한 삶의 역사가 어제와 다른 나를 만나는 삶의 터전이자 배움의 보고다. 영화 〈리스본행 야간열차〉에는 "인생의 가장 훌륭한 감독은 우연이다"라는 대사가 나온다. 우연히 떠오른 생각의 단상을 메모장에 끄적거렸던 흔적이 지금 여기서 지식생태계의 지식창조 및 순환과정에 접목되어 또 다른 가치를 창조하고 있지 않은가.

건강한 지식을 창조하는 과정은 다른 지식을 보유하고 있는 사람과 의도적으로 부딪히게 하여 기존 지식의 한계와 문제점을 깨닫게 하는 창조적 마찰을 통해 이종(異種)지식간 불협화음을 일으키는 가운데 일어날 수 있다(이홍, 2004). 이종지식의 내면화가 일어나기 위한 전제조건은 창조적 마찰을 의도적으로 일으키는 것이다. 창조적 마찰은 기존 인식체계에 의도적인 불협화음, 즉 인지적 불협화음(cognitive dissonance)을 일으킬 수 있는 지적 도전과 위기감이 조성되는 가운데 일어난다. 창조적 마찰을 통해서 창출되는 이종지식은 기존 순혈교배를 통해 생산되던 지식체계에 파란을 일으켜 새로운 성장통(成長痛: growing pain)을 경험하게 하는 지식이다. 여기서 성장통은 뱀, 갑각류의 파충류들이 딱딱한 허물을 벗어던지면서 지속적인 성장을 하듯이 아픔을 체험하는 여정 속에서 겪게 되는 자연스러운 현상이다. 성장통은 자기지식을 창조하고 내면화시키기 위해 마땅히 경험해야 되는 고통 체험이다. 고통 체험 없이는 절대로 지식이 창출되지 않는다. 특히 나와 다른 의견과 주장을 지니고 있는 사람들과 함께 더불어 살면서 기존 조직적 관행을 창조적으로 파괴하고 부단한 변신을 거듭하는 자기 탈구성적 조직이야말로 진정한 의미에서의 '건강한' 지식을 창조할 수 있는 터전이라고 볼 수 있다.

지식생태계에서 창조적 마찰을 통해 산출되는 지식의 총량은 불변하다. 미래학자 Toffler가 말하는 무용지식(obsoledge = obsolete + knowledge)은 폐기학습 또는 창조적 파괴학습을 통해 새로운 지식으로 대체됨으로써 불증불감의 원리가 작동한다. 창조적 파괴학습을 통해 기존 무용지식을 폐기처분하고 새로운 지식을 받아들이는 불증불감의 원리가 체현된 학습이 일어나지 않을 경우 지식생태계는 오염되기 시작하고 지식의 선순환은 멈추고 정체될 수도 있다.

3. '보람찬' 성과를 나누는 호혜적 공감의 원리: 지식생태계의 가치창출 수준 및 정도 판단 기준

성과는 목표를 향해 매진하면서 외롭게 달성한 한 개인의 독립적인 결과가 아니다. 지식도 다양한 구성원들이 소통하고 공감하면서 협업하고 융합해낸 사회적 관계의 합작품이다. 성과는 주어진 목표를 달성한 결과에 부여하는 가치로 결정되지 않는다. 오히려 성과는 목표를 달성하는 과정에서 함께 관여한 사람들이 배우고 노력하는 가운데 얻은 깨달음의 무게다. 높은 성과를 달성했음에도 불구하고 성취감을 느끼지 못하는 경우가 있고 비록 기대했던 성과에 미치지는 못했지만 다음을 기약하면서 함께 했던 과정에서 보고 느끼고 깨달은 교훈을 통해 보람과 가치를 느끼는 경우가 있다. 사람은 숫자에 감동받지 않고 숫자에 담겨진 의미에 감동받는다. 계량적 목표를 달성했다고 모두 성취감을 느끼는 건 아니다. 사람이 성취감을 느끼는 경우는 성과 달성과정이나 그 결과에 부여하는 의미의 값어치다. 보람찬 성과란 어려운 일을 함께 해냈을 때, 또는 모두의 노력으로 더불어 행복한 일을 성취했을 때 느끼는 성과다. '출발의 설렘'이 있다면, 과거 우리의 욕망은 나만의 욕망이었다는 것을 확인할 수 있다. 반면 '완성의 허무함'이 있다면, 과거 우리의 욕망은 불행히도 타인의 욕망을 반복했던 것임이 밝혀지는 것이다(강신주, 2013, p.188)." 철학자 Lacan의 말처럼 우리는 타자의 욕망을 욕망하면서 살아간다. 목표도 우리가 함께 설정한 게 아니라 누군가 제시한 것이다. 그래서 목표를 달성했지만 허무해지는 이유는 우리들의 욕망이 충족된 게 아니라 다른 사람의 욕망을 충족시켜주었기 때문이다.

생태계에 존재하는 모든 생명체는 어떤 목적을 위해서 살아가지 않는다. 가을에 드는 단풍은 사람에게 보여주기 위해서가 아니라 자신의 존재를 드러내기 위해 치열하게 살아온 나무의 한 시점이다. 나무가 아낌없이 줄 수 있는 이유는 나무가 절대적인 이기주의자라서 그렇다(강판권, 2015). 나무는 있는 그 자리에서 오로지 자신만을 위해서 치열하게 살아간다. 자기 본분을 다하지 않고서는 남을 도와줄 수 없다. "나무가 되기 위해 씨앗이 자라는 것은 아니다. 무엇이 된 것들은 무엇이 되기 위해, 영원히 무엇이 되지 않기 위해, 끝내는 미쳐버리고 말 것이다. 그러므로 목적 때문에 생을 망쳐서는 안 된 다"(이성복, 2001, p.21). 생태계는 외부에서 주어진 목적 때문에 움직이는 세 계가 아니라 자생적이고 자발적인 생명력으로 움직인다. 자연 생태계와는 다 르게 지식생태계는 어떤 목적성을 띨 수 있지만 그 목적성이 개별 구성원의 본분이나 정체성을 위협하거나 자신이 존재하는 이유를 희석시키지는 않는 다. "목표의 올바름을 선(善)이라 하고 과정의 올바름을 미(美)라 합니다. 목 표와 과정이 함께 올바를 때 진선진미(盡善盡美)라 합니다. 목표가 바르지 않 고 그 과정이 바를 수가 없으며, 반대로 그 과정이 바르지 않고 그 목표가 바르지 못합니다. 목표와 과정은 하나입니다"(신영복, 2016, p.31). 보람찬 성 과는 과정을 무시하고 결과만을 보는 가운데 탄생되지 않는다. 과정에 투입 된 구성원의 노력이 의미심장할 때 결과가 기대에 미치지 못한다고 해도 나 름의 가치가 있는 것으로 생각한다. 함께 달성하고 싶은 결과가 구성원의 심 장을 건드리지 못할 때 당연히 과정에 관여하는 구성원의 몰입과 열정은 차 가울 수밖에 없다. 지식생태계는 "과정이 목표이고 멈추는 곳이 끝나는 곳이 다"(이성복, 2015, p.71). 목표달성은 개념적으로 존재하지만 지식생태계에서는 존재하지 않는다. 목표는 과정속에서 일어나는 일시적인 결과일 뿐이다.

보람찬 성과는 성과를 만들어가는 힘든 여정에서 구성원들이 어떤 노력 을 통해 힘들게 이룩했는지를 입장을 바꿔서 생각해보는 가운데 그 의미가 살아난다. 성과는 과정에 관계없이 만들어진 결과물에 부여하는 가치로 판정 할 수 없다. 오히려 성과는 성과가 만들어지기까지 관여한 사람들이 혼신의 힘을 다해 어제와 다른 노력을 통해 조금 더 애쓰는 가운데 만들어진 협업과 융합의 산물이다. 지식생태계에서 일어나는 모든 성과는 한 개인의 이익과 안위를 위한 독창적인 노력의 산물이 아니라 서로가 서로에게 영향을 주고받 으면서 함께 배우고 익히는 가운데 만들어가는 이타주의적 파트너십의 산물 이다. 따라서 성과의 가치를 판정하기 위해서는 성과에 투입된 많은 사람들 의 노력과 정성에 담긴 맥락적 의미를 공감할 필요가 있다. 공감은 책상에서 머리로 배우는 게 아니다. 공감능력은 내가 상대방 입장이 되어서 직접 행동하면서 몸으로 느껴보지 않는 이상 가슴으로 다가오지 않는다. "우리를 둘러싸고 있는 요소들을 이해하기 위해서는 그것들의 처지가 되어보아야 하고 그것들과 한마음이 되어보아야 한다. 당신들이 매미를 이해하고 싶으면 십 분 동안만이라도 매미가 무엇을 보고 어떻게 살아가는지를 느끼려고 노력해 보라. 당신들이 난초를 이해하고 싶으면 당신 자신을 난초라고 생각해 보라. 주위의 대상들을 잘게 자르고, 지식의 성채로부터 그것들을 관찰하기보다는 그것들의 처지로 들어가 보라" 〈개미〉의 작가 베르나르 베르베르의 말이다.

〈다시 태어나다〉의 Sontag은 "'연민'이 내 삶을 파괴하지 않을 정도로만 남을 걱정하는 기술이라면, '공감'은 내 삶을 던져 타인의 고통과 함께 하는 삶의 태도다"라고 말한다. 진정한 공감은 내 입장을 유보하고 상대방의 입장이 되어서 보고 듣고 느끼고 생각하는 가운데 일어나는 느낌이다. 보람찬 성과는 주어진 문제와 직면한 과제를 해결하는 데 있어 각자의 전문성을 활용하되, 어떻게 하면 내가 상대방 입장이 되어서 시너지 효과를 낼 수 있을지 고민하고 모색하는 가운데 일어난다. 이때 반드시 필요한 노력은 나의 전문성만으로 주어진 과제를 추진하려는 노력에서 벗어나 저마다의 전문성이 어떤 하모니를 이룰 때 모두가 의미심장한 성과를 거둘 수 있을지 입장을 바꿔서 생각해보는 자세와 태도다. 효율과 속도, 목표와 성과주의 패러다임에 갇히면 나와 앞만 보이고 주변이 보이지 않는다. 전속력으로 달려서 1등은 했지만 잠시일 뿐 또 다른 성과를 위해 다음 경주를 준비하고 경쟁을 기획하는 악순환에 빠질 수 있다. 그래서 왜 무엇을 위해서 이 일을 하고 있으며, 그 일을 통해 우리는 어떤 의미와 가치를 함께 만들어가고 싶은지, 그래서 우리는 어떤 노력을 함께 하면 더 의미심장한 가치를 같이 느낄 수 있는지를 고민하고 모색하는 공감대 형성이 더욱 절실하게 필요한 것이다. 호혜적 공감은 생태계의 성장 및 유지 원리 중에서 불일불이의 원리와 맞닿아 있다. 불일불이의 원리는 쌍방간에 존재하는 차이를 활용하여 공존을 모색하는 사유 체계다(이도흠, 2002). 불일불이의 원리는 우열이 아니라 차이를 통해 자신을 드러내고, 투쟁과 모순이 아니라 자신을 소멸시켜 타자를 이루게 하는 상생

(相生)의 사유체계다. 불일불이의 원리는 어제보다 조금 나아지기 위해 혼신의 힘을 다해 애써서 상대가 이루고 싶은 꿈의 목적이나 성과를 달성하게 도와주는 이타주의적 파트너십이기도 하다. 나의 노력이 상대의 성과에 반영되고 그 성과로 인해 이전과 다른 의미와 가치를 나누는 호혜적 공감의 관계가 성립될 때 성과는 만들어내야 될 상품이 아니라 함께 지향해야 될 아름다운 합작품이다.

4. '행복한' 일터를 가꾸는 상호의존적 깨우침의 원리: 지식생태계의 궁극적 존재이유이자 이상적인 방향성

풀을 베면 풀냄새가 진동하는데, 그건 다른 풀들에게 알리는 경보라고 한다(이성복, 2015). 하지만 땅에 뿌리를 내리고 있는 다른 풀들에게 도망가라는 경고 메시지를 날려도 풀이 할 수 있는 대책은 없다. 그럼에도 생명공동체는 서로가 서로에게 알림을 주고 울림으로 되갚아주는 아름다운 상호의존적 공동체다. 내가 받고 있는 심각한 위협을 본인만 느끼지 않고 다른 생명체에게 전해줌으로써 미리 대비를 하라는 본능적 알림을 주고받는 관계가 우리가 찾고자 하는 행복한 일터의 상호의존적 깨우침의 원리다. 깨우침은 항상 무엇에 관한 깨우침이다. 즉 깨우침은 진공 상태에서 일어날 수 없다. 나라는 존재를 위협하는 외부적 사건이나 타성에 젖은 고정관념이 뿌리 채 흔들릴 때 기존의 앎에 심각한 생채기가 일어나면서 깨달음이 일어난다. 내가 뭔가를 깨달았다는 것은 누군가 또는 외부적 현상이 나에게 깨달음의 원천, 즉 깨우침이나 일깨움을 주었다는 것을 의미한다. '내가 옳다'라고 믿는 신념체계나 사고체계에 손상을 입히는 지적 자극이 다가오면서 내가 깨질 때 나에게 깨우침이 일어나는 것이다. 깨우침은 깨짐을 전제로 일어나는 일종의 깨달음이다. 일터가 행복해지는 이유는 나에게 부단한 깨우침의 동반자나 파트너가 존재하기 때문이다. 나 이외의 모든 사람은 나의 실적이나 목표달성을 놓고 심각한 다툼을 벌이는 경쟁상대가 아니라 내가 모르고 있거나 잘못

알고 있는 부분을 깨뜨려서 새로운 각성으로 유도하는 깨우침의 파트너다.

"어떤 산이 아름다운 것은 제 스스로의 모습 때문이 아니라 거기서 바라보이는 다른 산들의 아름다움 때문이라고. 한 존재의 아름다움은 그것이 다른 존재들의 아름다움을 드러내는 자리이기 때문일 거예요"(이성복, 2015, p.111). 행복한 일터는 서로가 서로에게 의지가 되면서 상대를 돋보이게 만들어주는 일터다. 나를 낮추고 상대를 높여주는 자세, 내가 얻은 성과도 다른 사람 덕분에 생긴 부산물이라고 생각하는 태도의 연대망으로 구성된 일터가 행복한 일터다. 내가 이룬 성과의 아름다움은 다른 사람이 묵묵히 자신의 위치에서 본분을 다하면서 만들어준 '배경'(背景) 덕분에 드러나는 '전경'(前景)일 뿐이다. 장미꽃이 아름다운 이유는 장미꽃이라는 존재 자체가 아름다운 게 아니라 하얀 안개꽃이 자신에게 맡겨진 본분을 다하면서 배경으로 자리잡아주었기 때문이다. 행복한 일터는 전경과 배경, 배우와 관객 주연과 조연이 경계를 넘나들며 서로가 서로에게 믿음과 신뢰를 주면서 역할변신을 반복해나가는 공동체적 연대망이다. 행복한 일터는 스타 플레이어 몇 사람이 성과를 달성하고 나머지 불특정 다수가 이끌려가는 일터가 아니라 저마다 맡은 위치에서 자신의 본분을 다하면서도 필요할 때 조건 없이 의기투합 해내가는 일터다. 행복한 일터에서는 나라는 존재 이전에 우리라는 관계가 선행한다. 존재는 관계의 산물이기에 관계로 엮여진 전체의 모습이 존재에 고스란히 담겨 있고, 존재는 곧 전체의 모습을 대변하는 일즉다 다즉일의 원리가 작동한다. 존재는 정태적 사물에 해당되지만 관계는 동태적 사건이다. 나라는 사람은 다른 사람과의 상호의존적 관계에서 부단히 변신하고 새로운 나로 재탄생하는 생성적 존재다. 관계없는 존재는 관념일 뿐이다. 지식생태계는 사람을 비롯하여 모든 생명체와 사물이 저마다의 존재이유를 상호 의존성 속에서 의지하며 삶에의 의지를 불태우며 살아간다.

행복한 일터는 다름과 차이를 존중해주는 일터다. 생태계를 구성하는 요소들의 다양성이 건강한 생태계를 만들어나가듯 다양한 구성원들의 이질성과 잡종성이 오히려 지속가능한 생태계로서의 일터를 만들어나가는 원동력이 된다. 생태계의 본질적 속성인 다양한 생물들이 함께 더불어 살아가면서 공생

관계를 유지하는 가운데 이타주의적 파트너십 관계를 만들어가듯, 행복한 일터에서도 네가 있음에 내가 있고 나의 존재가 너에게 영향을 미치는 상호의존적 관계가 존재한다. 생태계에서의 잡종강세의 법칙이 지속가능한 생태계를 유지하고 발전시키듯이 지식생태계에서도 다양한 사람들의 이질적 관심과 지식이 잡종교배 되어 이전과 다른 지식과 성과가 부단히 창출되고 소멸되는 선순환적 과정이 일어난다. 다양성은 생태계가 유지·발전되기 위한 기본 전제조건이다. 행복한 일터는 비슷한 사람들이 어제와 비슷한 일을 반복하면서 어제와 비슷한 성과를 반복해서 창출하고 오늘보다 더 많은 성과목표를 달성하기 위해 매진하는 일터가 아니다. 오히려 행복한 일터는 어제와 다른 방법을 시도하면서 이제껏 경험해보지 못한 색다른 도전을 감행하기 위해 다양한 의견과 주장을 적극적으로 받아들이는 가운데 함께 나누는 의미와 가치에 감동을 주고받는 공동체다. 행복한 일터에서는 누가 누구를 일방적으로 지배하거나 이끌어가는 지도자 중심의 일사불란한 공동체가 아니라 저마다의 의견과 아이디어를 존중해주면서 서로가 서로에게 영향력을 주고받으면서 이전에 느껴보지 못한 색다른 감동을 추구한다. 따라서 행복한 일터는 색다른 도전을 하면서 실패가 일어나도 이전과 다른 방법으로 시도할 수 있는 배움의 계기로 삼아 함께 교훈을 얻는 공동체다.

행복한 일터는 자리에 목숨을 거는 사람보다 자신이 하고 있는 일의 의미에 목숨을 거는 사람들이 혼자서는 해낼 수 없는 공동의 목적과 목표를 위해 따뜻한 인간적인 교감으로 연대된 공동체다. 행복한 일터는 저마다 하고 싶은 일만하는 이상적인 유토피아 일터가 아니라 자신이 잘 할 수 있는 일은 물론 잘 할 수 없는 일도 기꺼이 선택해서 과감하게 도전하는 가운데 배우고 깨닫는 체험적 지혜를 나누는 열정과 도전의 공동체다. 세상에는 세 가지 부류의 사람이 있다. 첫째, 해야 될 일을 하지 않는 사람이다. 마땅히 수행해야 되는 일을 차일피일 미루고 있거나 아예 핑계를 대고 하지 않는 사람이다. 이런 사람을 보고 우리는 직업의식이 미천하거나 자신의 의무도 수행하지 않는 천박한 사람이라고 부른다. 둘째, 해야 되는 일을 하는 사람이다. 맡겨진 일을 어쩔 수 없이 하지만 일을 하는 동안 성취감이나 만족감을 느끼지 못하는 사람이다. 일을 하는 이유는 그냥 할 수 없어서 한다고 생각한다. 먹고 살기 위해서 아니면 무엇인가를 달성하기 위해서 생업에 종사하는 경우에 해당되는 사람이다. 이런 사람을 보고 우리는 평범한 사람이라고 한다. 상식적인 수준에서 기존에 하던 대로 일을 추진하는 범상한 사람이다. 마지막으로 하지 않아도 되는 일을 하는 사람이다. 자신에게 맡겨진 일은 물론 남들이 하지 않는 일을 기꺼이 나서서 수고를 아끼지 않는 사람이다. 남들이 하기 싫은 일, 불편하고 힘든 일을 발 벗고 나서서 하면서 자기 성장을 도모하는 사람이다. 자신이 평소 하는 일의 한계를 뛰어 넘어 일을 추진하는 과정에서 자신도 모르게 성장하고 발전하는 사람이다. 이런 사람을 보고 우리는 비범하고 비상(非常)한 사람이라고 한다. 하지 않아도 되는 일을 함으로써 본인이 겪는 불편함 덕분에 타인이 받는 편안함이나 편리함으로 행복감을 맛본다고 생각하는 사람이다. 행복한 일터는 세 번째 부류의 사람이 많은 일터다. 자신에게 맡겨진 일은 어김없이 해내고 기꺼이 하지 않아도 되는 일을 통해 부단히 자기변신은 물론 공동체를 지금보다 더 나은 상태로 발전시키는 사람들이 많은 일터는 행복하지 않을 수 없다.

4장

지식생태학의 학습관

공부하지 않는 생명은 없습니다. 공부는 생명의 존재방식이니까요.
국화 한 송이가 뿌리를 뻗어가면서 어디에 물이 있는지 더듬어 가는 것처럼.
지난 여름 폭풍우 때 달팽이도 나뭇잎 위에서
생존을 위해 엄청난 공부를 했을 겁니다.

신영복, <손잡고 더불어> 중에서

1. 지식생태학적 학습의 5가지 조건[1]

지식생태학적 학습을 가능하게 하는 지식생태학의 출발점으로 야생성·
일상성·숙지성·유의미성·자발성의 5가지 전제조건을 도출하였다.

---

1) 이 부분은 '유영만 외(2009). 제4세대 HRD. 서울: 학지사'에 나오는 학습의 조건을 번안해서 재진술하였음을 밝혀둔다.

[그림 2.1] 지식생태학적 학습의 5가지 조건

　첫 번째 지식생태학적 학습의 조건은 학습의 야생성이다. 야생성은 생태계의 생명성을 유지하는 제1조건이다. 생명체가 야생성을 잃고 길들여지면 틀에 박힌 방식대로 살아가기 시작한다. 야생성은 길들여지지 않은 생명체의 본성이다. 야생성은 야만성을 지칭하지 않는다. 오히려 야생성은 모든 생명체가 본래부터 지니고 있는 자기만의 고유한 특성이다. 자기만의 고유함을 잃을 경우 자기정체성을 찾기 어렵듯이 야생에서 자라는 생명체가 야성을 잃을 경우 자기정체성을 잃고 생존 자체도 위협받을 수 있다. 야성은 모든 생명체가 지니고 있는 본성이다. 그 본성을 잃어버릴 경우 자신이 누구인지조차 알기 어려운 형국으로 전락할 수 있다.

　문제는 학교교육을 받으면서 야생성을 잃고 틀에 박힌 지성으로 물들어간다는 점이다. 기존 지성이 나만의 야성을 통제하고 지배하기 시작할 때 본래의 나는 사라지고 남들처럼 생각하고 행동하는 누군가의 내가 된다. 지식생태학적 학습은 한 마디로 말하면 모든 생명체가 지니고 있는 본성을 일깨우는 학습이다. 저마다의 방식으로 살아가는 과정을 도와주고 그 삶 속에서 앎의 축적 과정을 돕는 데 그 본질과 핵심이 있다. 학교에서 강조하는 학습은 기존 지성으로 저마다 지니고 있는 고유한 본성을 무너뜨리고 길들이는 과정을 반복한다. 학교교육은 비합리적으로 생각하고 비정상적인 발상을 일삼는 아이를 점차 합리적이고 정상적인 이성으로 물들임으로써 지극히 평범한 발상을 반복하는 정상적인 사람으로 바꾸었다. 이 과정에서 학교교육이 여러 가지 점에서 영향을 끼치고 있다는 점이 문제라고 볼 수 있다. 야성이 없는 지성은 지루하고, 지성이 없는 야성은 야만일 수 있다.

지식생태학적 학습은 학습을 통해 잃어버린 인간 학습자의 야생성을 복원하는 데 일차적인 목적이 있다. 야생성을 잃지 않을 때 틀에 박힌 사유를 거부하고 이전과 다른 방식으로 시도하면서 창의적 사고를 개발해 나갈 수 있다. 지식생태학적 학습의 첫 번째 조건은 학습의 잠재성과 정체성에 관계되어 있다. 모든 학습은 학습 주체의 무한한 가능성을 발굴하고 자신이 누구인지를 찾아가는 여정에 집중되어야 한다. 기존 사유로 물들이기보다 학습자 내면에 잠들어 있는 본성을 흔들어 깨우는 탐구과정이 바로 지식생태학적 학습의 가장 중요한 전제조건이다. 지식생태학적 학습의 첫 번째 조건이 충족되지 못했을 경우, 즉 학습주체의 잠재성에 근거하지 않고 정체성을 밝혀내는 학습이 되지 못할 경우 남들처럼 살기 위해 남과 비교하면서 평생을 불행하게 살아갈 수도 있다.

두 번째, 지식생태학적 학습은 일상적 삶과 더불어서 발생한다. 사람이 살아가는 삶은 학습을 빼놓고서는 설명하고 이해하기 어려울 정도로 삶의 한 장면 한 장면이 모두 학습의 연속이다. 의식적이든 무의식이든 모든 학습의 결과는 일상적 삶의 유의미성을 제공해주는 원천이다. 딜레마적 상황을 탈출하거나 보다 바람직한 의미를 창출하는 과정에는 반드시 학습이 결부되어 있다. 따라서 지식생태학에서 강조하는 모든 학습무대는 일상적 삶이 전개되는 상황적 맥락성을 반영하고 있으며, 자신의 삶과 개인적으로 연계되어 발생하기 때문에 강한 애착을 갖게 된다. 학습무대로서의 일상적 삶은 복잡하고 역동적이며 애매모호한 세상이다. 학습무대에서 사전에 정해진 목표와 프로세스에 기반하며 표준화된 처방전은 무력해진다. 따라서 학습무대로서의 일상적 삶은 살아가는 사람마다 자신이 처해있는 삶의 맥락적 특수성에 따라 임기응변적, 즉흥적으로 대응할 수밖에 없다는 점에서 창발적 실천이며, 이러한 창발적 실천에 대한 성찰의 과정을 통해서 터득되는 지혜의 축적이야말로 전문성을 축적하는 유일한 방법임을 강조하고 있다.

지식생태학적 학습의 두 번째 조건은 학습의 일상성이다. 학습은 곧 삶 또는 살아감(living)이며, 살아감의 무대는 항상 구체적인 맥락을 전제하고 있기 때문이다. 지식생태학적 학습의 두 번째 조건을 갖추지 못한 경우, 즉 일상적 삶이라는 구체적 상황적 맥락을 전제로 학습활동이 전개되지 않고 탈맥락적 상황(decontextualization)을 전제로 추상적 관념을 주고받을 때 지식생태학적 학습은 발생하기 어렵다. 결국 지식생태학적 학습은 학습주체, 학습활동, 학습대상 또는 환경을 철저하게 분리·독립시켜 삶과의 거리를 더욱 멀게 만드는 학습의 역기능과 폐해를 사전에 방지하는 학습이다. 학습의 무대는 일상과 떨어져 있는 폐쇄된 교실이 아니라 교실과 일상의 경계가 없는 삶의 현장이다. 앎을 통해 삶을 변화시키는 학습이라기보다 삶을 통해 앎을 바꿔나가는 학습이다.

세 번째 지식생태학적 학습은 느림과 여유로운 상황 속에서 천천히 사색과 묵상을 통해서 이루어지는 학습이다. 지식생태학적 학습이 일어나려면 학습효율성을 기치로 빠르고 쉽게 속성학습을 지향하기보다는 멈추어 서서 어디를 향한 빠름과 속도인지를 성찰해보고 깊은 사색과 묵상을 통해 자신을 둘러싸고 있는 자연환경과의 깊은 관조적 자세를 유지할 필요가 있다. 지식생태학적 학습은 '속도의 학습학'에 저항하는 '느림의 학습학'이다. 학습여정을 단축시켜 보다 빠르게 주어진 학습목표를 달성하기 위해 다양한 학습기술이 도입되었고 이러한 기술적 수단이 인간적 접촉과 체험의 과정을 대체하거나 줄임으로써 빠르게 학습하는 '속도의 학습학'을 건축해왔지만 이러한 학습을 통해서 양산된 것은 정보이지 지식은 아니다. 왜냐하면 지식은 지식창출 주체의 체험적 깨달음이 추가된 결과이기 때문이다. 결국 지식은 학습기술이 인간을 대신해서 창조할 수 없는 인간 고유의 특수한 과업이다. 기술은 오로지 인간의 지식창출과정을 도와줄 수 있는 수단이다.

지식생태학적 학습의 세 번째 조건은 충분한 숙성기간을 두고 숙고(熟考, thoughtfulness)하고, 숙의(熟議, deliberation)하는 것이다. 깊은 사색과 묵상을 동반한 숙고와 인간적 접촉과 체험을 동반한 숙의를 통해 학습의 성숙을 지향한다. 이를 제대로 갖추지 못할 경우, 즉 '학(學)'의 속도와 효율복음에 매몰된 나머지 지나친 학습기술의 정교함을 추구함으로써 건강하지 못한 학습이 발생할 가능성이 있다. 학습에서 '습(習)'을 통한 자기 내면화의 숙성기간은 건강한 학습의 필요조건이라 할 수 있다. 인간이 만들어 낸 인위적 시간을 따라가는 학습을 지향하기보다는 자연 순리가 만들어가는 생체 시간을 따라서 자연과의 신체적 접촉을 통한 체득(體得)의 과정을 중시한다.

네 번째 지식생태학적 학습은 강제성과 의도성을 띠고 누가 누군가에게 강요해서 일어나는 타율적 학습활동이 아니라 스스로 집중하고 몰입해서 빠져드는 즐겁고 재미있는 자율적 학습이어야 한다. 즐거운 학습은 건강한 지식을 창출하는 원동력이 된다. 재미 없는 의미는 견딜 수 없는 답답함이지만 의미 없는 재미는 참을 수 없는 가벼움이다. 학습은 재미있어야 할 뿐만 아니라 의미심장해야 한다. 학습활동이 즐겁고 재미있기 위해서는 학습활동의 주제가 학습활동 주체에게 의미가 있어야 하며, 학습활동의 결과 자신에게 부여되는 보람과 가치가 있을 것이라고 설득되어야 한다. 즐겁고 재미있지 않으면 원칙적으로 학습이라고 말할 수 없다. 여기서 즐겁고 재미있는 것은 학습내용과 학습방법이 함께 추구하는 의미와 가치가 나의 문제의식과 목적의식에 비추어 볼 때 유의미하게 다가온다는 의미다. 학습은 무엇을 위한 수단적 가치(instrumental values)도 존재하지만 학습활동이나 과정에 붙박혀 있는 내재적 가치(intrinsic values)도 존재한다. 학습자가 내재적 가치에 근거해서 학습활동을 전개할 때 학습결과물보다는 학습과정에서 이루어지는 성찰과정과 성찰을 통한 성숙의 여정을 즐긴다. 논어에서 말하는 보여주기 위한 위인지학(爲人之學)의 공부가 아니라 자기변신을 위한 위기지학(爲己之學)의 공부다(유영만, 2016).

건강한 학습의 네 번째 조건은 학습의 유의미성과 흥미유발성을 내포하고 있다. 모든 학습은 학습주체의 학습주제에 대한 의미부여 강도가 높을수록 학습활동에 대한 흥미도와 몰입도가 증가하기 때문이다. 지식생태학적 학습에 대한 네 번째 조건이 충족되지 못할 경우, 즉 학습내용과 방법이 학습주체의 흥미도와 몰입도를 제고시키지 못할 경우 학습활동에 임하는 학습자는 피상적으로 학습활동에 임할 것이며, 그 결과도 만족스럽지 못할 것이다. 결과적으로 학습과정에 학습주체의 적극적인 참여와 몰입을 이끌어내지 못하면 건강한 지식이 탄생하기 어렵고, 이는 다음 학습활동에도 연쇄적으로 부정적인 영향을 미쳐 악순환의 연결고리를 만드는 장본인이 될 것이다.

다섯 번째, 지식생태학적 학습의 출발점은 무엇보다도 자발성에서 비롯된다. 지식생태학적 학습은 학습주체의 자발성에 근거해서 이루어져야 한다. 어쩔 수 없는 상황에서 타율적으로 이루어지는 학습은 흥미도가 떨어질 뿐 아니라 학습결과도 만족스럽지 못하다. 강한 지적 호기심이 발동해서 시작된 학습은 단순한 재미를 넘어서 학습활동 자체에 대한 몰입으로 이어질 것이다. 자신이 주도하는 학습은 출발점부터 뚜렷한 목적의식을 갖고 학습활동의 진행방식과 결과에 대해 분명하게 인식하고 있기에 주도적이고 즐겁다.

자발성에 기반해 이루어지는 지식생태학적 학습에서는, 평온한 자기 삶의 무대에 스스로 문제를 제기하여 불편함을 만들어내고 이를 기점으로 한 단계 도약한다. 끊임없이 의도적인 문제제기를 통해 기존의 인지적 평형상태(cognitive equilibrium)를 탈출하고 인지적 불평형상태(cognitive disturbance)를 만드는 것이다. 문제제기의 정도가 심각하면 심각할수록 학습활동에 매진하는 힘은 더욱 강도가 높아진다. 내가 어떤 문제의식을 근간으로 어떤 문제를 제기했는지의 여부는 여기에 관여되는 학습자의 학습몰입 강도를 결정할 뿐만 아니라 어떤 지식을 창출할 수 있을 것인지의 여부도 결정하는 동인으로 작용한다.

지식생태학적 학습의 다섯 번째 조건은 학습의 자발성과 문제포착성에 관계되어 있다. 모든 학습은 학습 주체의 딜레마적 상황에 대한 문제인식을 근간으로 자발적 의지에 의해 시작된다. 문제의식의 수준과 문제제기의 질은 곧 문제에 대한 답의 질을 가름하는 결정적인 기준으로 작용한다. 지식생태학적 학습의 다섯 번째 조건이 충족되지 못했을 경우, 즉 학습주체의 자발성에 근거하지 않고 타자 주도적 또는 타율적으로 일어나 별 다른 문제의식 없이 학습이 진행되는 경우 진정한 의미의 학습은 발생하지 않는다. 문제의식에 근거한 자발적 문제제기는 지식생태학적 학습의 출발점일 뿐만 아니라, 학습과정에의 몰입도를 제고시키는 결정적인 변수로 작용한다.

2. 지식생태학의 5대 학습관

지식생태학적 학습은 생태계가 지니고 있는 생태학적 속성을 반영하는 학습이다. 상호의존성의 원리와 자기조직화의 원리를 핵심원리로 하고 잡종강세, 일즉일다즉일, 이타주의적 파트너십을 상호의존성의 특성으로, 불일불이, 무시무종, 불증불감을 자기조직화의 특성으로 꼽았다. 생태계에 작동하는 상호의존성과 자기조직화의 원리와 특성을 통해 생태학적 학습을 총체적 학습·통시적 학습, 순환적 학습, 호혜적 학습, 창발적 학습으로 정리하였다. 학습 앞에 위치하고 있는 형용사가 품고 있는 본질적 의미를 그대로 담고 있는 학습이 바로 지식생태학이 추구하거나 지향하는 학습관이다. 이러한 지식생태학적 학습관이 전통적인 학습관과 어떻게 다른지 살펴보면 다음과 같다.

첫째, 지식생태학적 학습은 총체적 학습(holistic learning)이다. 총체적 학습은 부분에 대한 이해의 합으로 전체에 대한 이해에 도달할 수 있다는 입장에 동의하지 않는다. 총체적 학습은 개별 요소의 특성을 요소가 속한 상황적 맥락과 분리시켜 독립적으로 배우고 익히는 과정이 아니라 다른 요소와의 관계 속에서 해당 요소의 본질과 가치를 탐구하는 과정이다. 즉, 지식생태학적 학습은 전체를 이해하기 위해서 부분을 분석하고 분석한 부분을 다시 합쳐서 전체를 이해하려는 환원론적(reductionist) 입장에 반대한다. 때문에 학습이 일어나고 있는 맥락적 특수성을 고려함과 동시에 학습대상이 갖는 의미를 전체와의 구조나 관계 속에서 탐구한다.

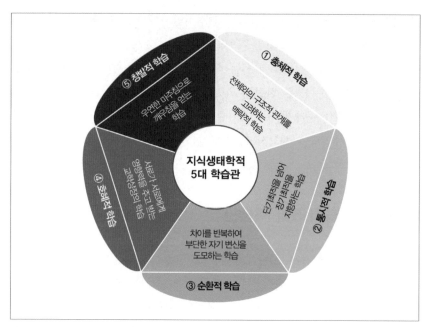

[그림 2.2] 지식생태학의 5대 학습관

    동일한 생명체라고 할지라도 해당 생명체가 어떤 상황에 놓여 있으며, 다른 생명체와 어떤 상호작용을 하면서 관계를 만들어나가고 있는지를 고려하지 않는 탈맥락적이고 배타적인 학습은 학습활동이 전개될수록 학습대상을 왜곡시킬 뿐이다. 총체적 학습을 지향하는 지식생태학적 학습에는 부분 속에서 전체를 관망하고 관찰하면서 부분에 담긴 전체의 모습을 상상할 뿐만 아니라 전체와의 구조적 관계를 따져보는 치열함이 담겨 있다. 총체적 학습은 숲속의 나무를 분석하기 이전에 숲 전체를 보면서 숲의 이미지를 상상하고, 숲속의 다양한 생명체들이 어떤 방식으로 살아가는지를 전체와의 구조적 관계 속에서 관찰하고 통찰하는 학습이다.

    둘째, 지식생태학적 학습은 통시적(diachronic) 학습이다. 특정한 문제를 해결하고자 할 때 흔히 고려하는 것이 해결방법의 효율성과 효과성이다. 하지만 이와 함께 고려해야하는 것이 단기 최적을 넘어서는 장기 최적의 관점이다. 예를 들어 산업 활동의 과정에서 장기적으로 환경에 미치는 영향과 그로부터 우리가 받게 될 대가, 다음 세대의 삶의 환경에 미치는 영향 등을 고려하지 않고, 단기간의 생산성에만 주목하여 온 결과가 지금과 같은 환경 위기의 시대를 낳았다. 바로 이와 같은 근시안적인 관점이 단기 최적의 관점이며, 통시적 관점이 결여된 접근이다. 학습도 마찬가지다. 학습 대상이 놓여있는 맥락에 대한 이해 없는 암기 위주 학습은 전형적인 단기 최적의 학습이다. 이런 학습을 통해 형성한 지식은 뿌리 없는 지식이기 때문에 금방 휘발되어버릴 뿐 아니라, 학습 대상에 대한 피상적 이해에 머물게 한다.

지식생태학적 학습이 지향하는 통시적 학습은 학습을 통해 형성한 지식이 이어지는 학습의 토대로 되먹임되는 순환적 구조를 만드는 학습이다. 때문에 당장은 느린 듯 보이고 효율성이 떨어지는 것 같지만, 장기적으로는 지식생태계에 단단히 뿌리 내릴 수 있는 튼튼한 지식을 형성한다. 이렇게 자원 소진적이지 않고, 지속 가능한 지식생태계를 형성하는데 도움이 되는 통시적 학습은 자연스럽게 순환적 학습에 대한 지향으로 이어진다.

셋째, 지식생태학적 학습은 순환적 학습(circular learning)이다. 순환적이라는 말은 두 가지 의미를 담고 있다. 하나는 시작과 끝이 구분되지 않으며, 선형적(linear)으로 움직이지 않고 비선형적(nonlinear)으로 움직인다는 의미이다. 이런 점에서 순환적 학습은 시계열적 또는 순차적으로 일어나지 않는다. 이런 순환적 학습의 진정한 의미는 학습이 일상적 삶이나 일과 구분되지 않고 매순간이 모두 학습활동이라는 것이다. 흔히 전통적인 학습은 학습의 시작과 끝이 구분되어 있을 뿐만 아니라 학습과 일과 삶이 명확하게 구분되어 있다. 따라서 학습은 일이 끝난 후에 별도로 하는 것이라는 생각이 만연하여, 삶 속에서 학습활동이 같이 일어난다는 생각은 할 수 없었다. 하지만 지식생태학적 학습은 학습을 일종의 지적 호흡으로 간주하기 때문에 호흡을 멈추면 생명도 멈추는 것처럼 부단히 순환하는 학습을 추구한다.

순환적 학습의 두 번째 의미는 학습이 계획 이후 활동이라는 방식으로 일어날 수 없다는 것, 혹은 학습활동의 사전계획성을 선호하지 않는다는 것이다. 전통적인 학습 패러다임은 어떤 학습목표를 달성할 것인지, 그것을 위해 어떤 전략을 수립할 것인지를 사전에 계획하고 계획대로 활동을 전개하는 선형적인 과정이었다. 하지만 지식생태학적 학습이 지향하는 순환적 학습은 아리스토텔레스의 명언, "배워야 할 수 있는 일을 하면서 배운다"는 주장을 따른다. 완벽한 계획과 철저한 실행의 이분법적 구분을 지양하고 어느 정도 윤곽이 잡히면 실천에 옮기면서 초기 계획을 반복해서 수정해나가는 논리를 따른다. 따라서 순환적 학습은 동시다발적 또는 동시병행적 학습(concurrent learning)이다. 이와 동시에 순환적 학습은 이전 학습과는 다른 차이 있는 반복을 통해 부단한 자기변신을 추구하는 학습이다. 순환하지만 동일함의 반복이 아니라 나선형으로 상승하는 과정을 통해 새로운 변신이 일어나는 학습이다.

넷째, 지식생태학적 학습은 호혜적 학습(reciprocal learning)이다. 호혜적 이라는 말 역시 두 가지 의미를 지니고 있다. 우선 호혜적이라는 말은 단선 적 인과관계로 파악할 수 없는 다층적, 복합적 영향력 관계를 지칭한다. 호혜적 학습은 문제를 일으킨 원인을 파고들되 인과 관계의 복잡성을 인정하고, 다양한 요인 간의 연결고리 파악에도 관심을 둔다. 다음으로 호혜적이라는 말은 명령과 통제, 복종과 추종으로 이루어지는 위계적 관계가 아니라 서로가 서로에게 도움을 주고받는 수평적 관계를 지칭한다. 학습활동에 참여하는 모든 사람이나 생명체는 명령하고 지시하며 복종하고 따라가는 위계적 관계가 아니다. 오히려 서로가 서로에게 가르침을 주고받으며 더불어서 배우는 교학상장(敎學相長)의 관계다. 이는 생태계에 존재하는 모든 생명체가 저마다의 존재 이유와 살아가는 가치가 있음을 인정한다는 것이다. 생태계에서는 모두가 스승이고 제자라는 뜻이다. 이런 호혜적 관계 인식으로부터 시작하는 호혜적 학습은 자신의 안위와 입신양명을 위한 이기적 학습이 아니라 더불어 살아가는 자리이타(自利利他)적 학습을 추구한다. 즉, 호혜적 학습은 공동의 선을 구현하기 위해 기꺼이 나의 시간과 노력을 의도적으로 투자하는 가치공동체를 구축해나가는 노력이라 할 수 있다. 뿐만 아니라 호혜적 학습은 생태계를 구성하는 모든 주체가 상호의존적 관계 속에 있다는 인식을 기반으로 하기 때문에 독립적 개체에 대한 지식을 추구하기 보다는 해당 개체가 맺고 있는 관계에 주목하는 학습이다. "나는 생각한다. 고로 나는 존재한다."가 아니라 "우리는 함께 생각한다(관계한다). 고로 존재한다(Bruno Latour, 2007)."라는 명제로 바꿔서 생각할 때 비로소 호혜적 학습의 전제와 가치를 이해할 수 있다. 이러한 호혜적 학습의 관점으로 보면 전문성의 의미도 달라진다. 세상의 모든 전문성을 전문가 한 개인의 독립적인 노력의 산물이 아닌 사회적 관계가 총체적 참여 속에서 만들어진 사회적 합작품으로 이해하는 것이다.

다섯째, 지식생태학적 학습은 창발적 학습(emergent learning)이다. 창발적이라는 말이 언제 어디서 어떤 상호작용을 통해 무슨 변화가 일어날 수 있을지를 예측할 수 없다는 의미이듯 창발적 학습도 생각지도 못한 우연한 마주침을 통해 의미심장한 학습이 일어날 수 있다는 의미다. 때문에 지식생태학적 학습은 일상에서 일어나는 모든 일과 더불어 살아가는 사람, 그리고 자연의 모든 생명체가 모두 나에게 깨달음을 주는 스승이라고 생각한다. 학습이란 정해진 장소, 예를 들면 학교에서만 일어나는 공식적인 활동에 대한 지칭만이 아니라 살아가면서 부딪히는 모든 낯선 마주침에서 벌어지는 어제와 다른 각성을 일으키는 모든 체험적 자극을 지칭한다.

전통적인 실험심리학적 학습은 학습조건이 주어지면 학습결과를 정확히 예측할 수 있다는 주장을 가정하고 있었다. 따라서 전통적인 학습 패러다임은 학습을 통해 달성하거나 도달해야 할 목표를 사전에 결정해놓고 해당 목표달성을 위한 최적의 학습 환경과 방법을 처방해주는 학습전략을 선호해왔다. 하지만 생태계는 다양한 생명체들이 저마다의 살아가는 방식으로 예측할 수 없는 상호작용을 전개한다. 때문에 창발적 학습은 학습과정에서 본래 의도했던 것보다 더 의미있는 창발이 일어날 수 있는 가능성을 적극적으로 열어 놓는다. 지식생태학적 학습은 우연한 마주침과 이를 통한 영감, 예측할 수 없는 상호작용을 통해 창발적으로 발생하는 사건과 이를 통한 성찰과 깨우침을 중시한다.

5장

지식생태학의 지식관

우리가 살아가는 세상은 하나의 생태계로서 다양한 요소들이 복잡하게 상호작용하는 복잡계이다. 모든 움직임을 사전에 예측하거나 통제할 수 없으며, 아무리 과학적인 방법을 동원하더라도 모든 현상을 계량적으로 측정하거나 평가할 수 없다. 지식생태계 또한 '보이지 않는 구조적 힘'이 '보이는 현상'을 움직이는 생태계이다. 이를 지식생태학의 핵심 개념인 '지식'으로 치환하여 다시 말하면, '보이는 현상'이란 객관적으로 측정하고 평가할 수 있는 '명시적 지식', '보이지 않는 구조적 힘'은 객관적으로 관찰할 수 없거나 인간의 몸에 체득되어 다른 사람에게 쉽게 표현할 수 없는 암묵적 지식(tacit knowledge)을 의미한다. 기존의 실증주의적, 환원주의적 지식관에서는 지식을 지식주체와 분리·독립시켜 객관화시키고 이를 측정 가능한 형태로 전환시켜 그 흐름을 엄격하게 통제하고 조정하려고 했던 반면, 지식생태학에서는 맥락구속적 지식(local knowledge or contextual knowledge)을 강조한다. 맥락구속적 지식은 보편화시킬 수 없는 상황적 특수성과 고유함이 내재되어 있어 또 다른 상황에 일반화시킬 수 없으며, 현장과 분리시킬 수 없는 임상적 지식(field knowledge)이다. 임상적 지식은 실험실에서 탄생된 지식이 아니라 특정한 문제의식을 근간으로 현장 적용을 반복하면서 탄생된 지식이다. 특정한 맥락적 특수성을 지닌 임상 적용을 하는 가운데 지식이 형성된다는 것은 그 맥락과 상호작용하는 지식의 '주체(person)'를 전제해야만 한다. 때문에 지식생태학적 지식은 인격적 지식(personal knowledge)이다. 지식은 객관적인 실험실 공간에서 합리적으로 탄생되지 않으며, 오히려 모든 지식은 지식창조 주체의 철학과 신념, 결연한 용기와 가치판단이 강하게 반영되는 가운데 탄생된다. 지식에 신념과 용기가 반영되지 않을 경우 지식은 도처에 산재하는 파편화된 정보에 불과하다. 때문에 지식이 객관적이라는 주장은 하나의 허상이며 허구다.

인격적 지식이 특정한 맥락에 대한 인격적 주체의 '참여'를 통해 형성된다는 것은 지식의 상당 부분이 지식 창조 주체의 일상적 습관이나 무의식적 수행의 형태로 창조된다는 것을 뜻한다. 즉 인격적 지식은 지식을 창조하는 사람의 일상적 삶과 분리시켜 생각할 수 있는 독립적 실체가 아니다. 오히려 인격적 지식은 지식을 창조하는 과정이 그 사람의 삶과 같은 맥락 속에 있으며, 삶으로 앎을 증명하려는 안간힘 속에서 태어난다. 따라서 인격적 지식은 그 지식을 보유하고 있는 사람과 분리시켜 객관적인 형태의 명시적 지식(explicit knowledge)으로 나타낼 수 없는 암묵적 지식이다. 그리고 이러한 지식은 환경과 주체, 주체와 주체의 상호작용 속에서 형성되는 상호적 지식(mutual knowledge)이다. 즉, 지식생태학의 지식관은 객관적인 실험이나 가치중립적 방법을 통해 체계적으로 탄생된 이론적 지식이 아니라 문제와 위기가 상존하는 현장에서 다양한 실험과 모색, 시행착오와 우여곡절을 겪으며 고뇌에 찬 결단과 결연한 실천 속에서 탄생된 살아있는 지식이다.

1. 지식생태학적 지식의 조건

건강한 지식의 조건이 무엇인지를 살펴보는 것은 지식생태학의 지식관을 이해하는 또 다른 접근법이다. 이러한 접근을 통해 지식생태학이 지향하는 지식관의 본질과 정체를 더 자세하게 이해할 수 있다. 그렇다면 건강한 지식이 갖추어야 할 조건은 무엇인가?

첫째, 지식의 관계성이다. 지식의 본질은 관계적이다. 왜냐하면 이 세상은 모두 연결되어 있으며 배타적 독립성을 가지고 존재하는 것은 아무것도 없기 때문이다. 실상 존재는 끝없는 생성과 소멸의 과정에서 호혜적 관계를 가진다. 당연히 세상에 대한 이해인 지식도 이와 같은 관계론적 속성을 가질 수밖에 없으며, 관계 속에서 변화·발전·성장·성숙하는 과정을 거친다. 다시 말해 지식은 존재의 뿌리들이 얽히고 설켜 있는 구조적 관계를 파헤치는 작

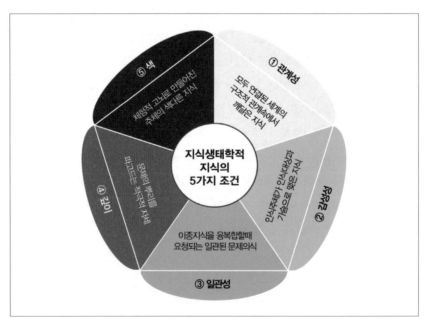

[그림 5.1] 지식생태학적 지식의 5가지 조건

업의 여정이며 그 결과이기 때문에 지식을 얻는다는 것은 세계의 관계망을 깨닫고, 관계의 그물을 통해 나의 존재 가치를 깨닫는 것이다. 지식은 사물과 현상, 사건과 사태, 개념과 논리 간의 관계를 탈락시키고 단편적으로 얻은 관념적 지식으로 활용되어서는 안 된다. 우리가 습득해온 지식은 세계에 대한 부분적 지식이거나 부분적 지식을 재구성한 언어와 논리로서, 자연으로부터 일정하게 괴리된 것일 수밖에 없다(신영복, 2005, p.278). 하나의 지식에는 지식 창조 주체의 문제의식과 관련된 다른 지식을 통해 얻은 구조적 관계가 스며들어 있다. 지식창조 및 공유의 과정은 결국 세계의 구조적 관계를 자기의 감성을 통해 깨닫고 이를 남과 공유하는 과정이다. 이것이 곧 세계에 대한 이해의 과정이다.

"우리의 관계론에 따르면 삼라만상은 존재가 아니라 생성(becoming)입니다. Kant의 '물(物) 자체(ding an sich)'란 설 자리가 없습니다. 배타적이고 독립적인 물 자체라는 생각은 순전히 관념의 산물일 뿐입니다. 그러한 물은 존재하지 않습니다. 하나의 사물은 그것이 물려받고 있는 그리고 그것이 미치고 있는 영향의 합(合)으로서, 그것이 맺고 있는 전후방 연쇄(link-age)의 총화라고 할 수 있습니다. 따라서 우리의 인식이란 사물이 맺고 있는 거대한 관계망의 극히 일부분에 갇혀 있음을 깨달아야 하는 것입니다"(신영복, 2005, pp. 475-476). 인식은 지식으로 생긴다. 지식은 지식창조 주체가 다른 사람이나, 환경과의 부단한 관계로 인해 생성되는 산물이라고 하면 지식을 통해 지식을 창조하는 인식의 과정 또한 관계론적이다. 인간이 이를 수 있는 최고의 인식은 세상은 하나의 거대한 관계망임을 깨닫는 데 있다고 하지 않았는가. "고기는 이를테면 하나의 현상입니다. 반면에 그물은 모든 현상의 저변에 있는 구조를 의미한다고 할 수 있습니다. 고기가 하나의 사물이라면 그물은 세상의 모든 사물을 망라하고 있는 천망(天網)인 것이지요. 고기는 잊어버리든 잃어버리든 상관이 없습니다. 중요한 것은 그물입니다. 모든 사물과, 모든 사건과, 모든 사태가 그 위에서 생성·변화·발전하는 거대한 관계망을 잊지 않는 일이 무엇보다 중요한 것이지요. 한 마리의 제비를 보고 천하의 봄을 깨달을 수 있게 하는 것이 바로 관계망이지요. 중요한 것은 한 마리의 제비가 아니라 천하의 봄이지요. 남는 것은 경기의 승패가 아니라 동료들의 우정이라고 생각합니다. 남는 것은 그물입니다. 그리고 그물에 대한 생각이 철학이라고 할 수 있기 때문입니다"(신영복, 2005, pp.356-357). 지식도 마찬가지다. 중요한 것은 창조된 결과로서의 지식보다 그 지식을 창조하는 과정에서 맺었던 애정 어린 관계다. 관심과 애정으로 엮인 관계 속에서 너와 나를 움직이는 주관적 신념의 결정체, 지식이 탄생되는 것이다.

둘째, 지식의 감성성(感)이다. 지식생태학에서 추구하는 지식은 이성의 논리가 아닌 감성적 차원에서 모색된다. 느낌은 앎보다 먼저 온다. 느낌은 거짓말을 하지 않는다. 느낌이 앎으로 바뀌면서 논리적 가공이 시작되고 본래의 의미와 다르게 희석되거나 탈색된다. 한 사람의 지식에 있어서 가장 중심에 있는 것은 그 주체가 보고 느낀 감성, 가슴이라는 점을 짚어내고자 한다. 정제되어 있지 않은 언어라 하더라도 그 사람이 느낀 감성이 반영되어 있을 때 감동을 줄 수 있다. 그러나 생각이 논리적으로 편집되어 말과 글로 표현되는 형식적 완결성을 가질 때 비로소 지식으로 간주된다. 지식창조의 가장 바람직한 길은 가슴으로 느낀 감성적 언어를 엄격한 형식을 갖춘 논리적 언어로 가공해 내는 것이라 여겨졌다. 이는 지식의 본질에 대한 완벽한 오해이다. 인식주체가 인식대상과 맺는 관계맺음은 가슴에서 이루어진다. 가슴은 논리적 사고 이전의 정직한 느낌이기에 사람을 움직일 수 있는 더 큰 힘을 발휘한다. 머리보다는 가슴으로 느끼는 감성적 언어야말로 지식을 창조하는 과정에서 반드시 포함되고 인정되어야 할 필수적인 요건임을 가슴 깊이 느껴보기 바란다. 이해는 가지만 와닿지 않는 이유는 가슴으로 느낌이 전달되지 않기 때문이다.

"사람의 생각을 결정하는 것은 머리가 아니라 가슴이라는 뜻입니다. … (중략)… 지식의 최고 형태는 감성의 형태로 '가슴'에 갈무리되고 있는 것이라고 할 수 있습니다. 감성은 외계와의 관계에 있어서 일차적이고 즉각적인 대응이며, 그런 점에서 사고(思考) 이전의 가장 정직한 느낌이라고 할 수 있습니다. 감성적 대응은 사명감이나 정의감 같은 이성적 대응과는 달리, 그렇게 하지 않으면 마음이 편치 않기 때문에 그렇게 할 수밖에 없는 마음의 움직임입니다"(신영복, 2005, p.510). 느낌이 실종된 지식은 논리적으로 치밀하다고 해도 사람의 심금을 울릴 수 없다. 머리로 만든 지식이기 때문이다. 지식은 정당화된 신념이자 불의를 보면 참지 못하는 용기다. 용기는 머리에서 발원되지 않고 뜨거운 가슴에서 비롯된다. 사람과 사람의 관계를 움직이는 지식은 용기 있는 지식이다. "불자가 아닌 나로서는 '지혜'의 의미를 현판에 어떻게 담아야 할지 난감하였다. 달포 이상 장고했다고 기억된다. 생각 끝에 결국 세 글자를 이어서 쓰기로 했다. 분(分)과 석(析)이 아닌 원융(圓融)이 세계의 본 모습이며 이를 깨닫는 것이 지혜라는 생각에서였다. 아무리 작은 미물이라 하더라도, 그리고 아무리 짧은 찰나라 하더라도 그것이 맺고 있는 중중(重重)의 인연을 깨닫게 되면 저마다 시공을 초월하는 한 송이 꽃으로 피어난다. 꽃으로 가득 찬 세상은 얼마나 엄숙한 화엄(華嚴)의 세계인가. 지혜란 바로 그런 깨달음일 터이다. 불가의 연기론(緣起論)이며 나로서는 '관계론'의 뜻을 담는 것이기도 했었다"(신영복, 2012, p.93). 논리적 사고의 연대는 계산기를 두드리지만 뜨거운 가슴의 연대는 이해타산을 따지기 이전에 발벗고 나서는 용기가 만들어낸 애정 어린 관계다. 세상은 가슴이 바꾼다.

셋째, 지식의 일관성(意)과 깊이(深)다. 이종(異種)의 지식을 넘나들려면 지식 창조 주체의 사상을 견실하게 유지하려는 분투 노력이 선결되어야 한다. 그런데 문제의식과 목적의식이 불분명하면 이종의 지식 사이를 넘나드는 가운데 중심이 흐트러질 수 있다. 지식을 전개하는 양상이 엉성한 상태로 중심을 읽고 곁가지로 빠질 수 있다. 분명한 문제의식과 목적의식도 없이 융복합, 통섭 등의 유행에 따라 지식의 기계적 결합을 추구하면 이런 일이 벌어진다. 지식생태학은 지식을 탐구할 때 동일한 주장이나 범주의 나열이 아니라, 하나의 사고와 다른 사고의 만남 사이에 일관성이라는 촘촘한 결이 채워져 있는 지식을 추구한다. 깊이가 전제된 넓이를 추구한다. 깊이 없는 넓이는 참을 수 없는 가벼움이고 넓이 없는 깊이는 견딜 수 없는 답답함이기 때문이다.

일관성이 수평적 확장 속에서 요구되는 지식의 조건이라면 깊이는 말 그대로 수직적 심화를 뜻한다. 이러한 깊이는 단순히 책상머리 학습으로는 형성되지 않는다. 지식생태학이 말하는 지식의 깊이는 두 가지를 요구한다. 첫째, 진지한 질문이다. "이것으로 충분한가?", "이것이 실제에 대한 바른 이해인가?"와 같이 세계의 실제를 집요하게 추구하는 질문이 지식의 깊이를 만든다. 다음으로 깊이는 실천을 요구한다. 실제의 세계는 명시적 지식 외에도 다양한 지식으로 얽혀져 있다. 사람이 있고, 자연이 있고, 건물이 있고, 교통의 흐름이 있고, 욕망의 거래가 있고, 예기치 않은 역사적 변수가 있다. 기호-논리적 완결성 밖에 존재하는 복잡계로서의 이 같은 세계와 제대로 상호작용하기 위해서는 관조적 자세가 아닌, 소용돌이 한 가운데로의 적극적인 투신이 필요하다. 지식의 깊이는 이러한 세계 속에서의 실천을 통해 단련된 결과물이다.

이와 같이 지식생태학이 추구하는 지식의 조건인 일관성과 깊이는 모두 지식 창조자의 진실한 태도, 뜨거운 문제의식, 선명한 목적의식을 바탕으로 세계에 대한 진실 속으로 뛰어들 것을 요구한다. 그것은 세계와 존재에 대한 사랑이다. 그 사랑의 실현을 위해 수평적 탐색과 확장을 두려워하지 않을 수 있고, 수직적 심화의 고됨을 견딜 수 있다. 인식의 수평적 확대는 깊이만 추구하다 자기세계에 빠지지 않기 위한 전략이며 수직적 깊이의 심화는 뿌리를 파고드는 근본적인 대안 모색으로 한 분야의 중심을 세우기 위한 노력이다.

넷째, 지식의 색(色)이다. 지식 창조자의 개성에 대한 이야기이다. 같은 장면을 묘사했는데, 어떤 사람이 이 글을 썼는지 이 말을 누가 했는지 짐작이 가는 경우가 있다. 지식의 색은 어떤 사람의 글을 읽으면 이름을 보지 않아도 이 글이 누구의 것인지 알아맞추게 하는 개성을 뜻한다. 색깔 있는 지식은 지식을 창조한 사람의 색다름이 스며들어 있다. 색다른 지식은 저절로 남다른 지식으로 인정된다. 남다름은 색다름이 낳기 때문이다. 지식은 그 지식을 생성한 사람과 분리되어서 설명할 수 없다. 이러한 특징이 '정보', '데이터'와 '지식'을 구분하는 지점이기도 하다. 지식에는 주체의 체험과 인격이 배어있기 때문에 어떤 지식을 이해하기 위해서는 주체의 삶을 함께 바라보아야 한다. 즉 지식은 객관적 실체(object)가 아니라 주체의 신념이 체화된 일종의 주관적 관점(perspectives)이다. 지식을 보면 지식을 창조한 사람의 사연이 담겨 있다. 지식에는 그래서 객관적인 실체가 아니라 주관적 신념과 가치판단이 담겨져 있다. 따라서 지식은 일정 시점에 어딘가에 저장했다가 꺼낼 수 있는 정적인 실체가 아니라, 사람과 사람 사이에 존재하며 끊임없이 움직이는 동적 흐름이다. 그래서 지식을 안다는 것은 '그 사람'을 아는 것이고, 때문에 지식을 '아는 것'이라고 하지 않고 '아는 사이'라고 한다.

지식의 맛은 지식 창조자의 인간적 고뇌가 걸러짐 없이 가슴으로 드러날 때 가장 맛깔스럽다. 색깔 있는 지식은 다음과 같은 요건을 가진다. 첫째, 색깔 있는 지식에는 지식 창조자의 성깔이 숨어져 있다. 나뭇결을 보면 나무가 어떤 환경에서 어떻게 자랐는지 나무의 성깔을 알 수 있다. 마찬가지로 지식을 보면 지식을 창조한 사람의 성품이나 인품을 느낄 수 있다. 둘째, 색깔 있는 지식의 문제의식은 주체의 일상적 삶, 실제적 터전에서 비롯된다. 지식은 지식을 창조한 사람의 일상적 삶과 분리시켜 생각할 수 없다. 지식은 앎과 삶, 삶과 앎의 톱니바퀴 속에서 두 가지가 혼연일체가 되어 탄생한 사회적 합작품이다. 셋째, 색깔 있는 지식은 문제의식의 답변도 자신의 일상적 역사에서 찾아낸다. 즉 색깔 있는 지식은 자신의 체험적 문제의식을 근간으로 문제 상황과 문제의 본질을 포착하는 가운데 탄생된 지식이다. 지식의 색깔은 체험적 고뇌의 결과로 생기며, 지금 여기서 겪고 있는 지적 고뇌와 실천으로 옮기는 과정에서 깨달은 체험적 각성으로 녹여내는 과정에서 생긴다. 색깔있는 지식이야말로 가장 나다운 지식이며, 가장 나다운 지식이라야 아름다운 나로 성장할 수 있는 원동력으로 작용한다. 결국 지식에 담긴 나다움이 다른 사람과 구분되는 나만의 색다름이며 그 색다름이야말로 나의 아름다움을 드러내는 결정적 증표가 될 수 있다. 아름다움은 모름다움의 반대다. 아름다움은 앎의 성숙성, 한 분야를 깊이 파고들어 경지에 이른 사람만이 보여주는 자기다움인 것이다.

2. 지식생태학적 지식관과 관계되는 학자와 이론

지식생태학의 지식관을 이해하기 위해 Polanyi(1958)의 인격적 지식, Oakeshott(1962)의 실천적 지식, Schön의 실천적 인식론(1983, 1987), Nonaka 와 Takeuchi(1995)의 암묵적 지식 담론을 살펴보겠다. 지식생태학의 실천적 지식관과 일맥상통하는 이들 학자의 논의를 통해 지식생태학의 지식관을 좀 더 풍부하게 이해할 수 있을 것이다.

1) Polanyi(1958)의 인격적 지식

Polanyi(1958)는 모든 지식은 개인의 '참여'를 통해 성립되는 인격적 지식 이라고 했다. 지식은 개인의 참여가 배제된 객체가 아니다. 즉, 지식은 외부 에 이미 존재하는 명제 체계가 아니라는 것이다. 하나의 지식이 형성되는 것 은 개인의 경험이나 탐구과정과 같은 실천적 참여를 요구하기 때문에 그 사 람의 정서, 인격, 판단, 열정 등의 요소들이 포함될 수밖에 없다. 지식을 창조 하는 과정은 지식창조 주체의 입장에서 볼 때는 심각한 문제상황이자 자신의 삶을 위협하는 위기상황이다. 이런 상황에 그대로 안주한다는 것은 인간적 실존을 거부하고 현실에 안주하겠다고 인정하는 것이다. 지금 나를 둘러싸고 있는 문제나 위기는 기존 지식으로는 해결되거나 극복할 수 없다고 생각할 때 인식 주체는 결단을 내리고 돌파구를 마련하기 시작한다. 이 과정에서 탄 생되는 지식은 지식 주체의 열망과 열정이 담겨 있는 결연한 용기이자 주관 적 신념체계다. 그래서 지식에는 지적인 측면과 아울러 가슴으로 느끼는 정 서적인 측면과 현실문제를 해결하기 위해 현장 속으로 뛰어드는 실천적인 측 면이 포함된다.

따라서 지식은 명시적으로 객관화시킬 수 있는 부분보다 훨씬 많은 것 을 포함하고 있다. 하지만 그것이 정확히 무엇인지를 논리적으로 분명하게 설명할 수 없을 뿐이다. 실제로 명시적으로 표현되어 있는 지식은 무의식적 으로 발휘되는 수많은 지식들을 전제한다. Polanyi는 이것을 초점식과 보조식1)의 관계를 통해 규명하였다. 겉으로 보이는 초점식은 초점식을 움직이는 보이지 않는 보조식을 내포하고 있다. 지식에 포함되는 개인적 신념, 판단, 열정, 책임의 정서적 요소는 언어로 명시적으로 표현되지 않았을 뿐, 암묵적인 형태로 지식의 발현에 개입하게 된다. 지식을 이렇게 이해할 때 객관화, 보편화되어 있다고 생각하는 명시적 지식 또한 거대한 인격적 지식의 드러난 한 부분일 뿐이라는 것을 알게 된다. 즉, 명시적 지식도 개인의 경험으로부터 구성된다는 것을 함의한다. Polanyi는 이것을 지식의 암묵성이라고 명명하였다. 명시적 지식도 암묵적 지식과 무관하지 않다. 겉으로 드러나 있을 뿐 그 뿌리는 지식의 암묵성에 근거를 두고 있다. 암묵적 지식의 일부가 가시적으로 드러난 게 명시적 지식일 뿐이다.

참여를 통한 지식의 발현과 지식의 암묵성이라는 Polanyi의 생각에 따르면 인식과 주체를 분리하는 것은 불가능하게 된다. 이것은 근대 철학의 주류 입장인 객관주의, 실증주의가 인식과 주체의 분리를 요구한 것과 정반대에 서 있는 입장이다. 그러면서 존재에 대한 인식의 과정에서 인식의 근본적 매개가 되는 신체에 주목하게 하였다. 우리는 우리와 구분되어진 대상을 인식하는 것이 아니라 우리의 신체를 통해 대상이나 사건의 의미를 인식한다. 신체는 지적이든 실제적이든 모든 외부의 대상, 사건을 인식하는 궁극적인 도구의 역할을 한다(장상호, 1994, p.29). 신체는 도구로서 역할을 하는 경험활동의 과정에서 활동적인 면과 정서적인 면을 복합적으로 경험할 수 있다. 신체적 체험이 없는 객관적 인식체계의 구성은 따라서 관념적 허구일 뿐이다. 몸이 관여되지 않는 지식창조는 불가능하다. 몸이 곧 세계이고 세계는 오로지 몸을 매개로 인식된다. 체험성은 그래서 지식 창조 과정을 주도하는 근본일 뿐만 아니라 지식의 인격적 측면을 담아내는 중심 속성이다.

지식을 개인의 활동적 참여로 규정함으로써 지식의 지적, 정서적, 실천적 측면을 밝히는 것은 학습자의 '삶 가운데서' 학습이 이루어짐을 논의할 수 있

---

1) 초점식은 인식 주체가 주의를 기울이고 있는 대상이며, 보조식은 같은 순간 무의식적으로 발휘되고 있는 체화된 지식을 뜻한다. 예를 들어 피아노를 칠 때, 연주자가 악보에 주의를 기울이면서 연주를 하고 있다면 악보, 혹은 선율은 초점식이 되고, 각 건반의 위치를 정확히 칠 수 있는 신체의 미세한 조정은 보조식이 된다.

는 근거를 마련해 준다. 지적인 요소, 정서적 요소, 신념적 요소가 각각 별개의 교육과정에 존재하는 것이 아니라 학습하는 가운데 학습자에게 전체적으로 이해되는 것이라고 할 때 교육과정을 편성하는 과정에도 중요한 시사점을 던져준다. 지식의 인격성과 암묵성은 지식의 지적 성격과 정서적이고 신념적인 차원이 구분될 수 없음을 전제한다. 따라서 객관적 지식을 따로 가르치거나 지식을 습득하는 과정에서 느끼는 정서적 감정이나 지식창조 주체의 주관적 신념요소를 구분해서 독립적인 교육과정으로 편성하는 노력은 논리적 모순일 뿐만 아니라 실제적으로도 무의미한 시도가 아닐 수 없다. 인격적 지식은 한 개인이 자신의 문제나 위기를 해결하거나 극복하기 위해 주변 사람이나 환경과 부단한 상호작용을 하는 가운데 주체적 결단과 신념으로 다양한 실험과 모색 속에서 탄생된다. 인격적 지식이 창조되고 공유되는 과정에는 논리적 이성과 감성적 느낌, 그리고 실천적 각성이 따로 놀지 않는다. 이 모든 것이 하나의 과정 속에서 통합적으로 움직이며 전체적으로 조직화될 뿐이다.

2) Oakeshott(1962)의 실천적 지식

Oakeshott(1962)는 인간의 일체의 활동은 지식을 기초로 하고 있으며 그 지식은 기법적 지식(technical knowledge)과 실천적 지식(practical knowledge) 두 종류가 함께 존재한다고 하였다. 기법적 지식은 각종 매뉴얼에 등장하는 명시적 지식에 상응한다. 자동차 운전을 가르치는 교통법규나 요리사의 레시피가 담겨 있는 요리책이 그런 예에 속한다. 기법적 지식에 대한 이해도가 아무리 높아도 그 지식을 갖고 해당 분야의 대가들이 할 수 있는 실천의 경지에 이를 수 없다. 기법적 지식은 언어적으로 표현이 가능하며, 일단 언어적으로 표현이 되는 순간 기계적인 반복을 통해서 습득할 수 있다고 생각되는 지식이다. 이에 반해 실천적 지식은 일정한 규칙이나 절차같은 명시적 지식으로 표현될 수 없고 오로지 그것이 실천되는 맥락 속에서만 이해될 수 있는 지식이다. 실천적인 지식은 그 지식을 갖고 있는 사람이 정리한 매뉴얼이나 문서로 전수할 수 없다. 실천적 지식은 오로지 그 지식을 창조하는 실천과정이나 구체적인 활동 자체를 통해서만이 습득되고 숙련될 수 있는 지식이다. 실제적 지식은 교수되거나 학습될 수 있는 것이 아니라 오직 전수되거나 획득될 수 있을 뿐이다. 실제적 지식은 오직 실제를 통해서 그 존재가 드러나며, 그것을 획득하는 유일한 방법은 그 지식의 대가 아래서 도제훈련을 쌓는 것뿐이다. 이것은 그 대가가 그 지식을 교수, 즉 언어적 설명으로 전수할 수 있기 때문이 아니라 실제적 지식은 성격상 그것을 끊임없이 실행하고 있는 사람과의 계속적인 접촉을 통해서만 획득될 수 있기 때문이다(Oakeshott, 1947, p.11).

Oakeshott가 실천적 지식을 통해서 제기하고 싶은 문제의식은 합리주의적 지식관에 대한 비판이다. 합리주의적 지식관은 지식이 실천되는 문맥과 관계없이 기법적 지식을 처방적 지침으로 활용함으로써 인간 활동을 원천적으로 가능하게 만드는 지식의 본질적 성격을 왜곡하려 한다. Oakeshott가 말하고 싶은 진정한 지식은 인식론적 설명대상으로서의 지식, 즉 고정된 시점에서 파악되는 결과나 산물로서의 지식이 아니라 시간계열을 따라 일어나는 특정한 활동의 맥락 속에서 표현되고 획득되는 지식을 말한다(차미란, 2003). 실천적 지식은 지식이 도대체 어떤 방식으로 표현되고 획득되는지, 즉 전수와 획득의 역동적인 과정에서 지식의 성격과 본질을 파악해보려는 노력의 산물이다. 실천적 지식은 인간의 지식창조 과정을 객관화시켜 이해하려는 일체의 추상적 이념론을 거부하고 구체적인 실천 맥락에서 실천적 지식을 어떻게 하면 내면화시킬 것인지를 고뇌하는 가운데 탄생된 지식이다. 실천적 지식이 궁극적으로 지향하고 싶은 의도는 기법적 지식으로 표현되기 이전의 마음의 심층부에 자리잡고 표층에 해당하는 기법적 지식을 움직이는 원천으로서의 실천적 지식의 본질을 밝혀보고 그것을 실천적 맥락에서 어떤 교육적 노력을 통해 전수할 수 있을 것인지를 탐구하는 데 있다.

그러나 실천적 지식과 기법적 지식은 논리상으로만 구분되는 구성요소로서 별개로 존재하지도 존재할 수도 없으며, 실제 활동에 있어서는 하나로 표현될 수밖에 없다 Oakeshott가 말하는 실천적 지식은 기법적 지식처럼 사실이나 규칙의 형태로 명문화될 수도 없고, 오직 활용하는 과정에서만 드러나는 지식이다. 구체적인 활동 속에서 두 가지 지식은 병렬적으로 존재하는 두 가지 다른 지식이 아니라 표면과 이면 또는 표층과 심층의 관계로 드러나는 지식이다(차미란, 2003). 결론적으로 기법적 지식은 명문화시킬 수 있는 명제나 지침 또는 원리 등의 형태로 지식창조 과정에서 겉으로 드러나는 지식을 가리키는 반면에 실천적 지식은 그런 기법적 지식의 이면이나 심층에 자리 잡고 기법적 지식을 창조하는 활동의 원천으로 작용하는 지식이다. 결국 실천적 지식이 갖는 중요성은 기법적 지식이 지식으로 발휘되기 위한 원천으로 작용한다는 점이다. 이런 실천적 지식은 언어적으로 표현하거나 스승을 통해 직접 가르치거나 배울 수 있는 지식이 아니다. 실천적 지식은 그것을 부단히 실천하는 사람과의 계속적인 만남을 통해서만 획득되기 때문에 스승과의 도제적 관계를 통해서 전수되고 획득될 수 있는 것이라고 한다. 따라서 실천적 지식은 고정된 실체로서 객관화된 지식을 추구하는 전통적인 합리적 지식관을 부정하고 지식이 직접 창조되고 전수되는 역동적인 상황 속에서 움직이는 흐름으로 지식의 본질과 성격을 이해하려 한다.

3) Schön의 실천적 인식론

Schön(1983, 1987)은 한 분야의 지식은 이론적 지식을 체계적으로 습득하여 적용하는 과정이 아니라 현장에서 반복되는 실천 경험을 통해서 자신의 능력을 향상시키는 과정이라는 실천적 인식론을 제안하였다. 실천가는 이러한 실천상황에서 예술적이고 직관적인 인식을 발휘하게 된다. 실천가는 어떤 대상에 대해서 부단한 연습과정을 통해 그 일에 대해 일종의 행동패턴이나 습관을 형성하면서 암묵적인 판단을 만들어 간다. 그와 같은 지식을 행위 속의 지식(knowing-in-action)이라고 하는데, 이런 실천적 지식은 항상 전체적으로 형성되고 일단 형성되고 나면, 문제 상황에서 의식되지 않는 채 자동적으로 작동한다. 행위 속의 지식은 행동에 내재하며 행동 이전에 어떤 규칙이나 계획으로 존재하지 않는다(Schön, 1983, pp.49-69). 행위 속의 지식은 실천적 행동이 일어나는 와중에 순간적으로 어떻게 다음 행동을 할 것인지를 알려주는 지식이다. 이런 지식은 오로지 행동이 일어나는 그 상황 속에서만 습득할 수 있는 지식이다. 이런 지식을 실천적 지식이라고 한다. 실천적 지식은 성찰적 실천을 통해 형성된다. 성찰적 실천은 실천이 이루어지는 맥락 속에서 이전 행동을 반추함과 동시에 다음 행동을 어떻게 할 것인지를 의도적으로 생각하는 과정이다. 전문적 실천가가 불확실하고 불안정하며 특수하고 가치갈등적인 실천 상황에서 문제가 무엇인지 규명하고 해결하기 위해서는 사전에 축적된 과학적 지식을 참고하기보다 지금 당장 실천이 이루어지고 있는 상황에서 일어나는 성찰적 실천을 통해서 가능하다.

Schön에 따르면 진정한 지식은 언어화될 수 없고 성찰적 실천의 형태로 실천가의 몸속에 근거하고 있다고 한다. 이러한 실천적 지식은 언어적인 재생보다 활동을 통하여 드러나며 그들의 앎은 이론처럼 명료하게 설명될 수는 없지만 어떤 현상을 판단하고 처리하는 행동 속에서 암묵적으로 나타난다. 실천적 지식은 구체적인 맥락 속에서의 경험을 통해서 변화하는 지식이기에 실천가의 수준과 인식적인 관심에 따라서 다양한 형태로 드러난다. Schön은 전문성이란 이전의 전문가가 축적해놓은 과학적 지식을 실천현장과 무관하게 체계적으로 습득한다고 생성되는 것이 아니라고 주장한다. 오히려 전문가의 전문성은 오로지 전문가의 전문적 실천행위가 일어나는 특정한 상황 속에서 무의식적으로 반복되는 성찰적 실천이나 실천적 성찰과정을 통해서 습득된다고 주장한다. Schön이 비판하는 논점은 실증주의자들이 오랫동안 주장해온 기술적 합리성(technical rationality)이다. 기술적 합리성은 이미 축적한 보편적인 법칙이나 이론 또는 과학적 지식을 문제사태에 적용하면 우리가 원하는 방향대로 실제 문제가 해결되고 해당 분야의 전문성이 축적될 수 있을 것이라는 주장이다. 기술적 합리성은 결국 전문가의 지식과 그 지식을 적용하는 상황을 분리 독립시켜 지식의 객관성을 확보하려는 실증주의적 지식관의 다른 이름이라고 볼 수 있다. Schön의 실천적 인식론은 전문성 논의에서 기술적 합리성의 제반 문제점을 해결하기 위한 문제의식에서 싹튼 것이다.

기술적 합리성은 주지하는 바와 같이 실증주의적 지식관과 논리에 기초하고 있다. 실증주의에서 모든 명제는 경험적으로 검증되어야 하고 과학적으로 증명 가능한 것들만 지식으로 인정된다. 실증주의적 지식은 경험적으로 검증될 수 있으며 복잡한 지식은 부분적 요소로 나뉘어 이해될 수 있다는 환원주의적 가정에 근거하고 있다. 이런 환원주의적 지식관은 객관화시키기 어렵거나 과학적으로 평가할 수 없다는 이유로 도제식 교육이나 경험, 암묵적 지식의 중요성을 간과하였다. 또한 기술적 합리성에서는 연구(research)와 실제(practice)의 영역이 엄격히 분리된다. 실천가는 연구자에게 실천상황에 발생하는 연구문제를 제공하고 연구결과의 유용성을 검증하는 역할을 하며, 연구자는 과학적 지식을 토대로 실천에서 발생하는 문제를 진단하고 해결해 줄 수 있는 기술을 제공하는 역할을 한다. 연구자가 습득하는 지식은 전문화되어 있으며 경계가 뚜렷하고 과학적이고 표준화되어 있다. 이것을 통해 연구자는 일반원칙을 배우고 구체적 사례에 이를 도구적으로 적용한다. 전문가의 실천은 과학적 이론과 기술을 엄격히 적용하여 문제를 해결하는 것이고 전문성 교육은 전문성 지식을 이론의 형태로 전달하는 것이다. 그러나 언어화된 이론의 형태로 전달되는 학교교육에서 얻어진 지식이 현장의 효과로 연결되지 못했다. 성찰과 실천을 분리하는 이분법이 연구자를 현실적 맥락에서 유리된 문제를 취급하게 했고 실천가는 대상세계의 문제를 해결하는 데 있어서 항상 연구자에게 의존하는 폐단을 낳게 만들었다.

4) Nonaka와 Takeuchi(1995)의 암묵적 지식

Nonaka와 Takeuchi(1995)는 지식을 두 종류로 구분하고 있다. 객관적으로 측정할 수 있고 관찰할 수 있는 명시지(explicit knowledge 또는 형식지)와 개개인의 독특한 노하우와 주관적인 경험으로 구성되어 있어 외현적으로 표현하기 어려운 암묵지(tacit knowledge)로 나눈다. 암묵지와 형식지는 이분법의 양끝에 있는 것이 아니라 상호보완적인 실체이다. 이 두 지식은 역동적이고 동시적인 상호작용을 통하여 새로운 지식을 창조한다. 그러나 가장 강력한 학습은 신체적 경험을 통해서 얻을 수 있다고 하였다. 행동을 통한 학습은 형식지를 암묵지로 전환하는 지식의 내면화 과정과 동일하다. 사람들은 신체적 경험을 통해서 주관적인 통찰력, 직관, 예감 등을 얻게 된다. 명시적 지식을 나의 암묵적 지식으로 바꾸려면 체험적 실천을 통해서 내 몸속으로 각인시키는 내재화 과정이 필요하다. 그런 지식을 다시 명시지화시켜 책이나 문서, 매뉴얼을 통해서 불특정 다수에게 전달할 수 있지만 여전히 명시지로 담아낼 수 없는 암묵지가 존재한다. 결국 암묵적 지식은 해당 지식을 보유하고 있는 사람과 가장 원시적인 인간적 접촉을 통해서 직접 체험적으로 배우는 수밖에 없다.

명시지는 언어적으로 쉽게 표현할 수 있고 객관화시켜 지식창고에 저장하기 쉬운 디지털 지식이다. 이러한 관점에서의 지식은 지식 주체와 분리, 독립시킬 수 있는 객관적 실체로, 개인과 개인 사이에서 손쉽게 전달될 수 있다. 이에 반해 암묵지는 구체적인 언어로 설명하기 어려운 개인적 경험이나 노하우, 이미지 혹은 숙련된 기능으로서 개인의 머릿속에 존재하거나 조직문화, 풍토 속에 내재하는 지식이다. 이는 다분히 주관적인 측면이 강하고 신체적 접촉을 통해 전수되는 아날로그적 지식이다. 따라서 암묵적 지식은 개인적인 것이며, 공식화하기 힘들고 다른 사람과 공유하거나 교환하기도 어렵다. 암묵지는 개인의 행동과 경험, 사상, 가치, 감정 등에 깊숙이 뿌리내리고 있다. 예를 들면 김치 담그는 노하우를 요리책으로 만든 것은 명시적 지식이고 그것을 직접 보유하고 있는 엄마의 손맛은 암묵적 지식이다. 요리책에 나와 있는 명시적 지식을 모두 습득한다고 엄마의 김치 담그는 핵심 노하우인 손맛을 그대로 전수할 수는 없다. 명시적 지식의 효율적 활용이 갖는 치명적인 한계. 암묵지에 해당하는 엄마의 김치 담그는 손맛은 지식이 머릿속으로 정리되어 축적되어 있지 않고 몸에 체화되어 있음을 보여주는 증표다. 지식의 약 80%는 이처럼 암묵지 형태로 보관되고 전수된다.

암묵지는 인간행위의 필수요소로서는 간과되어 왔지만 지식창조 및 경영성과향상에서 중요한 원천이라는 사실이 새롭게 조명되었다. Nonaka와 Takeuchi는 개인과 기업의 지식창조는 암묵지에서 형식지로의 전환, 형식지에서 형식지로의 전환, 형식지에서 암묵지로의 전환, 암묵지에서 암묵지로의 전환의 반복적인 나선형 과정 위에서 이루어진다고 하였다. 이 두 지식형태의 상호관계가 지식창조의 핵심이 된다. 지식창조 과정에서 특히 암묵지를 형식지로 전환할 때가 있는데, 언어로 잘 표현할 수 없는 암묵지는 밀도 있는 대화와 같은 사회적 상호작용을 통해서 형식지로의 전환을 촉발시킬 수 있고, 우리의 지각이나 정신모델, 믿음, 경험 등을 전달할 수 있게 된다. 또한, 암묵지를 형식지로 전환하기 위해서 연역적 방법이나 귀납적 방법 등과 같은 분석적 방법을 통해 적절한 표현을 찾을 수 없을 때에는 비유나 은유를 사용하는 것이 중요하다는 사실도 발견했다. 가장 고밀도 인간적 접촉을 요구하는 암묵지에서 암묵지로의 전수나 피상적인 디지털 접속만으로 공유가 가능한 명시적 지식에서 명시적 지식으로 전달, 그리고 지식창조 주체의 고뇌에 찬 체험적 내면화가 요구되는 명시지의 암묵지화, 그리고 다양한 비유적 표현이나 도해 또는 구조화가 요구되는 암묵지의 명시지화는 이처럼 저마다의 지식전수 및 공유과정에 따른 차별화된 전략이 필요하다.

3. 지식생태학의 5대 지식관

Polanyi의 인격적 지식, Oakeshott의 실천적 지식, Schön의 실천적 인식론이 주장하는 지식관, Nonaka와 Takeuchi의 암묵적 지식들이 공통적으로 드러내는 것은 지식이란 보유하고 있는 사람 또는 그 지식을 창조하는 사람과 분리시킬 수 있는 독립적 지식이 아니라는 점이다. 모든 지식은 지식을 창조하는 사람의 철저한 주관적 신념을 반영한 가치판단의 기준으로서 그 지식이 창조되는 특정 상황에서 실천되는 과정을 통해서만 이해되고 전수될 수 있기에 객관적인 명시적 지식체계로 정리될 수 없다. 또한 모든 지식은 맥락구속적이어서 그 지식이 탄생된 맥락과 무관하게 일반화시킬 수 있는 보편적 지식이 아니다. 이러한 학자들의 지식관을 지식생태학적으로 재해석해서 만든 지식생태학적 지식관을 인격적 지식(personal knowledge), 암묵적 지식(tacit knowledge), 국부적 지식(local knowledge), 임상적 지식(field knowledge), 상호적 지식(mutual knowledge)으로 정리하였다. 지식은 주체의 체험과 인격이 내포되어 있어 지식창조 주체와 독립시켜 생각할 수 없는 인격적 지식이고, 경험을 통해 신체에 축적되어 구체적으로 설명할 수 없는 암묵적 지식이

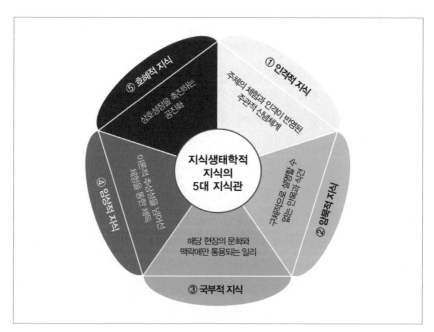

[그림 5.2] 지식생태학적 지식의 5대 지식관

다. 실천현장의 지역적 특수성과 문화적 맥락성을 토대로 조직문화나 풍토속에 내재하는 국부적 지식이며, 체험을 통해 체득한 임상적 지식이다. 더불어 지식생태학적 지식은 상호성장을 촉진하는 상호적 지식이어야 한다.

인격적 지식은 지식의 무한복제시대, 지식의 생산자와 소비자가 모호해진 시대에 필요한 지식이다. 인간과 로봇이 공존하는 세상에서 문제의식 없이 정보를 소비하는 형태로는 더 이상 인간이 살아남기 어려울 것이다. 인격적 지식은 다른 사람이 만든 세상의 지식이 아니라 나의 문제의식과 위기의식, 내가 생각하는 신념과 철학, 열정과 용기가 반영된 지식이다. 이러한 지식은 명문화하기 어렵고, 지식창조주체가 내면화하고 체화시킨 지식이다. 따라서 모든 지식은 주체의 체험과 인격이 내포되어 있는 인격적 지식이다. 인격적 지식을 보면 그 사람의 품격이 느껴진다. 지식은 주관적 신념뿐만 아니라 그 지식을 창조한 사람의 품성을 넘어 품격이 돋보이는 얼굴이다. 인격적 지식은 실증주의적 지식관이 주장하는 지식의 객관성이나 개체성을 부정하고 모든 지식은 가치판단이 내재화된 주관적 신념체계라고 생각한다.

암묵적 지식은 개개인의 독특한 노하우와 주관적인 경험으로 구성되어 있어 외현적으로 표현하기 어려운 성격을 의미한다. 장인은 재주꾼과 다르다. 장인은 오랜 시간동안 자기 분야에 대한 깊이 있는 안목과 식견을 가진 사람인 반면에 재주꾼은 매뉴얼대로 기술과 기교를 수행하는 사람이다. 진정한 전문가는 형식지를 그대로 수행하는 사람이 아니라 자신의 암묵지를 개발하고 발현하고 다른 분야와의 부단한 접목을 통해 인식의 지평을 넓혀가는 사람이다. 암묵적 지식은 실증주의적 지식관이 주장하는 지식의 형식성이나 표상성을 부정하는 지식관이다. 지식은 지식을 보유하고 있는 사람과 분리시켜 생각할 수 없다. 해당 지식이 내 몸에서 벗어나는 순간 그 지식은 정보로 전락할 뿐이다. 왜냐하면 내 몸에 체화된 지식은 내 몸에 암묵적 지식으로 체화되어 있을 때 지식의 진가가 드러나기 때문이다. 몸으로부터 떨어져나간 지식은 더 이상 나의 암묵적 지식이 아니다. 그것은 다만 객체화된 정보일 뿐이다.

국부적 지식은 해당 지역의 특수성과 고유함에 대한 심층적 이해로 탄생되는 지식을 의미한다. 지식에는 지식이 탄생한 문화의 언어가 담겨있다. 언어는 그 문화의 정신세계와 습성을 반영한다. 즉 문화가 다른 곳에서 탄생한 지식을 가져와서 '소비'하는 것은 불가능하다. 지식을 '소비'하는 것이 아닌 '연결'할 수 있어야 하며, 지식을 이해하기 위해서는 해당 문화를 먼저 이해하고 관계를 파악해야 한다. 이러한 지식은 어떤 지식이 상위이고 하위인지에 대한 '지식 사대주의' 입장을 거부한다. 모든 지식은 일리 있는 지식이다. 지식이 탄생된 맥락과 해당 지역적 문화에서만 진리로 통용되는 잠정적 지식이기 때문이다. 국부적 지식은 지식이 탄생된 특정 맥락성을 떠나 일반화시킴으로써 보편적 진리(眞理)를 주장하는 실증주의적 지식관을 부정하는 문제의식이 낳은 지식이다. 모든 지식은 일정한 장소와 시간 내에서만 진리로 통용되는 일리(一理) 있는 국부적 지식이다. 그 상황을 초월하여 보편적 진리를 주장하기 시작하면 무리(無理)다.

임상적 지식은 이론의 추상성을 걷어내고 실제 체험을 통해서 체득할 수 있는 지식이다. Saint-Exupéry의 〈어린왕자〉에 보면 지리학자의 이야기가 나온다. 지리학자는 자신이 탐험가와는 다른 중요한 사람이기 때문에 서재를 떠나지 않는다고 말한다. 하지만 지리학자가 지리를 구석구석 체험하지 않고 관념적으로 머리로만 생각을 한다고 해서 지리의 본질과 핵심을 파악할 수 있을까? 지리학자의 에피소드는 현장을 배제하고 관념적으로만 연구하는 '학'자들에 대한 비판이다. 임상적 지식은 관념적 책상 지식이나 실험심리학적 지식관을 부정하는 가운데 탄생된 지식이다. 지식이 탄생되는 현장은 다양한 변수가 예측할 수 없을 정도로 빈번한 상호작용이 일어나는 복합적 상황이다. 지식이 탄생되는 공간은 아무런 이해관계가 관여되지 않는 확실한 실험실이 아니라 복잡한 정치적 역학관계뿐만 아니라 예측불허의 불확실하고 불안정한 현장이다. 이런 역동적인 현장에서 시행착오와 반복되는 실험을 통과한 지식만이 현장성과 실천성을 담보한 임상적 지식이 될 수 있다.

상호적 지식이라는 말은 단선적인 인과관계로 파악할 수 없는 쌍방향적 관계를 의미한다. 원인과 결과가 일대일로 대응되는 인과관계는 지식생태계에서 찾을 수 없는 이론적 관계일 뿐이다. 복잡계로서의 지식생태계를 구성하는 모든 행위자는 서로가 서로에게 영향력을 주고받는 상호적 관계다. 지식생태계는 이런 상호적 관계를 통해서 공진화를 거듭한다. 공진화가 거듭되는 지식생태계에서는 단선적인 인과관계는 존재하지 않는다. 상호적 인과관계는 또한 위계적 관계가 아닌 서로 도움을 주고받는 수평적 관계를 지칭한다. 즉 지식에는 상하 지위를 결정하는 권위적 위계가 없고, 누가 누구를 일방적으로 포섭하거나 통합하는 관계가 아니다. 모든 지식은 거대한 관계망에 대한 각성이다. 지식에는 이런 관계망에 대한 깨달음이나 통찰이 들어있다. 생태학적이라는 말이 시사하듯, 특히 지식생태학적 지식에는 독립적 개체나 구성요소에 대한 분석적 지식보다 생태계 전체를 꿰뚫어 통찰하는 구조적 관계에 대한 깨달음이나 냉철한 반성 또는 성찰이 가미되어 있다. 상호적 지식으로 생태계를 바라볼 때 비로소 생태계는 구조적 관계망 속에서 돌아가는 보이지 않는 힘으로 이해될 수 있다.

객관적 지식과 주관적 지식, 명시적 지식과 암묵적 지식, 보편적 지식과 특수한 지식, 기법적 지식과 실천적 지식, 추상적 지식과 구체적 지식은 지식을 지칭하는 얼굴의 양면이다. 지식의 이러한 두 가지 측면은 별개로 존재하지도 존재할 수도 없다. 모든 지식은 두 얼굴을 지닌 채 지식생태계를 구성한다. 실제로는 이런 상반되는 지식은 상호보완적인 관계 속에서 서로가 서로에게 영향을 주고받으며 상황에 따라 다른 모습으로 나타날 뿐이다. 다만 지식생태학의 지식관이 주장하는 바는 그동안 간과되어왔던 지식의 다른 쪽을 부각시키는 데 있다. 즉 개인적이고, 주관인 신념과 철학을 반영하는 인격적 지식, 명시석 지식으로 표현할 수 없는 암묵적 지식, 실천되는 과정에서만 이해되고 전수되는 실천적 지식, 기술적 합리성으로 포착될 수 없는 실천적 인식론의 지식에 보다 많은 관심과 연구를 촉구하는 것이다. 주관적인 인격적 지식이 없는 객관적 지식, 암묵적 지식이 없는 명시적 지식, 실천적 지식이 없는 기법적 지식만의 상대적 강조는 지식창조 및 공유과정을 촉진하는 지식생태계 전반의 심각한 위협과 도전일 수 있다. 양자가 조화를 이루는 지식의 흐름을 어떻게 조성하고 디자인할 것인지에 대한 노력과 이를 학문적으로 규명하고 이론화시키는 후속적인 연구관심과 노력이 절실한 상황이다.

6장

지식생태계의 구성요소

　지식생태계는 생태계에서 얻은 아이디어를 지식창조 메커니즘에 대입해서 탄생시킨 개념이다. 생태계는 외부의 인위적 개입 없이도 다양한 생명체가 서로 영향을 주고받으면서 살아가는 서식지다. 생태계라는 말을 처음 사용한 학자는 영국의 식물학자, Tansley이다. 그가 생태계라는 말을 처음 사용한 배경은 자연에서 살아가는 동식물이 서로 영향을 주고받을 뿐만 아니라 환경과 부단한 상호작용을 하면서 생물체의 성장과정에 영향을 미친다는 점을 드러내는 데 있었다. 이처럼 생태계의 기본 특성은 생명체는 물론 무생물적인 환경도 상호의존적인 관계를 유지하면서 생명체의 성장과 발전에 직·간접적인 영향을 주고받는다는 점이다. 기본적으로 생태계가 유지되는 데는 생산자, 소비자, 그리고 분해자가 관여한다(김윤성, 2009). 생산자는 외부의 도움 없이도 광합성을 통해 살아가는 데 필요한 에너지를 만들어내는 식물이다. 동물은 식물을 먹고 에너지를 만들어 살아가기 때문에 소비자라고 한다. 이런 식물과 동물이 일정기간이 지나면 자기 생명을 다하고 죽는다. 동식물

6장 지식생태계의 구성요소　**123**

이 죽고 나면 이들을 다시 질소나 탄소 또는 칼륨 같은 원소로 전환해서 다시 동식물의 거름으로 작용하게 만들어주는 분해자가 있다. 생태계에는 생산자와 소비자, 그리고 분해자의 생명활동을 도와주는 태양과 토양, 공기와 물이 존재한다. 이런 생태계가 외부의 인위적 개입 없이도 자가 발전적으로 생명성을 유지하면서 지속적으로 성장하고 발전하는 근간에는 항상성(homeostasis)[1]이라는 원리가 작동하기 때문이다. 항상성은 모든 생물체가 살아가기에 가장 적합한 조건을 유지하면서 평형상태를 회복하려는 생태계의 본성이다.

지식생태계도 마찬가지 맥락에서 항상성을 유지할 수 있는 사회문화적 조건은 무엇인지, 항상성을 촉발시키거나 방해하는 요인은 무엇인지를 밝혀내고 촉진 또는 방해 요인별 적절한 대안을 모색하는 연구가 지식생태학적 연구관심이 될 수도 있다. 하지만 지식생태계는 자연생태계가 아니라서 외부의 인위적 개입 없이 자연적인 항상성을 가질 수는 없다. 지식생태계의 항상성은 외부로부터 유입되는 지식과 소비되는 지식, 그리고 소멸되는 지식간의 적정한 균형이 이루어질 때 유지될 수 있다. 외부에서 유입만 되고 내부적으로 적절하게 활용되어 소멸되지 않거나 외부로부터 유입되지 않고 내부적 지식만으로 활용하거나 소비될 때 지식생태계의 항상성은 파괴될 수 있다. 지식생태학의 핵심적인 연구대상은 인간의 의도적인 목적과 문제의식으로 설계된 지식생태계가 자체적인 항상성을 유지하는 내부적인 조건은 무엇인지를 규명하는 것이다.

생태계가 유지되는 또 한 가지 중요한 원동력은 생명체의 자기생산(autopoiesis)능력이다. 자기생산능력은 자기 자신을 뜻하는 현대 그리스어: $\alpha\acute{v}\tau o$(auto)와 생산이나 제작을 뜻하는 $\pi o\acute{\iota}\eta\sigma\iota\varsigma$(poiesis)가 합쳐져서 자기 자신을 재생산하고 유지해가는 체계를 말한다. Dawkins는 "인간은 유전자의 매체에 불과하다"고 주장하며(Dawkins, 2010) 유전자를 생명체의 본질적 속성을 태생적으로 결정하는 절대적 신으로 간주하였으나, Maturana는 모든

---

1) 항상성이라는 개념은 〈The wisdom Of the body〉에서 처음 사용된 것으로 알려져 있다(Cannon, 1963).

생명체는 유전자가 내포한 운명에 따라 진화한 것이 아니라 수많은 우연적 접촉과 만남의 결과로 자기를 어제와 다른 나로 부단히 재탄생시키는 과정을 통해 오늘의 내가 되었다고 주장한다(Maturana & Varela, 1980, 1987). Maturana의 자기 생산이론은 한 마디로 생명체는 자신(auto)을 제작(poiesis) 하는 존재라는 것이다. 생명체가 자신을 제작하는 존재, 즉 방황을 통해 인생 의 방향을 잡는 방랑하는 예술가라는 Maturana의 견해를 받아들인다면, 지 식생태학은 우연한 물음표 속에서 감동의 느낌표를 발견하는 학습여정을 지 식생태계에 어떻게 내재화시키고 디자인할지를 핵심적 연구 관심과 대상으로 삼아야 한다. 지식생태계에서 일어나는 학습은 계획적·의도적·공식적 프로 세스에 따라 일어나기도 하지만 다양한 의견과 관점을 지닌 학습자가 지식생 태계 내외부의 학습자원이나 지원 시스템을 활용함으로써 창발적으로 일어나 기도 한다. 지식생태학은 지식생태계 내부에서 창발적인 학습이 일어날 수 있는 조건과 환경이 무엇이며, 이런 조건과 환경을 어떻게 조성하고 디자인 할 수 있을 것인지에 대해 관심을 가진다.

항상성과 자기생산이 일어나는 지식생태계는 어떤 구성요소로 이루어졌 을까? 우선 지식생태계의 구성요소를 알아보기 이전에 생태계는 어떤 요소들 로 구성되어 있는지를 알아보면 생태학적 상상력으로 지식생태계의 구성요소 를 상상해볼 수 있다. 생태계는 생산자와 소비자, 그리고 분해자, 이들의 생 명활동을 도와주는 태양과 토양, 공기와 물 등으로 구성되어 있다. 이런 생태 계의 구성요소를 지식생태계의 구성요소로 전환시켜 생각해보면 차이점은 있 지만 유용한 시사점을 얻을 수 있다. 특히 "생태계는 센터가 없는 다채로운 생명체들이 수평적으로 연결 접속하는 복잡계다"(신승철, 2011, p.99). 생태계 는 절대 권력으로서 중심에 군림하고 명령하는 구성요소와 명령과 통제에 따 라 움직이는 구성요소로 위계적 구조로 나뉘어져 있지 않다. 오로지 생태계 는 모든 구성요소들이 저마다의 위치에서 자기만의 방식으로 살아가되 다른 생명체나 환경과 상호 의존적 관계를 유지하면서 호혜적 상호작용을 통해 성 장하는 그물망이다. 생태계는 다양한 구성요소들이 저마다의 방식으로 살아 가면서 연결되어 있는 네트워크이자 부단히 성장과 소멸을 거듭하는 거대한 관계망이다.

생태계와 마찬가지로 지식생태계도 생산자와 소비자, 그리고 분해자가 이들의 생명작용에 영향을 미치는 환경적 요소와 함께 상호작용을 하면서 유지되는 생태계다. 하지만 지식생태계에서 지식생산자와 소비자는 따로 구분되어 있지 않다. 물론 지식생태계에서도 개념적으로는 지식생산자와 지식소비자의 구분이 있지만 그것은 개념적 수준에서의 구분일 뿐, 현실에서는 생산자가 소비자가 되기도 하고, 소비자가 생산자가 되기도 한다. 식물은 생산자이면서 동물의 소비 대상이기도 하고 동물 사체가 썩어 분해된 유기물을 통해 성장하는 소비자이기도 하나. 마찬가지 맥락에서 지식생태계에서 지식을 생산하는 사람과 소비하는 사람은 따로 정해져 있지 않고 바뀌고 변해간다.

지식생태계를 구성하는 요소를 살펴보기 위해서는 전통적인 시스템 이론보다는 행위자 네트워크 이론(Actor-Network Theory; 이하, ANT)으로 바라보는 것이 훨씬 유용한 시사점을 얻을 수 있다. 왜냐하면 이전의 기술결정론과 기술의 사회적 구성론이 주장하는 주체와 객체(기술과 사회, 인간과 기계, 정신과 물질 등)의 이분법적인 관념의 틀을 탈피하는 대안적 입장을 보여주기 때문이다(류재훈, 최윤미, 김령희, 유영만, 2017). 앞의 두 입장이 주체와 객체의 이분법으로 기술을 수동적인 대상으로 취급하는 것과 달리, ANT는 기술도 사람과 같이 여러 행위자(actor) 사이에서 상호작용을 복잡하게 만드는 또 다른 행위자로 인식한다(Latour, 1988, 1991; Law, 1992). ANT는 인간뿐만 아니라, 기술, 자연 현상, 인공물 등과 같은 비인간도 인간의 행위를 바꿀 수 있는 행위능력을 가진 행위자의 범주에 포함시킨다. 인간과 비인간을 포함한 행위자들의 복잡한 관계에 의해 사회가 생성되고, 행위자들은 서로 영향을 주고받으면서 형성되는 지속적으로 변화하는 실체이며, 기술도 이러한 맥락 안에서 파악해야 한다는 것이 ANT의 입장이다. ANT로 지식생태계를 바라볼 경우 지식생산자이면서 동시에 지식소비자이기도 하고 지식 매개자나 촉진자 역할을 수행하는 사람이 지식생태계를 구성하는 다른 기술적 시스템과 제도나 환경 차원에 영향을 미치기도 하지만 거꾸로 기술적 시스템과 제도나 환경이 지식을 창조하고 공유하는 사람에게 영향을 미치기도 한다. ANT에 따르면 기술적 시스템이나 제도, 또는 환경도 행위자 관계망을 구성하는 실질적인 행위자이기 때문에 지식생태계를 설계하는 과정에서도 인간 주체와 동일하게 조명해볼 필요가 있다. ANT로 지식생태계를 바라보면 지식생태계를 구성하는 인간과 비인간, 주체와 객체, 과학과 기술, 의도성과 비의도성 또는 무의도성, 자연과 인위적 환경, 거시와 미시를 이분법적으로 구분하지 않고 모두 행위자 관계망에서 영향력을 주고받는 관계론적 존재가 된다.

지식생태계의 구성요소로서 행위자는 지식생산자와 소비자, 지식매개자나 촉진자, 지식창조 및 공유 활동과 실제 적용과정을 지원해주는 다양한 제도와 각종 시스템, 그리고 조직문화를 들 수 있다. 우선 지식매개자나 촉진자는 지식생산자나 소비자와 같이 사람이 될 수도 있고 지식창조 및 공유과정을 매개하거나 촉진하는 특정 미디어나 시스템, 또는 조직문화가 될 수도 있다. 특정한 미디어를 활용하여 지식생태계의 지식순환과정을 촉진시킬 수도 있으며, 내부 또는 외부의 지식창고나 다양한 학습자원을 포함하고 있는 시스템적 환경이 지식창조 및 공유과정을 촉진하거나 방해할 수도 있다. 지식생산자와 소비자 이외의 모든 사람이나 시스템과 제도, 그리고 환경은 지식생산과 소비과정을 매개하거나 촉진하는 요소가 될 수 있다. 지식매개자나 촉진자는 지식생산주체의 지식창조의욕이나 동기를 부여해주는 인적 또는 물적 자원과 제도적이고 시스템적인 모든 지원환경을 총칭한다. 동일한 지식생산자라고 할지라도 어떤 환경적 여건과 문화적 배경에 놓여 있느냐에 따라 지식창조 및 공유과정에 임하는 자세와 태도, 열정과 몰입이 달라질 수밖에 없다. 지식생태학의 연구관심과 대상은 지식생산자의 지식창조 및 공유과정은 물론 열정과 몰입을 만들어내는 지식의 선순환 시스템, 자생적이고 자발적인 지식 창출의 환경과 메커니즘, 문화적 기반 등이다.

다음 [그림 6-1]은 기업현장에서의 HRD 생태계 모형[2] 예시이다. 궁극적으로 구현되는 이상적인 지식생태계의 모습이 어떤 이미지인지를 상상하고, 이를 이루는 지식생태계의 구성요소에 대한 이해를 높이는데 도움이 될

---

2) HRD 생태계 모형은 '유영만(2014). 공식적·비공식적 학습과 소셜러닝을 통합·지원하는 개념적 HRD 생태계 모형 설계. 기업교육연구, 16(1), 247-277'에서 부분적으로 차용한 글임을 밝혀둔다.

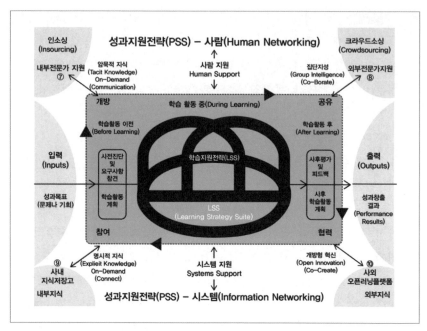

[그림 2.3] HRD 생태계 모형

것이다.

HRD 생태계 모형은 지식을 창조하는 학습전략 모형을 중심에 두고 있다. 본 모형에서 제시하는 학습전략(LSS: Learning Strategy Suite)은 총 7가지이다. 첫째, 일정한 시기에 일정한 장소에서 이루어지는 공식적 학습(formal learning), 둘째, 시간과 공간을 초월해서 언제 어디서나 일어나는 비공식적 학습(informal learning), 셋째, 다양한 소셜 미디어를 활용하여 일어나는 소셜 러닝(social learning)으로 구분된다. 그리고 이런 세 가지 학습전략이 각각 조합되는 방식에 따라 네 가지 융합 학습전략이 탄생된다. 네 번째, 공식적·비공식적 학습전략(formal & informal learning)은 공식적 학습의 학습효과 제고를 위해 비공식적 학습을 보완적으로 활용하거나 비공식적 학습의 학습효과 촉진을 위해 공식적 학습을 통합해서 활용하는 전략이다. 다섯 번째, 공식적·사회적 학습 전략(formal & social learning)은 공식적 학습의 학습효과 제고를 위해 소셜 미디어를 활용하여 학습자간 사회적 상호작용을 촉진시키는 전략이다. 여섯 번째, 비공식적·사회적 학습 전략(informal & social learning)은 일상 업무나 삶에서 일어나는 비공식적 학습이 소셜 미디어나 학습자간 직접적인 대면접촉을 통해서 일어날 수 있도록 촉진하는 전략이다. 마지막으로 공식적 학습과 비공식적 학습, 소셜러닝이 서로 시너지를 내며 학습을 촉진하는 총체적 혼합 학습(total blended learning)인 공식적·비공식적·사회적 학습 전략(formal & informal & social learning)이다.

지금까지 설명한 7가지 학습전략에서 볼 수 있듯이, 모든 지식 창조는 지식창조 주체가 지식생태계를 구성하는 또 다른 주체적 구성요소들과의 역동적인 상호작용을 통해 이루어진다. 지식을 창출하는 과정은 한 개인의 외로운 노력이 투입되는 과정이라기보다 다양한 생각과 관점, 지식창조 과정에 영향을 미치는 제도와 시스템, 그리고 문화적 지원기제와의 역동적인 상호작용의 산물이다. 지식창조 과정은 진공관 속에서 일어난 독창적인 과정이 아니라 지식창조 과정에 영향을 미치는 수많은 이해관계자들과의 직간접인 사회적 과정의 산물이며 이들이 지식생산자이자 곧 소비자가 된다. ANT는 사람만 지식창조 주체로 보지 않는다. 오히려 ANT는 지식창조 과정에 영향을 미친다고 생각했던 환경이나 문화, 제도나 시스템도 인간과 더불어 주어진 생태계 내에서 지식을 창조하는 또 다른 지식창조 주체로 이해한다. ANT 관점에서 해석하면, 사람이든 사물이나 시스템이든 또는 제도나 문화든 HRD 생태계를 구성하는 모든 구성요소들은 저마다의 존재이유와 영향을 지니고 있는 주체적 구성인자인 동시에, 서로가 서로에게 영향력을 주고받으면서 부단히 변신을 거듭하는 변화주체로서 지식생태계를 이루는 관계망의 일부다.

지식생태학의 핵심적인 연구관심은 지식생태계를 구성하는 모든 요소들이 창조하려는 지식을 위해 각자의 위치에서 본분을 다하면서 다른 행위자와 부단한 상호작용을 거듭할 수 있는 자생적 메커니즘을 설계하는데 있다. 이에 HRD 생태계 모형은 성과지원전략(PSS: Performance Support Strategy)에서 '사람' 차원을 상단 좌우에 두고, '시스템' 차원을 하단의 좌우에 위치시켜 학습주체가 다양한 학습전략을 활용하여 주어진 목적을 달성하는 과정을 지원한다. ANT 관점에서는 성과지원전략의 사람 차원은 물론 시스템 차원도 다른 행위자에게 영향을 주고받을 수 있는 주체적 구성요소 중의 하나다.

사람 차원의 성과지원전략인 인소싱(insourcing)과 크라우드소싱(crowd-sourcing), 시스템 차원의 성과지원전략인 사내 지식저장고와 사외 오픈러닝 플랫폼을 활용하여 HRD 생태계는 문제를 해결하고 기회를 포착하며 지속적으로 발전한다. 인소싱은 해당 분야의 암묵적 지식을 갖고 있는 사람과 면대면 직접 접촉을 통한 소통을 강화함으로써 해당 문제를 해결하거나 전문가가 지니고 있는 암묵적 지식의 전수과정을 강조하는 전략이다. 이에 반해 크라우드소싱은 전문 분야별 외부 전문가와 네트워크를 구축, 내부 연구문제를 해결하는 데 필요한 불특정 다수의 외부 전문가 도움을 얻기 위한 전략이다. 분야별 전문가의 지성이 협업을 통해 특정 문제를 해결하는 학습전략으로 연결될 때 집단지성의 시너지 효과가 발생할 수 있다. 시스템적 지원 전략은 내부적으로는 사내지식저장고에 축적된 다양한 명시적 지식을 활용하는 전략이고 외부적으로는 사외 오픈러닝 플랫폼에 연결, 골머리를 앓고 있는 내부 문제를 해결하기 위해 외부로부터 다양한 지식을 흡수하기 위한 개방형 혁신 전략이다.

예를 들면 분야별 다수의 전문가가 보유한 암묵적 지식에 대한 기업의 내부적 도움과 기타 다수의 이해관계자로부터 받는 외부적 지원을 활용하면서 집단지성 기반 전략을 활용할 수 있다. 또한 학습활동을 전개하는 도중에 회사별 지식창조나 유관 연구소의 지식창고나 지식관리시스템이 보유하고 있는 명시적 지식과 외부의 다양한 오픈 소스나 오픈러닝플랫폼과 연계하여 개방형 혁신전략을 통해 내부적 R&D(Research & Development)의 한계를 외부적 C&D(Connection & Development)로 극복할 수 있는 가능성을 부단히 모색할 수도 있다. HRD 생태계는 내부 지식만으로는 문제해결이나 전략적 기회를 포착하기 어렵다고 판단될 때, 외부 전문가나 시스템의 도움을 받아 위기를 극복하려고 부단히 변신을 거듭하는 열린 지식생태계다.

HRD 생태계 모형은 HRD 생태계가 필요로 하는 지식을 창조하고 공유하기 위해 역동적인 학습활동이 선순환적으로 일어나는 자생적이고 자발적인 메커니즘을 담고 있다. Web 2.0의 기본 철학인 개방과 공유, 참여와 협력을 근간으로 7가지 학습전략을 활용하여 HRD 생태계가 직면한 문제를 해결하거나 기회를 포착하여 성과를 창출하기 위해 학습활동 전-중-후에 걸쳐 사내외 성과지원전략을 활용한다. ANT 관점에서 바라볼 때 HRD 생태계 모형을 구성하는 모든 요소는 인간 학습자의 학습활동을 지원하고 촉진하는 적극적인 관계망의 일부다. 이들은 주어진 자리에서 요구할 때 반응하는 수동적 지원 객체가 아니다. 이들은 역으로 사람의 학습활동과 지식창조 활동의 성격과 방향에 영향력을 행사할 수 있는 행위자 네트워크의 적극적인 역할 수행자로 자리매김한다. 또한 ANT에서 행위자 존재는 독립적으로 존재하는 객체가 아니다. 오히려 존재는 관계가 결정한다. HRD 생태계 구성요소의 본질은 구성요소가 맺고 있는 생태학적 관계가 결정한다. 관계가 존재를 결정하는 세계가 바로 행위자 네트워크의 세계이고 그런 세계의 본질적 속성을 그대로 반영하고 있는 생태계가 바로 HRD 생태계다.

생태학적 상상력과 4찰(四察): 관찰과 고찰, 통찰과 성찰
도요새에게서 배우는 생태학적 상상력

생태학적 상상력은 관찰-고찰-통찰-성찰로 이어지는 생각의 사이클에서 탄생된다. 생태계를 남다른 관심을 갖고 유심히 '관찰'하고 관찰한 결과를 곰곰이 생각해보는 '고찰'을 통해 남다른 깨달음을 얻는 '통찰'에 이르고 다시 이전보다 나은 통찰을 얻기 위한 '성찰'을 반복할 필요가 있다.

모든 생각은 관찰(觀察)에서 시작된다. 사물이나 현상을 관찰하고, 사람의 모습을 관찰하며, 책을 읽으면서도 저자의 생각이 어떤 방향으로 흘러가는지를 관찰한다. 중심을 잡고 자세히 살피는 관찰이야말로 생각을 불러일으키는 중요한 자극제다. 관찰은 사물이나 현상을 주의하여 자세히 살펴보는 것이다. 관찰을 통해 의미 없이 발생하는 산만한 현상이나 사건이 일정한 관점으로 체계화되고 정리된다. 관찰은 관계없는 것처럼 보이는 현상이나 사물 간에 관계를 만들고 거기에 의미를 부여하는 과정이다.

관찰 없이 통찰 없고 통찰 없이 색다른 생각의 창조가 일어나지 않는다. 관찰과 통찰 사이에 고찰(考察)이라는 다리가 있다. 관찰이 통찰로 연결되기 위해서는 관찰한 것을 고찰해야 한다. 고찰은 어떤 것을 깊이 생각하고 연구하는 것이다. 고찰은 관찰을 통해 정리된 구조적 관계나 일정한 패턴의 의미를 이리저리 따져보고 궁리를 거듭하면서 그 의미를 연구하는 과정이다. 고찰은 관찰을 통해서 부각된 현상이나 사물간의 연계관계가 무엇을 의미하는지를 해석하기 위해 조목조목 따져보는 과정이다. 관찰을 아무리 했어도 관찰 결과를 고찰을 통해 반추해보고 관계를 정립해서 겉으로 드러나지 않는 의미를 해석해서 정리하지 않으면 생각의 혁신이나 창조로 연결되지 않는다. 고찰을 계속하다보면 어느 순간 통찰이 번개처럼 스쳐 지나간다.

관찰이나 고찰이 오랜 시간을 두고 시계열적으로 이루어지는 과정이라면 통찰(洞察)은 불현듯 갑자기 일어난다. 고찰하는 과정에서 무의식중에 새로운 관계나 구조가 떠오르는 경우다. 통찰은 순간적으로 일어나는 번뜩이는 깨달음이다. 관찰과 고찰이 순서대로 차근차근 보고 연구하는 가운데 선형적으로 일어나는 것이라면 통찰은 관찰과 고찰결과를 보고 한꺼번에 일어나는 놀라운 생각의 기적이다. 집요하게 파고 들다가 잠깐 쉬는 사이에 그동안 복잡하게 얽혀 있던 복잡한 화두가 실타래 풀리듯이 술술 풀리는 순간이다. 통찰은 관계없다고 생각하던 현상이나 사태가 따져보면 긴밀한 관계가 있음을 깨닫는 순간 일어난다. 나아가 통찰은 겉으로는 보이지 않지만 보이는 현상의 이면을 움직이는 구조적인 힘의 정체를 다양한 연결고리를 통해 알아낼 때 불현듯 찾아온다. 통찰은 이처럼 집요하게 파고들면서 궁리에 궁리를 거듭하는 고찰 연습을 통해서 얼마든지 향상될 수 있는 사고력이다.

마지막으로 성찰(省察)을 통해 이전의 통찰보다 더 높은 통찰력으로 발전한다. 성찰은 통찰에 이르는 과정을 반추해보고 혹시 내가 놓친 부분이 없는지를 반성하며, 보다 나은 통찰력을 얻기 위한 자기 수양의 과정이라 할 수 있다. 성찰 없는 통찰은 자만에 빠질 수 있다. 성찰은 보다 나은 통찰에 이르기 위해 이전과 다르게 노력해야 될 부분이 무엇인지를 냉철하게 점검해보는 겸손한 사색의 과정이다.

지식생태학은 학문적 발견과 실천적 적용에 관한 원리나 아이디어의 원천을 생태학적 상상력과 소위 4찰을 통해 주로 생태계에서 얻는다. 여기서 4찰은 관찰-고찰-통찰-성찰로 이어지는 생태학적 상상력을 일으키는 선순환의 과정이다. 생태계에서 살아가는 수많은 생명체들이 살아가는 원리나 생존방식을 관심을 갖고 유심히 관찰하며 관찰한 결과를 곰곰이 생각하며 궁리에 궁리를 거듭하는 고찰의 단계를 거치다 보면 어느 순간 깨달음이 오는데 이 순간을 통찰이라고 한다. 통찰한 결과를 다시 한 번 생각하는 성찰의 단계에 이르면 이전보다 나은 통찰 결과를 얻기 위한 새로운 통찰력을 얻게 된다.

지식생태학은 겉으로 아무런 관계가 없다고 생각하는 생태계의 수많은 현상이나 생명체가 살아가는 과정을 유심히 관찰하면서 고찰하는 순간 생명체의 생존방식이나 원리에 대한 통찰을 인간과 조직의 지식창조나 변화추진과정에 적용하는 과정을 연구하는 학문이다. 자연은 보호 대상이나 개발대상이 아니라 함께 살아가면서 공존해야 될 학습대상이다. 인간의 생명은 자연의 거대한 순환과 맞물려 돌아가면서 인간적 삶의 지혜를 자연의 순리와 순환에서 배울 수 있다(Knapp, 2015). 지식생태학은 한 마디로 생태계의 생명체가 살아가는 방식이나 생존원리, 생명체가 생태계에서 호혜적 관계를 맺으며 살아가는 상호작용방식을 연구하고 그 결과를 지식창조나 공유원리 및 방식이나 사람과 조직의 개인 및 조직학습과정과 변화추진과정에 적용하는 다양한 이론과 방법을 연구하는 일종의 간학문적 접근(interdisciplinary approach)이다.

도요새의 생태학적 상상력

도요새는 지렁이를 잡아먹고 산다. 지렁이는 비가 오면 땅 위로 기어 나온다. 도요새는 비가 오기만을 기다리는 새다. 왜냐하면 비오는 날이면 먹고 싶은 지렁이를 마음껏 잡아먹을 수 있기 때문이다. 그런데 땅 속에 있던 지렁이는 어떻게 땅 위에 비가 오는지 알고 나올까. 빗방울이 땅을 두드리면 지렁이는 피부로 진동을 감지, 비가 오는 줄 안다고 한다. 지렁이들은 피부를 통해 호흡을 하는데 비가 와서 굴에 물이 들어오면 공기를 얻기 어려워져 숨을 쉬기 위해 밖으로 나온다. 일단 지렁이가 땅 위로 올라오면 도요새는 지천에 널려 있는 지렁이를 잡아먹기만 하면 된다. 그렇다면 가뭄이 심각하여 비가 오지 않으면 도요새는 어떻게 할까. 지렁이가 땅 위로 나올 일이 없으니 굶어죽기 십상 아닌가. 하지만 비가 안 오는 날에도 도요새는 땅 위에서 지렁이를 잡아먹고 산다. 어찌된 일인가. 여기서 우리는 자연의 신비를 느끼게 된다. 비가 오면 지렁이가 땅 위로 올라온다는 사실을 알게 된 도요새는 지렁이가 도대체 어떻게 비가 오는지를 알고 땅 위로 나올까를 관찰해보았다. 지렁이가 빗방울이 땅을 두드리는 것을 감지하고 밖으로 나온다는 사실을 알게 되었다. 도요새는 이제 비가 안 올 때는 땅 속에 있는 지렁이에게 비가 온다는 거짓신호를 보낸다. 그 결과 부리로 땅을 콕콕 찍고 돌아다니는 행동을 한다. 그러면 지렁이는 비가 오는 줄 알고 땅 위로 올라온다. 그 순간을 놓치지 않고 도요새는 지렁이를 편안하게 잡아먹는다.

비가 오는 것과 지렁이가 밖으로 나오는 현상 사이의 상관관계는 여간해서 알기 어렵다. 하지만 도요새는 보이는 현상을 관찰하고 보이는 현상 이면의 움직이는 원리를 알아냈다. 비가 오는 것과 지렁이의 행태 사이에 모종의 관계가 있음을 심사숙고하는 고찰 끝에 알아낸 것이다. 관심을 갖고 관계없는 현상을 관찰해서 곰곰이 생각해보는 고찰을 통해 도요새는 마침내 번뜩이는 찰나의 깨달음, 통찰을 얻은 것이다. 다양한 실험과 모색, 시도와 도전 체험 끝에 도요새는 땅 속으로 들어간 지렁이를 땅 위로 불러내는 방법을 직관적으로 알게 되고 이런 직관적 판단이 도요새에게 놀라운 통찰력을 제공해준 것이다.

비가 오는 날 땅 위로 나오는 지렁이를 유심히 관찰한 도요새는 비가 안 오는 날은 도요새로 하여금 비가 오는 것으로 착각하게 만들어야 되겠다는 통찰을 한다. 비가 안 오는 날, 도요새는 지렁이를 더 이상 기다리지 않고 지렁이를 땅 위로 불러내는 묘안을 깨달은 것이다. 도요새는 뛰어난 관찰자이면서 동시에 살아남은 위대한 통찰력의 소유자다. 이처럼 관심을 갖고 관찰해서 부단히 고찰하면 관계없는 것처럼 보이는 현상과 현상 간에 일정한 패턴이나 관계를 발견할 수 있는 통찰력을 얻게 된다. 관찰, 고찰과 기존 지식을 통해서 얻은 통찰은 부단한 성찰을 통해 먹이 사냥에서도 살아남을 수 있는 생존지혜로 발전하게 된다.

생태계에서 살아가는 수많은 생명체들이 살아가는 방식이나 생존원리를 남다른 관심을 갖고 관찰한 결과를 궁리에 궁리를 거듭하면서 고찰하다보면 어느 사이에 번뜩이는 체험적 통찰을 얻게 된다. 도요새도 지렁이가 땅 속으로 들어가서 나오지 않을 때, 비가 오면 땅 위로 나오는 지렁이 행동을 유심히 관찰해서 얻은 통찰로 땅 위로 불러내서 잡아먹는 엄청난 기지를 발휘한다. 도요새도 우리가 보기에는 그냥 먹고 사는 새처럼 보이지만 사실은 그렇지 않다. 먹고 살기 위해서 치열한 생존경쟁을 한다. 가뭄이 심각한 날, 지렁이가 다시 땅속으로 들어가면 도요새는 수단과 방법을 연구해서 땅 위로 불러내서 잡아먹지 않는가. 이처럼 자연에 살아가는 모든 생명체는 저마다 살아가는 이유가 있고 오랜 기간의 생존과 정에서 터득한 살아가는 방식이 있다.

지식생태학은 생태계에서 저마다의 방식으로 살아가는 다양한 생명체의 생존방식과 원리를 연구, 개인과 조직의 변화는 물론 지식을 창조하고 적용하며 활용하고 공유하는 과정에 적용하는 일종의 융합학문이다. 생태계에서 살아가는 수많은 생명체는 저마다의 방식으로 살아가면서 다른 생명체와의 관계 속에서 다양한 상호작용을 한다. 생명체는 독립적으로 존재하지 않고 다른 생명체나 주어진 환경과의 부단한 상호작용 속에서 만들어지는 관계 속에서 부단한 자기 변신의 과정을 거듭하고 있다.

HOW

3부

지식생태학의 실천

1장

지식생태계 디자인

1. 세 가지 다른 디자이너와 디자인 유형

디자인이란 실용적인 유용성을 구현하기 위해 이전에 없었던 새로운 것을 창조하는 과정이다(Rowland, 1999). 디자인에 관한 이 정의는 두 가지 속성을 포함하고 있다. 하나는 기존에 없었던 새로운 기능이나 도구를 창조한다는 점이다. 또 다른 하나는 실용적인 유용성을 위해 디자인 활동이 이루어진다는 점이다. 다시 정리하면 디자인은 실용적인 목적을 달성하기 위해 기존에 없었던 새로운 기능을 추가하거나 도구를 개발하는 활동이다. Rowland (1999)에 따르면 이런 목적을 달성하기 위해서 활동하는 디자이너는 크게 세 가지 유형으로 나눌 수 있다. 세 유형의 디자이너는 각각의 다른 디자인 관점을 따른다. 첫째, 엔지니어로서의 디자이너와 합리적 설계관(rational designing)이다. 엔지니어가 주어진 문제를 합리적, 과학적으로 해결하듯이 엔지니어로서의 디자이너 역시 주어진 문제를 체계적으로 분석하고 분석결과에 적합한 최적의 솔루션을 선정, 합리적인 방법으로 실행하고 평가하는 일련의 과정을 따른다. 엔지니어로서의 디자이너는 과학적인 방법을 동원해서 선형적인 논리를 따라 체계적으로 문제를 해결하는 합리적 설계관을 중시한다. 합리적 설계관은 문제를 사전에 철저히 분석하고 분석결과를 따르는 일련의 선형적 절차에 따라 설계활동을 펼친다. 구체적으로 합리적 설계관은 분석, 설계, 개발, 실행, 검증과 같은 단계적·체계적인 절차를 거친다. 이것은 폭포수가 위에서 밑으로 떨어지는 것과 같은 알고리듬 논리에 기초하였다고 하여 폭포수 디자인 모형(waterfall model of deign)이라 불린다.

두 번째 디자이너 유형과 관점은 예술가로서의 디자이너와 창의적 설계관(creative designing)이다. 이들은 합리적이고 과학적인 절차를 따라 선형적인 논리를 차용하기보다 창의적이고 직관적인 판단과 임기응변력을 중시하고 자유로운 방식과 절차를 혼용하면서 새로운 아이디어를 따라 디자인 활동을 펼친다. 브레인스토밍 등을 통해 자유롭고 비선형적인 방식으로 문제를 해결한다. 그리고 이것은 직관적 판단이나 통찰력에서 기인한다. 이들은 일정한 절차나 단계를 따라 체계적으로 분석하기보다 가용한 다양한 방법을 동원하여 문제 상황 극복에 필요한 각양각색의 아이디어를 도출하고 실험하며 주어진 상황의 특성에 걸맞는 현장지향적 해결대안을 선택하고 실행하면서 부단히 배우는 과정을 중시한다. 예술가로서의 디자이너는 창의적 설계관을 가진다. 창의적 설계관은 고정된 절차를 따라서 디자인 활동을 전개하지는 않지만 디자인 활동이 시작돼서 마칠 때까지 보통 준비단계를 거쳐 아이디어를 잉태하는 인큐베이션 단계와 새로운 아이디어를 자유롭게 구상하면서 현실로 구현하는 단계를 거친다.

세 번째 디자이너 유형과 관점은 성찰적 실천가(reflective practitioner)로서의 디자이너와 성찰적 설계관(reflective design)이다. 성찰적 실천가로서의 디자이너는 초기 디자인 단계에서 해결되어야 할 문제의 본질을 완벽하게 파악할 수 없다고 가정한다. 이들은 객관적 사실로 문제가 주어졌을 때 이를 해결하기 위한 최고의 한 가지 방법이 존재한다는 가정에 회의적이다. 성찰적 실천가로서의 디자이너는 문제란 매우 복잡하고 보는 사람에 따라 다양하게 해석될 수 있기 때문에 초기에 완벽하게 분석해서 최적의 해결대안을 선정할 수 없다고 가정한다. 오히려 디자인 문제는 다양한 시행착오와 우여곡절의 체험적 실험과 모색을 통해 해결대안이 부각된다고 본다. 이들에게 디자인 과정은 기본적으로 대화이자 학습과정이다. 디자이너가 주어진 문제 상황을 관찰하고 다양한 특성을 생각하면서 대화하고 이런저런 실험과 모색을 통해 점차 원하는 문제 해결에 이른다고 생각한다. 이들이 생각하는 디자인 관점은 성찰적 설계관이다. 성찰적 설계관은 Schön(1984, 1990)이 제기한 전문가의 전문성과 전문가 육성에 관한 관점을 디자인에 차용하여 생긴 설계관이다. Schön에 따르면 전문가는 전문분야에 필요한 전문성을 사전에 규명하고 이를 체계적으로 축적하는 가운데 생기지 않고 오히려 전문적 실천과정에서 다양한 시행착오와 주어진 문제 상황에 대한 전문가의 즉흥적 판단과 실천과정에 관한 성찰 속에서 생긴다고 주장한다. 마찬가지로 디자이너도 사전에 규명된 문제를 과학적으로 분석하고 완벽한 해결대안을 사전에 모색하는 사람이 아니다. 나아가 디자이너는 창의적인 발상을 어느 날 갑자기 생각해내는 직관적이고 통찰력 있는 예술가가 아니다. 오히려 성찰적 디자이너는 주어진 환경에 대한 다양한 실험과 모색을 궁리한다. 이에 대한 디자이너의 생각과 행동을 부단히 성찰하면서, 이전 생각과 행동을 수정하고 다시 실행하는 등 성찰적 실천을 거듭한다. 성찰적 실천가에게 디자인은 재즈연주나 즉흥 댄스와 유사하다.

2. 생태학적 디자인의 문제의식과 기본 가정

"생태학적 디자인이란 생명체가 살아가는 과정과 디자인 과정을 통합함으로써 환경파괴적 영향력을 최소화시키는 모든 디자인 노력이다"(Ryn & Cowan, 1996). 한마디로 생태학적 디자인이란 생태학적 지속가능성(ecological sustainability)을 높이는 디자인 전략이다. 지속가능성을 높이는 생태학적 디자인은 자연의 순환적인 과정에 효과적으로 적응하는 전략이자 자연적인 흐름에 부합될 수 있도록 자연생태계를 이루는 모든 구성요소들을 통합적으로 고려하는 것으로 구상되어야 한다. 나아가 생태학적 디자인은 해당 지역의 특수성을 인식하고 지역의 건강성과 부합되는 조건과 자연적인 선순환 흐름을 촉진하는 모든 디자인 전략을 통합하는 과정이기도 하다(Ryn & Cowan, 1996). 생태학적 디자인은 지금 추진하는 생태학적 설계전략이 살아있는 세계인 자연에 도움이 되는지, 아니면 부정적인 폐해를 끼칠 것인지, 생태학적 구조나 과정을 유지·발전시키는 방향으로 설계가 이루어지는지, 아니면 생태학적 복원기능이나 순환기능을 떨어뜨리는 것인지를 꼼꼼히 따져 물어본다. 생태학적 디자인은 실용적인 목적을 추구하는 나머지 생태계를 파괴하거나 생태학적 순환에 방해요인이 되는 디자인을 거부한다. 생태학적 디자인은 디자이너의 의도성을 인정하면서도 동시에 그런 의도가 지속가능한 생태계 유지와 발전에 어떤 영향을 미치는지를 항상 염두에 둔다.

생태학적 디자인의 문제의식을 수용하면서도 인간의 의도성이 어느 정도 반영되는 지식생태학적 디자인은 몇 가지 대원칙을 갖고 있다. 여기서 제시되는 지식생태학적 디자인의 대원칙은 생태계의 성장 및 유지 원리, 지식생태학의 5대 지식관, 지식생태학의 5대 학습관, 지식생태학의 주요 원리를 참고로 작성되었다.

첫째, 지식생태학적 디자인은 총체적 디자인(holistic design)이다. 전술한 바와 같이 지식생태계는 그것을 쪼개어 구성요소를 규명한 후 다시 조합한다고 해서 기대했던 바와 동일한 모습으로 돌아갈 수 없다. 따라서 전체에서 일부분을 떼어 내어 부분적으로 최적의 디자인을 수행한다고 해서 전체 지식생태계에 기대했던 결과를 얻을 수 없는 것이다. 부분적으로 높은 효과를 낸다고 하더라도 그것이 하나로 연결되었을 때 그 부분이 다른 부분에 부정적 영향을 미칠 수 있다면 이는 올바른 디자인이 아니다. 부분적으로는 완전하지 못하더라도 하나로 연결되었을 때 소기의 효과를 얻을 수 있는 방향으로 디자인 되어야 한다. 따라서 총체적 디자인은 전체적 관점에서 지식생태계를 구성하는 요소들이 맺고 있는 관계를 어떻게 바꾸면 지금보다 더 아름다운 관계로 재설정할 수 있을지에 초점을 맞춘다. 이는 사람과 사람의 관계를 넘어 사람과 문화, 환경, 제도, 시스템은 물론 문화와 환경, 제도와 시스템 간에 맺어지는 연결고리도 포함된다. 모든 관계에서 일어나는 상호작용, 그 사이에 존재하는 차이, 사이가 만들어가는 경계를 어떻게 디자인하는지가 총체적 디자인의 핵심이다. 이러한 디자인의 성격을 종합해볼 때, 총체적인 디자인이란 바로 생태적 효과성을 추구하는 디자인 원칙이라고 할 수 있다. 총체적 디자인을 통해 생태계가 창출하는 자원이 다음 생산 활동의 에너지원으로 되먹임되어 자원 소진적이지 않고 자원 재생적이 되어 지속가능한 생태계를 유지하고 발전시키는 데 도움을 줄 수 있다.

둘째, 지식생태학적 디자인은 통시적 디자인(diachronic design)이다. 통시적 디자인은 디자인의 단기적 효과는 물론 장기적인 효과가 생태계 전체에 미치는 영향을 거시적 관점에서 고려하는 디자인을 말한다. 생태계는 다양한 생명체들의 하모니가 이루어지는 무대다. 마찬가지로 지식생태계도 지식이 창조, 공유, 활용, 소멸되는 과정이 선순환적으로 반복되는 생태계다. 이런 지식생태계를 디자인한다는 것은 짧은 시간 효율성 증진이나 효과성 제고를 위해서 디자인하는 것이 되어서는 안 된다. 디자인 활동의 결과가 지금 당장의 효율이 증가되고 생태계의 파괴와 지속가능성을 방해하는 요인이 감소되었다고 할지라도 장기적 차원에서 지식생태계에 부정적 영향을 미친다면 바람직하지 못하다. 긴 안목을 바탕으로 생태계의 지속가능성을 추구하는 디자인 원리가 곧 통시적 디자인이다.

셋째, 지식생태학적 디자인은 순환적 디자인(circular design)이다. 순환적 디자인은 시작과 끝이 구분되지 않으며, 단계적 절차에 따라 선형적으로 움직이지 않는 디자인이다. 따라서 순환적 디자인은 비선형적 디자인(nonlinear design)이기도 하다. 순환적 디자인은 디자이너의 의도를 완벽하게 정리해서 사전에 계획을 세운 다음 이것을 순차적으로 이루어나가는 체계적인 과정으로 디자인을 보지 않는다. 오히려 순환적 디자인은 일상적 삶이 곧 디자인이고 디자인이 곧 일상적 삶으로 선순환되는 디자인이다. 생태계는 외부적 개입수단 없이도 에너지가 내·외부로 완벽하게 선순환된다. 지식생태계는 어느 정도의 인간적인 의도성이 관여되었지만 이상적으로는 내부적 지식순환이 외부적 지식순환과 맞물리는 지속가능한 생태계를 지향한다. 따라서 순환적 디자인이 추구하는 가장 중요한 포인트는 지식생태계 내부의 지식창조 및 소멸 사이클을 어떻게 하면 지식창조 주체의 의도적인 노력은 물론, 여기에 영향을 미치는 다양한 환경적 여건과 제도 및 시스템적 지원 노력과 창발적 상호작용을 통해 선순환될 수 있게 만들 것인지에 놓여 있다. 이런 노력이 가능해지기 위해서는 디자인 활동 계획을 수립한 다음 일정 기간만 디자인 활동을 전개하는 계획과 활동의 이분법적 구분을 지양해야 한다. 오히려 순환적 디자인은 모든 사람이 디자이너가 되어 오늘보다 나은 삶을 디자인하는 노력이 곧 일상적 삶이 되는 디자인을 추구한다.

넷째, 지식생태학적 디자인은 호혜적 디자인(reciprocal design)이다. 호혜적 디자인의 대전제는 지식생태계를 구성하는 모든 요소가 긴밀한 관계 속에서 상호의존적이라는 것에 근거하고 있다. 세상에 독립적으로 존재하는 실체는 없다. 존재 이전에 관계가 있다. 관계가 존재의 실체와 본질을 규정한다. 생태학적 존재는 생태학적 관계가 만드는 것이다. 호혜적 디자인의 핵심은 세상은 거대한 관계망의 일부라는 점을 염두에 두고 이전과 다른 관계를 형성하기 위해서는 어떤 디자인 노력이 필요한지를 언제나 고민의 화두로 삼는 것이다. 이러한 관계에는 연륜과 경험을 비롯한 그 어떤 요인들로 인해 지위 고하가 나뉘지 않는다. 특정한 사람이 리더십을 발휘하면서 다른 사람을 끌고 가며 학습이 발생하는 생태계가 아니다. 오히려 지식생태계는 서로가 서로에게 영향을 미치면서 배우고 가르칠 수 있는 교학상장의 관계맺음의 터전이자 자리이타적 디자인의 결과물이다. 따라서 호혜적 디자인은 지식생태계의 구성요인들이 서로 믿고 신뢰하는 관계 속에서 공진화하기 위한 핵심적 기초를 제공한다.

마지막으로 지식생태학적 디자인은 창발적 디자인(emergent design)이다. 창발적 디자인은 합리적 설계관이 주장하는 것처럼 주어진 상황을 디자인하는 최고의 한 가지 디자인 전략이나 방법은 없다고 가정한다. 오히려 창발적 디자인은 주어진 상황적 특수성과 특이한 요구에 따라 디자인 관점과 접근논리가 바뀌어야 한다는 입장이다. 최상의 디자인 전략은 상황적 특수성에 관계없이 사전에 규명될 수도 없고 그렇게 규명된다고 해도 계획대로 디자인이 실행되지 않는다고 가정한다. 창발적 디자인은 주어진 상황의 복잡성과 애매성의 강도와 수준에 따라 임기응변을 발휘하면서 최적의 디자인 전략을 수립하고 실행하는 과정이다. 창발적 디자인의 핵심 아이디어는 디자인을 실행하기 이전의 계획단계가 아니라 디자인을 실행하는 과정에서 생성된다. 지식생태계를 구성하는 다양한 요소들 간에 언제 어디서 어떤 역동적인 상호작용 활동이 전개될지 사전에 예측하기란 불가능하기 때문에 디자인 계획과 실행의 이분법적 구분을 철저하게 부정한다. 최상의 디자인 전략은 곧 디자인 실행과정에서 부각되는 다양한 변수들을 디자인 과정에 어떻게 반영하느냐에 달려 있다. 창발적 디자인은 이런 점에서 예술적 설계관을 반영하면서도 동시에 성찰적 설계관을 반영하고 있다. 창발적 디자인은 일정한 순서대로 진행되지 않으며 디자이너의 직관적 판단력을 존중한다. 동시에 창발적 디자인은 디자이너의 디자인 과정에 대한 지속적인 성찰과 반성을 통해 디자인 실천과정을 부단히 개선해나가는 성찰적 디자이너를 존중하는 디자인이다.

3. 지속가능한 지식생태계를 디자인하는 4대 원리

아래 제시되는 지속가능한 지식생태계를 디자인하는 원리는 Ryn과 Cowan(1996)이 제시한 5가지 생태학적 디자인 원리를 근간으로 생태학적 설계관을 반영하여 다시 정리한 디자인 원리다. 개성기술적 디자인, 선순환적 디자인, 자기조직화 디자인, 참여지향적 디자인으로 정리해보았다.

1) [지식생태계 디자인 원리 1]
개성기술적 디자인(idiosyncratic design) 현지 문화의 고유함을 살리는 설계(solutions grow from place)

생태계는 저마다 다른 속성에서 자생적으로 형성된다. 토양, 햇빛, 물 등 성장에 필요한 환경이 다르고, 함께 호흡하고 있는 생물들의 종과 관계맺음

방식 또한 다르다. 사막에 습지생태계를 조성할 수 없고, 밀림 속 동식물이 냉·한대 기후 속 동식물의 습성을 따를 수 없다. 생태계를 설계한다는 것은, 여기 무엇이 있는지에 대한 기술적(記述的) 이해와 여기 존재하는 자연이 허용하는 것이 무엇인지, 자연이 우리의 의도와 목적을 어떤 방법으로 도와줄 수 있는지를 문화인류학적으로 이해하는 과정에서부터 시작된다. 어떤 디자인을 통해 현지 상황을 처방하기 이전에 현지 상황적 특수성을 있는 그대로 포착하는 기술적 이해가 선행되지 않으면 어떤 디자인적 처방도 생태계를 오히려 파괴시킬 수 있다. 생태학적 디자인은 해당 지역의 특수성과 고유함에 대한 심층적 이해로부터 탄생한 국부적 지식(local knowledge)을 생성한다. 현지 문화에 대한 국부적 지식은 현지의 지역적, 문화적, 종교적, 지리적 특성에 관한 다양한 스토리로 표현되며, 왜 특정한 방식으로 설계해야 되는지에 대한 정당성과 이유, 그리고 설계 방향과 전략을 결정하는 기초 자료로 활용된다.

현지 문화에 대한 국부적 지식이 풍부할수록 생태학적 민감성(ecological sensitivity)과 적실성(appropriateness) 수준을 높이는 디자인 전략을 구사할 수 있다. 생태학적 민감성은 생태계를 구성하는 하나의 구성요소가 다른 구성요소에게 미치는 영향력이다. 생태계에 따라서 생태계를 변화시키는 민감성은 다를 수밖에 없다. 생태계가 어떤 상황에서 작동되고 있으며 현재 어떤 상태인지에 따라서 생태계 내외부의 변화에 반응하는 민감성 수준이 다를 수 있다. 국부적 지식이 풍부할수록 생태학적 민감성에 부합되는 디자인 전략을 구사할 수 있으며, 나아가 해당 생태계를 움직이는 원리와 충돌하지 않고 조화롭게 유지될 수 있다. 생태학적 적실성은 기존 생태계를 변화시키는 외부적 개입수단이 기존 생태계의 문화적 특수성이나 고유함과 얼마나 잘 부합되는지를 보여주는 지표다. 아무리 효율적이고 효과적이라고 할지라도 특정 문화적 특수성이나 고유함과 부합되지 않으면 오히려 역효과를 불러올 수 있다. 생태학적 민감성에 대응하고 생태학적 적실성을 높여주는 디자인을 하기 위해서는 결국 해당 지역의 지리적 특수성, 전해져 내려오는 전설과 신화, 고유한 놀이와 문화적 특성으로 유지 발전되어오는 특성이 무엇인지를 충분히 기술하고 이해할 필요가 있다. 이런 개성기술적 기술, 문화인류학적으로는 생태계의 고유한 문화적 특수성을 자세하게 기술하는 고밀도 기술(thick description)이 전제될 때 생태학적 디자인은 지속가능성(sustainability)을 확보할 수 있다.

이런 점에서 현지 사정의 특수성과 고유함(idiosyncrasies)에 상응하는 자연주의적 디자인 철학으로 접근하는 게 지식생태계를 디자인하는 원리 중의 원리라고 볼 수 있다. 예를 들면 건축가 Kahn이 자연과 환경, 그리고 사람이 공존하면서 건축의 존재이유를 근본부터 물어보고 자연과 사람과 공동체의 흐름에 가장 잘 어울리는 디자인을 하는 철학과 일맥상통한다. 그는 벽돌과 같은 건축자재를 선택할 때도 벽돌에게 물어본다. 어디에 벽돌을 배치하고 활용하여야 너(벽돌)의 존재이유와 목적에 가장 적합한지를 말이다. 지식생태계 디자인은 해당 공동체의 학습 문화적 고유함을 부각시키는 일이며, 일상적 삶과 어울리며 맞물려 돌아가는 다양한 학습 활동이 유기적으로 일어날 수 있도록 조성하는 일이다. 가장 이상적인 지식생태계 디자인은 생태학적 민감성과 적실성을 살려주는 디자인 원리와 마찬가지로 접근할 필요가 있다. 지식생태계는 저마다의 탄생배경과 상황적 특수성, 그리고 고유한 사회문화적 독창성을 지니고 있다. 어떤 변화개입수단을 활용하여 지식생태계를 디자인하는지에 따라 디자인에 반응하는 방식이나 효과성도 차이가 난다. 어떤 전략은 생태학적 민감성에 반응하여 별 문제가 없지만 시간을 두고 관찰해보면 생태학적 적실성에 맞지 않아서 지속가능하지 않은 디자인 처방전이 나올 수도 있다. 현지 지식생태계의 문화의 고유함을 살리는 디자인에서는 해당 생태계의 적실성을 뒷받침할 수 있는 국부적 지식을 충분히 확보하고 거기에 비추어 적실성을 드높여주는 디자인 원리인지를 판단해보아야 한다. 생태학적 디자인과 마찬가지로 이는 왜 특정한 방식으로 디자인해야 되는지에 대한 정당성과 이유, 그리고 설계 방향과 전략을 결정하는 기초 자료로 활용된다. 궁극적으로 해당 지역의 특수함과 고유함을 존중하고 배려하는 문화로 발전시킬 수 있는 디자인 전략을 구사할 때 지식생태계는 지속가능하다.

2) [지식생태계 디자인 원리 2]

선순환적 디자인(life-cycle design) 생태계의 균형을 고려한 설계 (design based on ecological balance)

본래 인간은 자연과 구분되지 않고 더불어 살아가는 하나의 공동체적 구성원이었다. 하지만 인간과 자연환경을 구분하고, 인간의 자연지배와 개발전략을 정당화하는 기계론적 패러다임이 등장하면서 환경위기와 생태계 파괴로 이어졌다. 전통적인 디자인은 과학기술과 이론을 활용하여 합리적이고 체계적으로 디자인하면 인간이 겪고 있는 불편함을 해소하고 효율을 높일 수 있다고 유혹하기 시작했다. 자연의 흐름과 생태계의 순환원리를 고려하지 않고 인간적 편리함을 극대화시켜 문명을 발전시키는 방향으로 디자인함으로써 풍성한 삶을 누릴 수 있게 되었지만 오히려 예전보다 더 불행한 삶의 악순환이 반복되는 결과를 초래하게 되었다. 이러한 디자인은 생태학적 디자인 전략이 자연과 더불어 살아가려는 인간 본래의 존재 욕구와 욕망을 구현시킬 수 있는 다양한 배려와 조치를 현실화시킬 수 있는 전략을 부단히 모색하는 것과 다르게, 자연의 흐름과 역행하는 디자인 철학과 원리를 암묵적으로 실행하도록 부추겨 왔다. 인간과 분리 독립되어 따로 존재하는 개발대상으로서의 대문자 N으로 시작하는 자연(Nature)이 아니라 인간과 더불어 살아가는 유기적 전체로서의 소문자 n으로 시작하는 자연(nature)을 생각하는 디자인이 바로 생태학적 디자인의 핵심이다.

생태학적 디자인은 인간이 자연과 긴밀하게 연결되어 있으며 공생관계를 맺고 있는 수많은 변수들이 가시적으로 보이지는 않지만 삶에 직간접적인 영향력을 행사하고 있음을 우리 스스로 느껴볼 수 있게 해 준다. 이는 생태학적 디자인 원리가 중요해지는 이유가 된다. 우리 눈에 비가시적인 거대한 자연을 하나의 흐름으로 가시화하여, 인간이 보다 광범위한 생명 공동체의 일부임을 인식하고 우리가 살아가면서 주고받는 에너지의 생태학적 영향력이 서로에게 얼마나 중요한지를 몸소 깨닫게 만들어주는 디자인 원리가 필요한 것이다. 나아가 생태계는 왜 균형을 유지하는 것이 중요한지 다양한 사례를 통해서 보고 느끼고 깨달을 수 있게 해주는 교육이 중요하다. 균형을 무시한 급격한 발전은 결국 생태계를 파괴하는 부메랑이 된다. 따라서 지식생태계를 디자인할 때는 생태계의 균형이 충분히 고려되어야 한다. 생태계의 균형을 고려한 설계란 총체적 시각을 가지고 생태계를 관찰하고, 각각의 사건이 일으키는 영향력을 고려하여 성장할 수 있도록 하는 것을 말한다. 생태계의 구성요인과 사건들은 서로 독립적으로 존재하지 않으며, 상호의존적이기 때문에 그 접점과 균형 등을 조율할 때 공생과 공존을 위한 균형이 만들어진다. 이런 디자인을 구현하기 위해 경제학에서의 회계 개념을 활용할 수 있다. 대차대조표에서 좌변과 우변의 각 합이 일치하는 것처럼 생태계에서 성장을 위해 활용된 에너지와 생산된 에너지는 결국 그 생태계가 갖고 있던 에너지의 총량과 같다. 따라서 생태학적 디자인이 이루어지기 위해서는 의사결정에 필요한 다양한 정보를 필요로 하며, 이를 바탕으로 최적의 환경을 구축하기 위해 노력해야 한다. 생태학적 균형을 고려한 디자인의 예를 들면 특정 제품의 환경적 영향력을 평가함으로서 그것을 생산하는 데 필요한 에너지와 원자재 사용량을 줄이고, 환경을 파괴할 수 있는 맹독성 부산물의 배출을 감소시키며, 기타 부정적 영향력을 미칠 수 있는 변수들을 최소화하는 것을 꼽을 수 있다.

이러한 생태학적 디자인을 하기 위해 필요한 기본적 방법이 생명주기분석(life-cycle analysis)이다. 이것은 우리가 사용하는 모든 물품이 어디서 유래되었으며, 어떤 과정을 통해서 생산되어 유통되고 있고, 우리가 어떻게 사용하고 있으며, 사용하는 과정에서 발생하는 다양한 환경적 영향력을 종합적으로 평가하고 판단하는 것이다. 생명주기분석을 통해서 한 가지 사물이 어떤 희생을 통해서 탄생되었는지, 해당 물품이 사람과 지구상의 생물들에게 끼칠 수 있는 해로운 영향력은 없는지 등을 고려하면서 소멸되어 없어지기까지의 역사적 과정을 종합적으로 리뷰하고 환경적 영향력을 분석할 수 있다. 생명주기분석을 활용한 생태학적 회계는 원자재 추출에서 생산, 유통, 소비와 소멸에 이르는 전 과정에서 일어나는 경제활동의 상대적 영향력을 분석함으로써 어느 단계에서 어떤 조치를 취해야 될지를 결정하고, 설계 대안을 모색할 수 있는 가능성을 제시할 수 있다. 생명주기분석은 생태계에서 활용되는 모든 상품을 탄생과정에서 활용 및 소멸과정을 가시화시켜 보여주고 각각의 과정에서 어떤 부산물을 산출하고 무슨 영향을 끼치고 있는지를 보고 느끼게 해주는 배움의 과정에 안성맞춤의 방법이다. 예를 들어, 우리가 아무 생각 없이 먹다가 버리는 밥은 누구의 어떤 노력을 통해서 밥상까지 올라오는지를, 봄부터 시작해서 가을 추수까지 쌀농사 짓는 농부의 힘든 과정을 상세하게 인식하는 게 중요하다. 힘든 과정을 통해서 탄생한 쌀 한 톨의 존재이유와 소중한 의미를 새롭게 깨달을 수 있을 것이다. 이와 같은 방법을 통해 생태계를 구성하는 모든 요소들을 디자인 대상으로 고려할 경우, 각각의 변수들이 디자인 과정에서 일으키는 또는 발생하는 직간접적 영향력을 종합적으로 고려할 수 있다. 즉, 균형 있는 생태계 성장이 가능해진다.

3) [지식생태계 디자인 원리 3]
자기조직적 디자인(self-organizing design) 자연적 흐름을 중시하는 설계(design with nature)

지식생태계 디자인 원리 2에서도 언급했지만, 생태학적 설계를 위해서는 생태계의 성장과 발전의 과정에서 일어날 수 있는 부정적 영향력을 최소화하는 것이 필요하다. 이는 자연과 파트너십을 형성함으로써 가능해진다. 가장 이상적인 생태학적 설계는 자연의 선순환적 흐름이나 패턴과 일맥상통하는 것으로 자연과 함께 자연과 더불어 공진화하는 설계전략이다. 이는 주변을 바라보는 완전히 새로운 시각을 요구한다. 일례로 쓰레기와 음식이 동일한 자연의 세계라는 것을 인식하는 것이다. 버림과 얻음이 동일한 불증불감(不增不減)의 원리를 통해 생태계의 균형 회복과 지속적인 성장과 유지가 가능해진다. 이를 위해 생태계를 설계할 때, 미미한 환경변화에도 불구하고 어떤 변화가 일으킨 작은 움직임에 자가 발전적으로 대응하는 자기설계 시스템 또는 자기조직화의 메커니즘이 내재되어야 한다. 시스템 내부의 변화로 일어나는 조짐이나 징후를 사전에 파악하고 이에 적절하게 스스로 대처하는 대응원리를 장착함으로써 자연적으로 시스템의 조화와 균형이 유지 발전되도록 설계하는 원리가 바로 자기설계 시스템 또는 자기조직화다. 이것을 통해 생태계는 내적 정합성과 회복탄력성을 지니고 상황 대응적(contingent)으로 변화할 수 있다. 전통적인 엔지니어링은 자연을 어떤 공학적 구조나 프로세스로 대체하지만 생태학적 엔지니어링은 환경적 구조나 프로세스를 그대로 활용하는 설계 전략을 구현함으로써 자연 스스로 엔지니어가 되어 조화와 균형을 맞출 수 있도록 설계한다.

자연의 흐름을 중시하여 설계가 이루어지면 결국 생물다양성(biodiversity)을 촉진하는 과정과 연결된다. 이것은 계통, 분류학적으로 생물이 많은 종으로 분화하고 그 유사 정도가 동일하지 않은 현상으로 유전자 수준, 종 수준, 생활 장소 수준 등에서 많은 생물종이 존재하는 '종의 다양성'만이 아니라 같은 종 내의 '유전자 다양성'이나 동물, 식물, 미생물로 구성하는 '생태계의 다양성'도 포함한다. 생물다양성이 이루어졌을 때 생태계 내부의 생명체의 생존력은 더 강해진다. 살아 있는 체계가 그 구조를 바꾸고, 상이한 구조를 가진 체계로 진화하는 형태발생(morphogenesis)이 일어나며, 시스템 내부의 다양한 변수들이 맺어가는 복잡한 관계와 상호작용으로 일어나는 질적 변화이자 새롭게 부각되는 질서인 창발성(emergence)이 발생한다. 또한 인접하는 군집 구성종이 서로 섞이거나 경쟁관계에 있는 두 가지 식물군 사이에 있는 점이지대로서 매우 넓은 범위로 두 개의 식물군 사이의 점진적인 혼합상태가 나타날 수도 있고, 매우 좁은 범위로 거의 경계선을 형성할 수도 있는 접경지대인 이행대(移行帶) 또는 추이대(推移帶, ecotone)가 형성될 수 있다.[1] 이행대나 추이대는 혼돈의 가장자리처럼 극심한 혼돈 상태에서 안정적인 질서 상태로 변화되어 가는 과정에서 혼돈이 질서를 창조하는 접경지대다. 생태계는 이런 접경지대를 수없이 많이 경험하면서 이전과 다른 생태계의 모습으로 부단히 변신을 거듭하는 것이다.

지식생태계는 이와 같은 전략을 바탕으로 자연의 흐름을 훼손하거나 방해하지 않고 그대로 살리면서 인간과 자연, 그리고 모든 생명체가 공생적 관계를 유지하는 설계 전략을 가져야 한다. 지식생태계를 행위자 네트워크 이

---

1) 참고: 네이버 지식백과, 생명과학대사전, 초판 2008, 개정판 2014, 도서출판 여초.

론으로 바라보면 모두가 서로에게 영향을 미칠 수 있는 독립적인 행위자이면서 동시에 상호 의존적인 행위자다. 지식생태학적 디자인의 핵심은 모든 행위자는 저마다 존재하는 이유가 있으며, 살아가는 방식이 있다는 것이다. 자기조직적 디자인은 이런 행위자의 존재이유와 살아가는 방식을 존중해주고 배려하면서 서로가 서로에게 영향력을 주고받는 가운데 공진화할 수 있는 방안을 모색하는 데 있다. 자기조직적 지식생태계 디자인 원리는 지식생태계 내부나 외부에서 갑작스러운 충격이나 위협적 변화가 와도 내부 행위자들간에 맺고 있는 상호의존적 관계로 영향을 주고받는 가운데 다시 생태계의 항상성을 계속 유지하면서 상황대응적으로 적응해나갈 수 있는 창발적 디자인 원리다. 따라서 창발적으로 대응하는 자기조직적 디자인 원리는 전통적인 디자인 원리처럼 디자인 이전과 디자인 과정, 그리고 디자인 이후가 확연히 구분되지 않는다. 왜냐하면 지식생태계를 구성하는 행위자들 간에 맺고 있는 네트워크상에서 언제 어떤 상호작용을 통해 어떤 일이 발생할지 예측할 수 없기 때문에 디자인의 큰 방향과 목적을 정한 다음 디자인하면서 계속 디자인하는 전략(designing by designing)을 구사할 수밖에 없다. 지식생태학적 디자인은 디자인 이전에 모든 디자인 전략을 완벽하게 구사한 다음 그것을 실행하는 것과 다르다. 오히려 지식생태학적 디자인은 정확히 말하면 매순간이 모두 디자인이다. 디자인은 곧 삶이고 배움이며 변화이자 혁신이다.

4) [지식생태계 디자인 원리 4]

참여지향적 디자인(participative design) 모든 사람이 설계자 (everyone is a designer)

전통적인 디자인 관점은 디자인을 전문적으로 하는 디자이너가 따로 존재하고 나머지 사람은 디자이너가 디자인한 방식대로 실행에 옮기는 방식을 따랐다. 디자인과 디자인 실행이 분리되어 있을 뿐만 아니라 디자이너와 실행자가 이원적으로 분리되었다. 따라서 어떤 문제가 발생하면 디자이너와 실행자는 서로에게 책임을 전가시키면서 문제를 일으킨 당사자는 자신이 아니라고 변명하기에 바빴다. 디자이너와 디자인 실행과정이 분리되는 이유는 평상시에 하는 일상적인 일과 디자인이 엄격히 구분되기 때문이다. 즉 디자인은 필요한 시기에 전문 디자이너가 집중적으로 일정 기간만 추진하면 되고 나머지 기간은 디자인된 대로 실행에 옮기는 일이라고 생각한다. 전통적 디자인의 문제점은 전문 디자이너가 디자인하면 나머지 조직 구성원은 디자인된 대로 참여할 것이라는 가정을 갖고 있다는 데 있다. 사람은 자신이 심혈을 기울여 생각하거나 의도했던 계획을 실행하면서 몰입하고 열정을 발휘하며 동기부여를 받는다. 하지만 나의 의도나 의지와 관계없이 누군가 디자인을 하고 그것대로 따라오거나 참여하라는 일방향적 디자인 전략에는 그렇게 몰입하거나 열정을 발휘하지 않는다.

반면에 생태학적 디자인은 소수의 전문가만이 디자인하는 게 아니라 생태계를 구성하는 모든 행위자가 모두 참여하는 전원참여지향적 디자인이다. 어느 누구도 디자이너 또는 단순 참여자가 아니라 저마다의 전문성과 소중한 경험적 자산을 지니고 있는 참여적 디자이너(participant designer)다. 물론 특정 디자인 주제나 방식에 따라 누군가 주도적인 역할을 발휘할 수는 있다. 하지만 생태학적 디자인 철학이나 원리는 해당 공동체의 문화적 고유함에 내재되어 있으며, 일상적 삶을 위한 다양한 활동을 통해서 배우고 익히는 학습과정이다. 결국 디자인을 가장 잘 할 수 있는 사람은 지금 생태계에 몸담고 있는 모든 구성원이다. 생태학적 디자인은 저마다 지니고 있는 디자인 문제에 대해 저마다 지니고 있는 전문적인 지식과 경험을 활용하여 적용해보고 그 결과를 함께 논의하면서 우리 모두가 원하는 방향으로 디자인 안을 실행해나가면서 주어진 생태계에 대한 이해도를 높여 나가는 과정이다. 생태계역시 정체된 상태로 머물러 있는 서식지가 아니라 부단히 변신을 거듭하는 역동적인 시스템이다. 이런 생태계를 디자인하는 과정은 한 두 사람의 외부 전문가가 주도하고 나머지 사람은 따라가는 방식으로는 활성화시킬 수 없다. 생태학적 디자인은 누가 전문가이고 어떤 지식이 중요한 지식인지에 대한 전문가적 관점과 일방적 판단을 유보한다. 그리고 모든 사람이 지니고 있는 저마다의 경험적 지식과 전문성으로 현재 몸담고 있는 생태계를 지속가능한 생태계로 바꿔나가기 위해서는 어떤 문화적 특수성을 고려해서 생태학적 민감성을 높이고 적실성에 부응해나갈 수 있을지를 정의해나가는 과정을 따른다.

지식생태학적 디자인 과정은 한 사람의 디자이너가 모든 갈등하는 사안을 전지전능하게 결정할 수 없는 복잡한 과정이다. 오히려 이것은 지식생태학적 디자인 과정에 관여하는 수많은 변수들만큼이나 다양한 학습자나 행위자의 적극적인 참여로 이루어지는 학습과정이다. 지식생태계에서 각 행위자들이 처한 상황과 입장은 각기 다르다. 지식생태학적 디자인 과정은 민주주의를 실험하는 가치 지향적 과정이며, 모든 의사결정 과정에서 다양한 이해관계자들의 긴장과 갈등을 조율하는 정치적 결단의 과정이다. 지식생태계는 민주적 의사결정 공동체이자 정치적 합의공동체. 민주적 의사결정 공농체로서의 지식생태계는 전지전능한 한 사람의 전문가가 주도하는 권위주의적 위계조직이 아니다. 오히려 지식생태계는 저마다의 다른 배경과 문제의식, 경험과 전문성을 갖고 살아가는 독립적인 행위자로서 다른 행위자와의 부단한 상호작용을 통해 자신을 성장시켜 나가는 행위자들의 네트워크다. 따라서 내가 살아가는 방식을 디자인하기 위해서는 나 혼자, 내 맘대로 할 수 없다. 나와 관계를 맺고 있는 다른 행위자와 함께 상호의존적으로 디자인해야 한다. 나의 디자인은 다른 행위자의 지식창조 및 공유과정에 영향을 미치기 때문이다. 또한 지식생태계가 정치적 합의 공동체인 이유는 모든 의사결정과정은 가치중립적일 수 없고 특정 정치적 입장이 개입될 수밖에 없기 때문이다. 지식생태계는 저마다의 정치적 입장을 갖고 있는 사람이 협상과 충돌, 혼돈과 질서, 합의와 갈등 과정을 무수히 반복하면서 성장하고 발전하는 생태계다. 여기서는 모두가 디자이너이고 참여자이며 학습자다. 참여자도 방관적 참여자가 아니라 적극적 참여자로서의 디자이너다.

2장

지속가능한 지식생태계의 조건

4차 산업혁명이 화두다. 하고 있는 모든 일과 생각에 4차 산업혁명이 가미되지 않으면 혁명이 아닌 것처럼 느껴질 정도다. 여기저기 4차 산업혁명의 혁명적인 위협에 대해 왈가왈부하고 있지만 그 실체와 본질에 대해서는 아직도 의견이 분분하다. 한 가지 분명한 사실은 4차 산업혁명은 사람과 사람을 연결하는 수준을 넘어서 사물과 사물, 사람과 사물을 연결하는 만물 인터넷과 인간의 지능을 능가하는 초지능성으로 모든 것이 연결되는 초연결성의 시대가 될 것으로 예측된다는 것이다. 때마침 조광수(2017) 〈연결지배성〉의 부제목도 "연결을 지배하는 자가 세상을 지배한다"이다. 이 책에는 다양한 사물 인터넷을 넘어 만물 인터넷이 연결되어 상상초월의 서비스를 제공하는 사례가 자세하게 소개되고 있다. 특히 '크로스(경계를 허물고 서로 엮으며 교차)'해서 수평적으로 연결하면 새로운 서비스가 탄생한다는 '크로스 도메인 연결지배성(cross-domain linkability)'이 비즈니스의 성패를 좌우하는 시대라는 점을 강조한다. 4차 산업 혁명이 주도하는 연결기술혁명은 사고의 혁명이 만들어낸 결과물이고, 사고의 혁명은 은유적 연결의 힘이 만들어간다. 일찍이 Jobs(스티브 잡스)도 "창의성은 관계없는 것을 단순히 연결하는 것이다(Creativity is just connecting things)."라고 하지 않았던가. 여기서 관계없는 것을 물리적으로 연결한들 아무런 의미와 가치가 없다. Jobs가 말하는 연결은 관계없다고 생각하는 두 가지 이상을 연결시켜 이전에 없던 새로운 가치를 창조한다는 말이다. 이전에 없던, 어쩌면 발견하지 못했던 새로운 의미와 가치는 은유적 연결(metaphoric connection)에서 비롯된다. 두 가지 이상의 사물을 은유적으로 연결하면 새로운 사유의 지평이 열린다. 사유의 지평을 무한대로 확장해나가는 그 주인공이 바로 메타포, 은유다.

은유적 연결의 힘은 닮지 않은 두 가지 이상을 연결시켜 닮은 점을 찾아내는 사고의 혁명에서 시작된다. 예를 들면 〈공부는 망치다〉를 보면 공부와 망치는 겉으로 보기에 닮지 않았지만 자세히 보면 둘 사이에는 닮은 점이 있다(유영만, 2016). 망치는 못을 박을 때도 쓰지만 무엇인가를 깨부술 때 사용하는 도구다. 공부 역시 기존의 고정관념이나 타성을 깨부수는 자기 혁명이다. 공부는 망치와 연결되면서 공부에 대한 새로운 사유의 지평이 열린다. 이런 점에서 은유는 역지사지의 도구다. 입장을 바꿔서 내가 상대방이되어 보는 물아일체의 사유에서 새로운 생각이 꿈틀거린다. "은유의 본질은 한 종류의 사물을 다른 종류의 사물의 관점에서 이해하고 경험하는 것이다." 장석주(2017)의 〈은유의 힘〉에 나오는 말이다. 이처럼 메타포는 겉으로 보기에는 이질적이지만 공통점을 찾아 새롭게 연결함으로써 지금 여기서 미지의 저기로 인식의 지평을 열어가는 사유의 촉매제다. '독서는 피클이다'라는 은유를 보자. 독서와 피클은 닮은 것 같지 않다. 하지만 자세히 둘 사이를 역지사지의 눈으로 바라보면 놀랍도록 닮은 점이 있다. 오이에서 피클로 바뀔 수 있지만 거꾸로 피클에서 오이로 돌아갈 수 없다. 독서도 마찬가지다. 독서 이전에는 오이였지만 독서를 통해 생각이 물들고 변해서 피클로 바뀌었다. 독서 이전으로 돌아갈 수 없는 비가역적 변화(irreversible change)가 일어난 것이다.

독서와 피클이 연결됨으로써 독서 이전과 이후의 혁명적인 변화를 피부

로 느낄 수 있는 놀라운 사유의 혁명이 일어난다. 아이디어도 색다른 '발상'
이 아니라 익숙한 것이 낯선 연결을 통해 이루어지는 이연연상(二蓮聯想:
bisociation)이다. 익숙한 독서와 피클이 이연연상 됨으로써 독서에 대한 낯선
사유의 싹이 자라기 시작한다. 독립적으로 존재하는 두 가지 이상을 연결시
켜 의미를 부여하고 없었던 관계를 찾아줄 때 이전에 할 수 없었던 사유의
지평이 열린다. "뛰어난 메타포는 감각의 문으로 들어가 사유의 문으로 나온
다. 사유를 건너 뛴 감각은 가슴만 물들이지만 사유를 관통한 감각은 머리까
지 흔든다." 평론가 신형철(2011)의 〈느낌의 공동체〉에 나오는 말이다. 뛰어
난 메타포가 되려면 자신을 먼저 비틀어야 한다. 기존의 정체성에 정체되어
서는 생각의 물꼬가 트이지 않는다. 독서가 피클이 되고 피클이 독서가 되기
위해서는 서로의 정체성을 스스로 비틀어야 한다. 평론가 신형철의 문맥을
따라가면 독서는 피클 앞에서 자신의 정체성이 뒤틀리고, 피클은 독서를 맞
이하려 스스로를 비틀어 놓는다. 뒤틀린 틈새를 허용하고 끼어들어 독서와
피클은 상대방을 의지하며 새로 태어난다. 먼저 자신을 비틀고 상대를 뒤틀
며 서로의 정체성이 통째로 뒤흔들린다. 산고 끝에 의미가 창조된다. 독서는
피클로 자신을 새롭게 탄생시킨다. 이처럼 은유를 통해 관계없는 것을 연결
하는 자유로운 '상상'을 즐기다보면 색다른 관계로 연상되는 '창의'적인 아이
디어가 탄생되고 마침내 은유를 통해 새로운 '창조'가 시작된다. 결국 은유는
상상으로 시작, 창의로 연결되어 마침내 창조의 신세계를 열어가는 사유의
촉매제다.

메타포를 사용하면 막혔던 하수구가 뻥 뚫리는 것처럼 새로운 사유의 세
계가 열린다. 이런 점에서 메타포는 배움의 대포다. 내가 어떤 메타포를 사용
해서 내 생각을 다른 생각과 연결하는지에 따라 기존에 할 수 없었던 새로운
생각이 잉태되기 시작한다. '공부는 망치다'라는 은유를 사용하면 실제로 망
치처럼 공부를 생각하고 망치를 들고 고정관념이나 타성을 깨부수는 공부를
한다. 내가 사용하는 메타포가 나의 생각과 행동을 결정한다. 메타포가 바뀌
면 내 생각과 행동도 바뀐다. 예를 들면 "결혼은 사랑의 무덤이다"라는 메타
포로 결혼을 비유하면 실제로 그 사람은 결혼 후에 사랑의 무덤으로 들어가

기 시작한다. "스스로 비유를 만들 수 있는 것만이 나의 앎이고, 내가 아는 것만이 나의 삶이에요. 남이 만든 비유를 사용하는 건 남의 집에 세 들어 사는 것과 같아요." 이성복(2015)의 〈무한화서〉에 나오는 말이다. 나의 앎은 내가 비유한 은유적 연결을 통해 확산되고 심화된다. 단도직입적 비유(직유)든 은근한 비유(은유)든 비유는 내 생각을 다른 것에 빗대어 이전과 다르게 생각해보는 비장의 사유다. 은유는 생각에 자유로운 날개를 달아 비상하게 만들고 잠자는 생각을 흔들어 깨우는 각성제다. 은유는 갇혀 있는 생각의 틀을 깨고 새로운 생각의 세계로 인도하는 여유다. 틀에 박힌 생각도 은유로 생각해보면 그 순간만큼은 잠시 동안의 여유를 즐길 수 있기 때문이다. 은유는 그런 여유로움 속에서도 불현듯 전두엽에 내리 꽂히는 생각의 비수다. 어떤 은유를 언제 어떻게 사용하는지에 따라서 부정적인 생각도 긍정적인 방향과 관점에서 새롭게 보이기 시작한다. 이런 점에서 '은유'는 막힌 '사유'를 뚫어주는 '치유'다. 은유로 열리는 자유로운 연상 속에 뇌세포를 뒤흔드는 생각의 죽비가 숨어 있다. 은유로 열리는 사유에서 심장을 파고드는 생각의 연금술이 시작되기 때문이다.

모든 사람과 모든 사물이 인터넷으로 접속되면서 연결과 협업, 소통과 공감, 그리고 융합과 창조가 새로운 화두로 등장하고 있지만 진정한 연결의 힘은 관계없는 것을 연결해서 새로운 의미와 가치를 창조하는 은유적 연결임을 살펴보았다. 연결지배성이 곧 비즈니스의 핵심 화두로 등장하고 있는 시기에 은유적 연결을 통해 창조하는 의미와 가치를 공유하고 새로운 지식을 창조하는 길로 나아가기 위해서는 그 어느 때보다도 개인 차원의 신뢰는 물론 사회적 신뢰가 더욱 중요해질 것이다. 신뢰가 전제되지 않고서는 암시적 은유가 정치적으로 오염되어 다른 의미로 왜곡될 수도 있고 그런 왜곡된 의미를 의도적으로 전파함으로써 사회적 신뢰를 떨어뜨릴 수도 있다. 나와 너, 그들과 우리간의 경계를 자유롭게 넘나들면서 서로의 전문성을 주고받는 연결과 협업, 융합과 창조가 그 어느 때보다도 빈번하게 일어나기 위해서는 사람과 사람 사이를 연결하는 인간적 신뢰의 끈이 더욱 튼실하게 연결될 필요가 있을 뿐만 아니라 나와 직간접적으로 관계를 맺고 있는 모든 사람과 사회적 신뢰가 형성될 필요가 있다.

이런 4차 산업혁명 시대, 무엇보다도 중요한 인간적 미덕은 신뢰다. 사람과 사람을 연결, 새로운 가치를 창조하는 협업과 융합이 빈번하게 일어나기 위해서는 관계를 강력하게 이어주는 신뢰라는 접착제가 필요하다. 사람과 사람 사이의 믿음, 신뢰는 사람과 사람 사이를 튼실하게 연결해주는 접착제. 쌓기는 어려워도 깨지기는 쉽고 깨지면 원상복귀하기가 어려운 유리와도 같다. '신뢰(信賴)'가 생기면 '신용(信用)'이 싹이 트고, '신의(信義)'가 생기며, 마침내 상대에 대한 '신념(信念)'이 자라기 시작한다. 신뢰가 전제되지 않은 지식공유는 피상적 지식만 공유할 뿐 정말 핵심과 본질에 해당하는 지식의 정수는 공유되지 않는다. 신뢰 없는 관계에서 공유되는 것은 피상적 관념이지 체험적 깨달음으로 축적된 신념이 아니다. 인간적 신뢰는 조직 내에서만 필요한 폐쇄적 연대망의 촉진제를 넘어서 나와 관계없는 밖의 사람들과도 믿고 소통할 수 있는 사회적 신뢰로 발전할 필요가 있다. 사회적 신뢰는 정치적 리더십, 제도와 정책에 대한 신뢰, 피해의식의 투명한 해소와 억울함을 호소할 수 있는 제도적 장치 등 사회 전반적인 민주적 절차와 제도 등과 밀접한 관계를 맺고 있다.

오랜 노력 끝에 생긴 인간관계 사이의 신뢰도 실례(失禮)를 범하는 실수(失手)가 잦아지면 금이 가기 시작하고 관계 사이에 경계가 만들어지기 시작한다. 신념은 옳다고 믿는 가치관에 비교적 오랜 기간의 체험적 깨달음이 추가될 때 비로소 생기는 뿌리 깊은 생각이다. 사람에 대한 믿음과 그 사람이 지니고 있는 가치관에 대한 신념은 신뢰 없이는 싹이 트지 않는다. 신뢰를 기반으로 신념이 공유되고 공감될 때 조건 없는 연결과 협업의 꽃이 피는 지식생태계가 조성되고 그 기반 위에서 협업과 융합의 기반이 마련되고 창조의 열매가 열릴 것이다. 생전 만나보지 못한 사람과 초스피드로 연결되고 연결의 맥락에서 관계가 생기는 4차 산업혁명, 그 관계 속에 신뢰가 자라고 신념이 공유될 때 4차 산업혁명의 기술적 혁명은 관계 기반 인간적 혁명으로 꽃을 피울 것이다. 신뢰의 텃밭에서 옳다고 믿는 신념이 공유되는 지식생태계가 조성되고 지속가능하기 위해서는 다음 6가지 원칙이 지켜져야 한다.

1. 지행합일(知行合一)

지식생태계는 먼저 알고 알게 된 것을 실천하는 지행일치(知行一致)를 믿지 않는다. '지행일치'는 앎과 행을 일치시키라는 것이고, '지행합일(知行合一)'은 앎과 행이 분리된 것이 아니라 하나라는 의미다. '알긴 아는데 이런 저런 이유로 실천이 되지 않는다'는 이야기를 할 때, '지행일치'라는 말이 사용된다. 알지만 상황 때문에 실천할 수 없다고 착각하는 것이다. 하지만 '지행합일'의 관점에선 행동하는 그만큼 그 사람이 아는 것이라고 말한다. 왜냐하면 지식생태계에서 앎과 삶은 두 가지 분리된 별도의 활동이 아니라 하나의 통합된 활동이기 때문이다. 앎이 곧 삶이고 삶이 곧 앎이다. 앎으로 삶을 증명하지 않고 삶으로 앎을 증명해나가는 지행합일(知行合一)의 삶이다. 말한 대로 살아가고 사는 대로 말하는 앎과 삶의 일치가 필요하다. 한 사람의 말의 진위여부를 일일이 판정하기는 어렵다. 특히 엄청난 속도로 연결되는 네트워크상에서 말이 지니는 진정성은 위장된 생각의 표현일 수 있지만 행동으로 증명되지 않는 감언이설은 언젠가 밝혀지고 밝혀지는 순간 영원히 사장될 수 있다. 한 사람의 앎과 삶은 옳다고 믿는 신념체계와 톱니바퀴처럼 하나로 돌아갈 때 연결의 네트워크에서 신뢰라는 텃밭은 비옥해지고 그 위에서 신념이라는 식물은 무럭무럭 자랄 것이다. 말과 글, 정치와 현실, 약속과 실천이 일치할 때 지식생태계는 내부적인 인간적 신뢰를 넘어 다른 지식생태계와 사회적 신뢰를 형성함으로써 적극적인 지식교류가 일어날 수 있다.

2. 일관성

상황에 따라 원칙이 바뀌면 변칙이 판을 친다. 공동체는 함께 지켜 나가야 될 원칙과 규칙, 규범과 규율이 있다. 사람의 사정과 상황에 따라 가변적으로 적용된다면 사람들은 그런 원칙과 규칙에 대해 불신감을 품게 된다. 공동체 규모가 커지고 지켜야 될 규칙이 많아지면 원칙이 흔들리고, 원칙이 흔들리면 변칙이 판을 치기 시작한다. 하지만 모든 걸 규칙으로 규제하려는 움직임도 조직의 융통성을 떨어뜨릴 수 있다. 큰 원칙을 정해놓고 일어나는 일의 특수성과 사안의 복잡성에 비추어 도덕적 판단력을 내릴 필요가 있다. 원칙이 흔들리는 경우는 특수한 상황을 고려한 가변적 적용이 빈번해질 때다. 함께 지키기로 약속한 원칙을 상황에 따라 수시로 바꿔서 적용할 경우 구성원은 함께 정한 원칙을 믿지 않고 리더에 대한 신뢰도 무너지기 시작한다. 리더십의 핵심은 입담의 달인에 있지 않고 실천으로 보여주는 솔선수범에 있다. 지식생태계 내부의 행위자간 튼실한 인간적 신뢰는 서로가 합의를 통해 정한 약속과 원칙을 시류에 편승하지 않고 일관성 있게 지켜나갈 때 생긴다. 나아가 대외적으로 하겠다고 선포한 사회적 공약도 여러 가지 어렵고 힘든 상황임에도 불구하고 지켜나가려고 노력할 때 사람은 사회적 신뢰 속에서 더불어 살아가는 공동체를 지향할 수 있다.

3. 약속

약속을 밥먹듯이 지키지 않으면 야속해진다. 약속은 함께 지키기로 합의한 쌍방간의 규약이다. 물론 약속을 지키지 못하는 어쩔 수 없는 상황이 발생할 수 있다. 하지만 약속을 지키지 못하는 대부분의 경우는 이해타산을 따져보고 자신에게 더 이득이 되는 쪽으로 움직이는 당사자의 선택적 행동 때문에 발생한다. 전후좌우 사정을 고려하지 않고 눈앞의 이익에 눈멀어서 일단 약속을 정하는 경우도 문제다. 지킬 수도 없는 약속을 일단 정해놓고 약속 날짜에 핑계를 둘러대기 시작하면 믿음은 깨지고 불신의 장벽이 자라기 시작한다. 약속은 아름다운 구속이다. 지키지 못할 약속을 반복할 경우 신뢰보다 사람 자체가 달리 보이시 시작한다. 약속을 밥 먹듯이 어기면 아예 인간으로 보이지 않을 수도 있다. 다양한 사람들이 방대한 네트워크로 연결되어 있는 경우, 한 사람의 약속 불이행은 지식생태계의 치명적인 약점이나 아킬레스 건으로 작용할 수도 있다. 약속은 말로 표현한 구술적 언약을 넘어선다. 약속은 곧 실천이며 실천은 곧 인간관계는 물론 해당 지식생태계의 존립 기반을 좌우하는 사회적 천명이다. 약속을 개인이든 조직이든 지키지 않을 경우 야속해지기 시작하고 인간적 신뢰는 물론 사회적 신뢰도 급속도로 깨지기 시작한다.

4. 겸손

실력이 있는 사람이 겸손하면 더욱 믿음이 간다. 겸손한 사람은 자신을 내세우지 않고 주변 사람들에 의해 회자된다. 본인이 나서서 무엇인가를 주장하지 않아도 내면에서 우러나오는 인덕으로 그 사람의 인격이 저절로 드러나고 품격으로 오랫동안 기억된다. 겸손은 지식생태계에 관련되어 있는 모든 사람들을 자신에게 배움의 단초를 제공해주는 스승으로 생각하게 만들어주는 미덕이다. 내가 모르는 게 더 많다는 사실과 내 생각도 틀릴 수 있다는 점을 인정하는 미덕은 겸손에서 나온다. 겸손은 배움을 멈추지 않고 부단히 공부하게 만드는 밑거름이다. 겸손은 실력 있는 사람이 보여줄 때 더욱 아름다운 미덕으로 와 닿는다. 실력도 겸손함으로 쌓였다는 점을 간접적으로 보여주고 본인이 지금까지 쌓은 실력도 보잘 것 없는 불완전한 앎일 수 있음을 인정하는 것이다. 왼손과 오른손 외에 사람이 갖고 다녀야 할 손이 바로 겸손이다. 실력과 더불어 미덕을 갖춘 사람이 겸손한 자세와 태도를 보여줄 경우 믿음이 가고 신뢰가 관계 속에서 자라기 시작한다. 상대가 믿고 있는 신념이 순식간에 공감되고 인간관계는 강력한 접착제처럼 공고해진다. 겸손은 리더십을 통해 사회적 신뢰를 쌓아나가는 과정에서도 결정적인 영향력을 발휘한다. 한 국가를 대표하는 대통령의 리더십이나 해당 공동체를 대표하는 지도자의 리더십에서 느낄 수 있는 겸손한 미덕이 발견되면 나와 직접 관계없다고 생각하는 조직에게도 존경심이 생기면서 사회적 신뢰감도 두터워진다.

5. 투명성

의사결정과정이 투명해야 분명한 신뢰관계가 생긴다. 소수 몇 사람만이 공유하고 다른 사람은 모르거나 아예 정보 자체를 알 권리를 차단한 상태에서 밀실 의사결정이 이루어지기 시작하면 불신의 싹은 소리 없이 자라기 시작한다. 어떤 정보가 왜 수집되어 지식으로 가공되고 가공된 지식이 어떤 의미를 갖게 되는지 공론화 과정을 통해서 투명하게 공유될 때 지식에 담긴 구성원의 신념체계가 밝혀질 수 있다. 왜 특정 지식은 구성원들에게 받아들여지고 다른 지식은 받아들여지지 않는지 지식의 유효성과 가치를 판단하는 기준이 무엇인지를 투명하게 공유할 때 사람들은 공동체에서 공유되는 지식에 믿음을 갖게 된다. 좋은 일이든 나쁜 일이든 정보를 투명하게 공개하고 사실을 사실대로 드러내 보일 때 사람들은 믿음을 기반으로 신뢰의 싹을 키우기 시작한다. 어려운 일이 일어나도 발벗고 나서서 도와주는 신뢰의 네트워크가 만들어진다. 투명성은 지식이 창조되는 과정의 투명성이 아니라 창조된 지식이 공동체 내부에서 인정되고 공론화되는 과정의 투명성이다. 지식창조 과정이 투명하지 않는 이유는 불가시적 시행착오와 숙성과정의 산물이기 때문이다. 투명성은 사회적 신뢰를 구축해나가는 가장 핵심적인 요소 중의 하나다. 투명한 의사결정, 투명한 가치 판단, 투명한 인사조치 등 모든 의사결정 과정과 가치판단 과정을 투명하게 공개할 경우 사람들은 이전보다 훨씬 해당 공동체에 대해서 믿음을 갖고 사회적 신뢰가 높아질 것이다.

6. 공정성

판단과 판정에 불만이 없어야 믿고 따르기 시작한다. 다 같이 노력해서 얻은 성과에 대해 모두가 인정하는 평가와 보상 시스템과 제도가 정착될 때 사람들은 열정적으로 몰입하고 자신의 한계를 넘어서는 도전을 감행한다. 주어진 일만 하지 않고 자기 일의 경계를 넘어서는 도전을 감행하는 이유는 일을 통해 자신이 발전한다는 믿음과 더불어 발전하는 과정을 지켜봐주고 결과를 믿고 지원해주는 조직적 지원기반이 있기 때문이다. 힘들게 노력한 결과를 공정하게 인정해주고 그 결과가 지니는 의미와 가치를 다같이 인정해줄 때 성과를 냈다는 자랑보다 성과를 만들어낸 과정에서 투자된 자신의 노력과 함께 했던 사람들의 노고가 의미 있게 다가오는 것이다. 사람은 의미의 동물이다. 자신이 하는 일을 누군가 인정해주고 그 의미를 높이 평가해줄 때 한계를 뛰어넘는 도전을 감행한다. 그렇지 않고 열심히 하지 않는 사람에게 특정한 이해관계를 빙자해서 불공정한 평가나 보상이 주어질 때 더 이상 열정적으로 몰입해서 일할 이유가 없어지고 사기가 떨어진다. 공정하지 않은 평가가 자주 일어나면 힘들게 쌓은 신뢰의 연대는 사정없이 무너지고 함께 할 수 없다는 불신이 자라기 시작한다. 이렇게 되면 예전의 연대를 구축하기 어

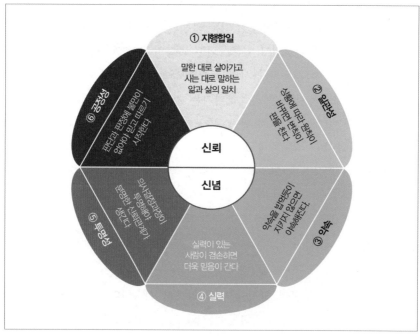

[그림 3.1] 신뢰를 쌓고 신념으로 발전시키는 방법

려워진다. 공정성은 사회적 신뢰를 보장하는 마지막 보루다. 공정하지 않다는 생각이 어느 한 가지 정책이나 시행되고 있는 제도에서 불거지기 시작하면 그동안 쌓아온 사회적 신뢰는 순식간에 무너진다. 모든 제도나 정책으로 혜택을 보는 사람은 그에 상응하는 자격요건을 갖추고 있음이 공정하게 평가되고 보상될 때 사람들은 해당 공동체의 리더십을 믿고 따르기 시작할 것이다.

　지식생태계는 지식생태계이기 이전에 지식을 창조하고 공유하며 활용하는 구성원들 간의 신뢰생태계다. 신뢰 없는 지식생태계(知識生態界)는 생태학적 지속가능성을 잃어버린 지식사태계(知識死態界)다. 지식을 창조하고 공유하는 사람들 간에 '신뢰(信賴)'가 생기면 '신용(信用)'이 싹이 트고, 신의(信義)가 생기며, 마침내 상대에 대한 '신념(信念)'이 자라기 시작한다. 신념 없는 개념은 관념이다. 지식창조 주체들 간의 신념이 개입된 개념이라야 관념의 파편으로 전락하지 않고 살아 숨쉬는 개념으로 와 닿기 시작한다. 지식생태계가 활성화되기 위한 필요조건은 지식생태계 구성원들 간의 신뢰생태계를 구축하는 일이다. 신뢰 없는 지식생태계는 실례가 될 뿐이다.

3장

지식생태계 생명력 강화방안

생태계는 기본적으로 인간의 의도적 개입 없이도 자연스럽게 성장하고 외부와 부단하게 에너지를 주고받으며 성장하며, 문제가 발생했을 때에도 자기조직적으로 치유되거나 해결되는 개방적 체계다. 지식생태계 역시 지속가능하기 위해서는 유지와 발전에 필요한 에너지원인 정보나 지식을 외부와 부단히 주고받는 개방적 생태계여야 한다. 여기서 말하는 지식생태계의 에너지원은 지식생태계 내부의 문제해결이나 색다른 문제의식을 발아 및 육성하기 위해 필요한 정보나 지식 자원이다.

건강한 생태계는 생태계를 구성하는 요소가 다양하고, 그 안에서 활발한 에너지 교환이 일어난다. 다양한 생명체가 어울리며 다투지만 싸우지 않고 서로가 서로에게 영향을 미치며 공생한다. 이와 마찬가지로 건강한 지식생태계는 다양한 지식창조 주체의 개성이 어울려 다름과 차이를 존중하면서 다양성의 꽃을 피우며, 지식의 창조 및 활용과 공유과정이 내·외부적으로 부단히 일어난다. 다양한 지식주체의 다양한 상호작용은 지식생태계의 지속가능성을 높이는 중요한 요인이 된다.

생태계는 다양한 종들이 때로는 경쟁하고 때로는 상생하면서 예측불허의 내외부적 변화무쌍함을 보여주면서 성장과 발전을 거듭한다. 때로는 생각지도 못한 환경적 위협으로 인해 안정적인 생태계 흐름에 교란이나 파괴가 생겨 극심한 혼란을 겪다가도 자기조절적 메커니즘에 의해 다시 안정과 평화를 되찾기도 한다. 건강한 생태계는 이처럼 다양한 변화를 수시로 겪으면서 환경변화에 능동적으로 적응해나가는 복잡한 체계다. 지식생태계도 마찬가지로 예측할 수 없는 또는 사전 계획에 없었던 우발적 사건이나 우연한 마주침으로 색다른 현상이 발생한다. 하지만 의도된 산물을 생산하는 과정보다 우연한 기회에 마주치거나 발생하는 부산물에서 유의미한 가치가 발견되는 경우가 많다. 지식생태계는 즐거운 학습활동이 자발적, 자율적으로 일어날 수 있도록 하는 여건 조성과 촉진원리가 내재되어 자기조직적 학습이 지속적으로 발생하는 생태계이다. 자발적이고 자율적인 학습활동은 후속적으로 일어나는 지식창조 및 공유 과정에서도 그대로 영향을 미친다. 이러한 학습은 의도적인 목적과 문제의식에 따라 일어나는 경우도 있지만 생태계 내부의 구성요소간 우발적 마주침과 상호작용으로 인해 창발적으로 일어나는 경우도 많다.

지식생태계에서 일어나는 학습과정과 결과는 협업과 융합을 통해 저마다의 사연을 만들어나가면서 호혜적인 공감대를 형성하는 과정이다. 서로가 서로에게 가르치고 배우면서 교학상장의 미덕을 실현해나는 상호의존적 깨우침의 공동체가 바로 지식생태계다. 따라서 즐거운 학습활동을 통한 건강한 지식창조 및 공유과정은 지식생태계 내에서 이루어지는 보람찬 성과 나눔과 행복한 일터 조성의 전제 조건이기도 하다.

즐거운 학습이 일어나 건강한 지식이 창조 및 공유되고 보람찬 성과의 나눔을 통해 행복한 일터를 꿈꾸는 지식생태계를 활성화시킨다는 말은 어떤 의미일까? 지식생태계에서 즐거운 학습이 지속적으로 일어나 건강한 지식이 끊임없이 창조, 공유되면서 필요한 문제를 해결하거나 기회를 발견하는 과정을 촉진하는 전략을 모색한다는 말이다. 보다 구체적으로 말하면 지식생태계의 활성화 전략은 즐거운 학습을 촉진시키는 조직적 갱생의 원리, 건강한 지식을 창조하는 창발적 관계성의 원리, 보람찬 성과를 나누는 호혜적 공감의 원리, 행복한 일터를 가꾸는 상호의존적 깨우침의 원리가 실제로 구현되면서 활력 넘치는 생태계로 거듭나기 위해서 모색되는 전략이다. 이를 위해서 지식생태계는 지식생태계를 유지하고 발전시키는 학습 및 지식창조의 주체인 사람이 즐거운 학습활동과 건강한 지식창조 및 공유과정을 촉진하는 문화와 환경, 제도와 시스템을 설계하고 실행하는 전략이 필요하다. 지식생태계를 구성하는 요소를 다시 분류하면 지식생태계에서 지식을 창조하고 공유하거나 소비하는 주체인 사람, 사람이 지식을 창조하고 공유하며 소비하는 활동을 직간접적으로 지원하는 모든 환경적 요인, 예를 들면 문화, 제도, 시스템을 총칭한다.

지식생태계 활성화 전략은 지식생태계를 구성하는 각각의 구성요소들이 지속가능한 지식생태계로 성장하고 발전할 수 있도록 각자의 위치에서 저마다의 역할과 책임을 다함은 물론 구성요소간 창발적 상호작용이 활발하게 일어날 수 있도록 촉진하는 전략이다. 여기서는 정책지식생태계 생명력 강화를 위한 7대 조건을 연구한 대한민국정책지식생태계 모형을 중심으로 새롭게 통합 설계한 5대 지식생태계 활성화 전략을 살펴본다(김선빈 외, 2007). 이 연구가 제시한 정책지식생태계 활성화를 위한 7대 조건은 주체적 열림의 유지, 사회적 신뢰의 형성, 구조화된 다양성의 증진, 지식순환의 효율화, 생성적 관계의 형성, 자기조절 능력의 구비, 새로운 시도의 추구다. 이런 7대 정책지식생태계 활성화 조건을 지식생태계 활성화 전략에 적합한 개념과 의미로 재해석하여 새롭게 구성한 다음의 5대 지식생태계 활성화 전략을 모색해본다.

1. 외부 지식생태계와의 개방적 네트워크 구축: 지식생태계의 지속가능성 확보를 위한 전제 조건

본래 주체적 열림은 생태계 내부는 물론 외부와의 적극적인 상호작용을 통해 에너지를 주고받는 과정을 지칭한다. 모든 생태계는 주체적 열림을 전

[그림 3.2] 지식생태계 활성화를 위한 5대 전략

제로 성립된다. 주체적 열림 없이 생태계는 존재할 수 없다. 다만 주체적 열림의 강도나 수준이 생태계가 처한 환경이나 조건에 따라 다를 수 있다. 이런 주체적 열림의 유지라는 말을 지식생태계 활성화 전략에 맞는 개념과 원리로 바꾸기 위해 외부 지식생태계와의 개방적 네트워크 구축으로 재개념화하였다. 외부 지식생태계와의 적극적인 네크워크가 구축되기 위한 전제조건으로 내부역량의 축적과 위기의식의 조성이 필요하다. 아무리 좋은 지식이 외부에 있어도 내부적으로 그런 지식을 흡수해서 내부적 이슈를 해결할 의향이 없거나 그런 지식을 받아들일 수 있는 내부 구성원들의 수준이 안 될 경우 외부지식은 빛 좋은 개살구에 불과하다. 외부 지식생태계와의 활발한 교류가 일어나는 개방적 네트워크 구축은 기술적 문제이기도 하지만 더욱 중요한 관건은 이를 통한 활발한 정보교류의 필요성을 느끼는 구성원의 위기의식과 역량의 문제다. 외부 지식생태계와의 개방적 네트워크를 구축하기 위해서는 그래서 기존 내부 지식만으로는 안 된다는 위기의식을 조성하기 위해 의도적으로 문제를 제기할 필요가 있다. 건강한 지식의 창조를 위해서는 내외부를 막론하고 이종 지식간 창조적 마찰을 통한 긴장과 마주침의 장이 의도적으로 조성될 필요가 있다. 우연한 영감은 내외부 이종 지식간 호혜적 상호작용과 창발적 마주침 또는 창조적 마찰을 통해 구성원들의 인지구조에 불협화음이 일어날 때 발생한다.

지식생태계가 활성화되기 위해서는 외부와의 끊임없는 정보교환이나 아이디어 교감을 통해 지식생태계를 유지하고 성장시키는 주체들의 인지구조를 흔들어놓아야 한다(이홍, 2008). 낯선 지식과의 인지적 접촉을 통해 기존 지식으로 안정된 조화상태를 유지하는 인지구조에 불균형 상태나 부조화 상태를 유발할 때 구성원은 인지적 불균형을 해소하기 위해 자기 창조 학습과정에 뛰어들어 몰입한다. 의도적으로 문제를 제기하면 현재 지식수준만으로는 문제를 해결할 수 없다는 창조적 긴장감과 적극적인 문제의식이 생기고 이를 해결하기 위한 노력의 강도가 높아진다(이홍, 2004). 의도적으로 제기된 문제를 해결하기 위해서 기존 내부지식만으로 부족하다는 판단이 들 경우 이에 적절한 외부 지식을 흡수하거나 내부적으로 새로운 지식을 창조하기 위해 이전과 다른 강도로 노력을 전개하게 된다. 이때 기존 지식과 다른 관점을 지니고 있는 이종 지식과 마찰이 일어날 수도 있다. 하지만 내부적으로 새로운 지식이 창조되기 위해서는 기존 지식이 갖고 있는 한계나 문제점을 인식하고 필요에 따라서는 기존 지식을 과감히 버리는 폐기학습(unlearning)이 필요하다. 폐기학습 없이 새로운 지식을 수용할 경우 오히려 불필요한 노력이나 비효율적 수용과정으로 인해 역기능적 폐해가 발생할 수도 있다. 학습을 통한 자기 창조나 변신이 일어나기 위해서는 먼저 기존 지식이나 상식을 버리고 고정관념을 창조적 파괴하는 버리는 학습이 먼저 일어나고 새로운 지식으로 채우는 학습이 후속적으로 일어나야 한다(이홍, 2008). 먼저 비우고 채우는 학습전략이 활성화될 때 외부 지식생태계와의 적극적인 교류도 보다 활발하게 일어날 수 있다.

2. 우발적 마주침을 촉진하는 새로운 시도의 추구: 지식생태계의 지속가능성을 주도하는 주체의 결단

지식생태계는 인간이 의도적인 목적을 갖고 인위적으로 조성한 생태계다. 따라서 지식생태계에서 창조, 공유, 활용, 소멸되는 모든 지식은 어느 정도 목적성을 갖고 있다. 하지만 지식생태계를 구성하는 요소와 외부 지식과의 우연한 만남이나 의도적 마주침으로 생각지도 못한 새로운 지식을 잉태하거나 창조할 가능성은 얼마든지 열려있다. 지식을 창조하는 여정에서 우연한 사건과의 마주침으로 내 생각의 틀이 깨지고 기존과 다른 생각의 임신이 시작되는 경우가 많다. 프랑스의 철학자 Deleuze와 Guattari가 창안한 '리좀 (rhizome)'이라는 개념이 시사하듯 새로운 지식의 창조도 낯선 개념이나 지식과의 우발적인 접속이 끊임없이 이어지는 가운데 인식의 지평이 확산되고 깊이가 심화되는 과정이다. 리좀은 시작도 끝도 없이 무한대로 뻗어나가는 사이와 중간이고, 종단하면서 횡단하는 가운데 다양한 접목과 융합을 시도한다. 마찬가지로 지식의 창조도 하나의 가치관을 중심에 설정해놓고 그것을 기점으로 위계적 관계를 만들어나가는 사고과정이 아니라 시작도 끝도 없는 가운데 부단한 접속과 접목을 통해 어제와 다른 지식이 창조되고 소멸되는 과정이다. 살아가면서 만나는 우연한 만남이나 마주침은 그 어떤 가르침보다 강력한 깨우침과 뉘우침을 줄 수 있다. 새로운 지식이 부단히 창조되려면 지식생태계 구성원들로 하여금 생각지도 못한 우연한 마주침을 맞이할 수 있는 계기나 전기를 마련해 줄 필요가 있다. 우연히 떠오른 생각의 단상이 혼돈이론의 '초기 조건에의 민감성' 또는 '나비효과'처럼 어떤 심오한 지식을 창조하는 단초가 될지는 아무도 모른다.

평온했던 지식생태계를 혼란에 빠트리거나 교란시켜 극심한 혼돈을 경험하고 다시 안정을 찾는 과정에서 지식생태계는 이전과 다른 모습으로 변신을 거듭한다. 지식생태계가 기존의 순환적 흐름을 따라가지 않고 갑작스러운 내부적 변화가 일어나거나 외부적 위협이 가해질 때 지식생태계는 이전과 다른 방식으로 대응하기 시작하면서 색다른 적응기제를 발전시킨다. 건강한 지식 생태계는 현존 생태학적 순환에 머무르지 않고 색다른 시도를 통해 기존 생 태학적 상상력에 새로운 가능성의 씨앗을 뿌린다. 새로운 가능성의 씨앗은 이전에는 해보지 않았던 시도나 도전을 통해 체험적 깨달음을 축적하고 공유 하는 시도를 말한다. 시도와 도전, 모색과 실험이 반복되는 가운데 좌절과 절 망의 나락으로 떨어지기도 하고 성공과 환희의 기쁨을 구가하기도 한다. 건 강한 지식생태계는 안정적인 조화 상태를 유지하기보다 색다른 긴장감을 유 발하는 도발적인 문제제기와 도전적인 실험을 통해 시행착오와 우여곡절을 경험하지만 그 속에서 소중한 체험적 지혜를 배워나간다.

Jones과 그의 연구진들(1994)은 두 가지 다른 유형의 생태계 설계방식을 논의하였다. 첫째는 살아 있는 나무나 기존 나뭇가지를 활용하여 새로운 환 경을 조성하는 타생적 설계자(allogenic engineer)다. 둘째는 나무가 자라서 숲 이 되는 것처럼 스스로 변신을 거듭해서 일정한 형태의 생태계를 조성하는 자생적 설계자(autogenic engineer)다. 지식생태계를 이끌어가는 리더 입장에 서는 지식생태계를 부단히 활성화시키기 위해서는 위 두 가지 설계방식을 모 두 채택할 필요가 있다. 지식생태계도 타생적 설계자로서의 리더가 나타나 기존 지식생태계에 새로운 변형을 가함으로써 이전과 다른 지식생태계 모습 으로 변신을 시도할 수 있다. 한편 자생적 설계자로서의 리더는 기존 지식생 태계를 구성하는 요소들이 본래의 움직임대로 선순환되는 과정을 방해하는 요인을 제거하거나 촉진하는 전략을 사용할 수 있다.

3. 호혜적 공감대 조성을 통한 사회적 신뢰 형성: 지식생태계의 활력 에너지 흐름의 기반이자 토대

지식생태계를 구성하는 요소의 중심에는 이를 활성화시켜 활발한 지식창 조 및 공유과정이 일어나게 만드는 주체인 사람, 즉 학습자나 지식창조자가 있다. 지식생태계에서 이루어지는 학습이나 지식창조는 혼자 전개하는 독립적인 활동이기보다 지식생태계를 구성하는 다른 사람들은 물론 환경적 변수나 제도 및 시스템의 도움을 받아 전개되는 사회적 협력활동이다. 무엇보다도 내가 깨달은 교훈이나 깨달음을 다른 내부 구성원과 공유하고, 나아가 지식생태계 외부 구성원들과 적극적으로 교환하거나 교류하기 위해서는 사람간에 튼실한 신뢰가 구축되어 있어야 한다. 신뢰 없는 지식공유는 피상적 정보나 겉도는 사연과 배경정보만이 공유될 뿐이다. 내가 상대방을 믿지 않을 경우 마지못해서 정보를 공유하지만 핵심 지식과 노하우는 공유하지 않는다. 신뢰가 전제되지 않는 인간관계는 피상적 관계맺음에 지나지 않기 때문에 그 사이에 활발한 지식교류나 공감대가 형성되지 않는다. 나와 너 사이에 흐르는 신념이 둘 사이의 연대와 관계를 튼실하게 만드는 접착제다. 믿지 않는 관계나 연대는 외부적 충격이나 위협에 쉽게 무너진다. 모든 지식은 사이에 흐르는 흐름이라면 흐름을 방해하는 불신은 관계형성은 물론 사회적 연대망을 구축하는 데 심각한 장애요인이나 방해요인이다. 신뢰는 나와 타자 사이에 공감대의 폭이 넓을수록 쉽게 형성된다. 나의 체험적 깨달음이 다른 사람에게 쉽게 공감될수록 상대는 나의 체험적 지혜나 깨달음을 수용하고 이를 다른 사람과 공유할 가능성도 높아진다.

　　지식생태계가 활성화되기 위해서는 인간적 신뢰를 넘어서 사회적 신뢰가 형성되어야 한다. 인간적 신뢰가 두 사람 사이의 오랜 인간관계로 생긴 개인적인 신뢰라고 한다면 사회적 신뢰는 인간적 믿음의 고리를 넘어 사회적 연대를 구축할 수 있는 신뢰다. 사회적 신뢰는 단순히 두 사람 사이에 오고가는 정으로 구축된 따뜻한 인간적 믿음의 관계를 넘어선다. 사회적 신뢰는 구성원간 신뢰는 물론 외부 고객과의 신뢰를 의미한다. Fukuyama(1999)는 사회적 신뢰란 사회적 자본(social capital)을 구성하는 데 중요한 역할을 한다고 했다. 그에 따르면 신뢰는 공동체 내에서 예측 가능한 약속이다. 신뢰가 두텁게 형성된 사회는 불필요한 규제와 법치, 사회적 비용을 줄여준다고 한다. 인간관계를 규정하는 법에 대한 의존이 크면 클수록 신뢰는 작아진다고 설명한다(Fukuyama, 1996). Cohn과 Prusack(2001)에 따르면 사회적 자본이란 "사람과 사람이 적극적으로 연결되어 있는 상태를 지칭하는데 여기에는 인간적 네트워크와 커뮤니티를 공고하게 만들어 주는 공유된 가치와 행동으로 상호 간의 협력적 실천을 가능하게 만드는 것"(Chon & Prusack, 2001, p.4)이라고 설명하고 있다.

Woolcock(1998)은 사회적 자본을 두 가지로 구분한다. 첫째, 비교적 동질적인 집단 내에서 또는 집단 간의 관계를 의미하는 '접합 사회적 자본(bonding social capital)'이다. 둘째는 비교적 이질적 집단 또는 집단 간의 관계에서 형성되는 '연결 사회적 자본(bridging social capital)'이다. 건강한 지식생태계가 활성화되기 위해서는 접합 사회적 자본보다 연결 사회적 자본이 형성될 필요가 있다. 이종 지식 간 마찰이나 충돌이 일어나고 색다른 지식융합을 통해 제3의 지식이 창조되고 공유되기 위해서는 이질적 구성원 또는 집단 간의 의도적이고 우연한 만남이 일어날 수 있는 조건을 창출하고 여건을 조성할 필요가 있다. 그렇게 하기 위해서는 기존 지식에 새로운 시각이나 관점을 불어넣어줄 수 있는 색다른 배경을 지니고 있는 구성원을 의도적으로 유입하거나 색다른 지적 충격을 줄 수 있는 외부 지식생태계와의 의도적인 만남을 정례화시킬 필요가 있다. 다양한 구성원들이 특정 이슈에 대해 활발한 의견교환이 이루어지고 구성원의 자발적 참여로 학습활동에 열기가 더해지면 예측할 수 없을 정도의 강력한 학습 파동이 수평적으로 확산되면서 창발적 학습이 불꽃처럼 타오를 수 있다. 이런 창발적 학습파장이 다른 지식생태계로 수평적 확산이 일어날 때 공진화(co-evolution)가 일어나고 더 멀리까지 오랜 기간 확산되면 공명현상이 발생한다(이홍, 2008). 호혜적 공감대가 공명의 장으로 확산 전파되면서 지식생태계는 더욱 활기를 띠게 될 것이다.

4. 창발적 깨우침을 지원하는 지식공유 문화와 마당 조성: 즐거운 학습과 건강한 지식 창조를 위한 토양 마련

지식생태계는 어제와 다른 지식이 부단히 창조되고 적용 또는 활용되며 공유되다가 필요한 시기에 소멸되는 과정이 선순환적으로 반복되는 생태계이다. 지식의 원활한 흐름과 순환을 위해서는 이를 촉진하는 문화와 지식마당이 조성될 필요가 있다. 문화는 일종의 토양이다. 토양이 좋지 못하면 그 위에 아무리 강한 식물을 심어도 잘 자랄 수 없는 것처럼 학습문화가 조성되지 않으면 즐거운 학습은 물론 건강한 지식이 창조되고 공유되지 못한다. 지식생태계의 활성화 여부는 곧 다양한 지식이 자유롭게 창조되고 공유될 수 있는 학습문화 조성여부에 달려 있다. 지식생태계를 활성화시킬 수 있는 학습문화는 크게 몇 가지로 정리될 수 있다. 첫째, 색다른 깨우침은 낯선 마주침에서 비롯된다. 현실에 안주하지 않고 낯선 문제를 제공해주고 이전과 다른 방법으로 해결할 수 있는 기회와 무대를 제공함으로써 기존 지식으로 해결할수 없다는 판단이 들게되면 지식생태계는 외부로부터 색다른 지식을 유입하거나 기존 지식을 능가하는 새로운 지식을 창조하기 위해 이전과 다른 노력을 경주한다. 둘째, 색다른 깨우침은 성공체험보다 실패체험에서 비롯되는 경우가 많다. 지식생태계는 색다른 실험과 모색, 도전과 모험 속에서 실패와 좌절을 경험하면서 얻는 색다른 깨달음을 공유하는 지식공동체다. 성공체험의 공유보다 실패체험을 공유하는 가운데 색다른 실력을 쌓아나가는 과정을 촉진하는 학습문화를 조성할 때 지식생태계는 그 어느 때보다도 활성화될 수 있다. 셋째, 다름과 차이가 존중되는 학습문화가 지식생태계 활성화의 관건이될 수 있다. 즐거운 학습은 나와 다른 주장과 의견을 만날 때 잡종교배가 일어나면서 촉진된다. 내가 몰랐던 사실, 나의 생각으로는 도저히 생각해낼 수 없었던 색다른 아이디어를 얻는 과정과 그런 과정을 집단적으로 즐기는 가운데 재미있고 의미있는 학습성과가 창조된다.

모든 생명 시스템의 본질은 자기 자신을 창조적으로 만들어서 어제와 다른 모습으로 부단히 변신하는 데 있다(Shimizu, 2010). 지식생태계의 본질은 어제와 다른 지식을 창조하고 그 지식으로 이전과 다르게 세상을 바라보는 안목을 육성하는 데 있다. 궁극적으로 지식에 머무르지 않고 체험적 지혜로 발전시키기 위해서 구성원의 다양한 문제의식을 공유하는 문화조성과 더불어 일본의 경영학자 Nonaka가 주창한 지식공유마당(bar)을 조성할 때 지식생태계는 더욱 활성화될 수 있는 기반을 마련할 수 있다(Nonaka & Toyam, 2003).

이들에 따르면 지식은 다음 네 가지 단계가 선순환되면서 창조되고 공유된다. 첫째, 사회화(socialization) 단계로서 쉽게 매뉴얼로 표현할 수 없는 암묵지를 다시 고차원의 암묵지로 전환하는 단계다. 암묵지는 속성상 말이나 교육으로 전수할 수 없기 때문에 해당 노하우를 갖고 있는 사람과 직접 인간적 접촉을 통해 배울 수밖에 없다. 둘째는 암묵지를 쉽게 매뉴얼로 표현할 수 있는 형식지(explicit knowledge)로 전환하는 외재화(externalization) 단계다. 암묵지를 전수할 수 있는 방법이 제한적이라서 이를 매뉴얼이나 문서로 전환, 불특정 다수를 대상으로 효율적으로 공유할 수 있는 방법이다. 문제는 암묵적 지식이 모두 명시적 지식으로 전환되지 않는다는 데 있다. 세번째 단계는 다양한 곳에 산재한 형식지를 수집, 분류, 편집, 가공하는 연결화(combination) 단계를 통해 제3의 형식지를 창조하는 과정이다. 네 번째 단계는 형식지를 암묵지로 내면화(internalization)시키는 단계다. 이 단계에서 가장 비약적인 학습이 일어난다. 다른 사람의 형식지를 나의 체험적 깨달음을 추가해서 암묵지로 전환하는 과정이다. 각 단계별로 지식생태계는 어떤 활성화 전략을 사용하여 지식 전환이 원활하게 일어나게 할 수 있는지는 해당 지식생태계의 사안과 이슈에 따라 달라질 수 있다. 지금까지 설명한 네 가지 단계는 1회에 그치는 것이 아니라 나선형의 형태로 지속적으로 반복되면서 늘 새로운 지식이 창조되고 공유되는 영원한 미완성의 여정이다.

5. 지식창조와 적용과정을 정착시키는 제도와 시스템 마련: 지식생태계의 지속가능성을 촉진하는 인프라 구축

지식생태계는 자연생태계와 달리 지식창조 및 공유과정에 적극적인 참여를 유도하는 의도적인 촉진기제와 지원 메커니즘이 있다. 지식생태계는 전술한 바와 같이 모든 구성요소가 저마다 주체적인 존재이유와 활동양식을 갖고 있는 행위자 네트워크다. 행위자 네트워크는 사람뿐만 아니라 기술이나 제도 또는 시스템도 다른 행위자에게 영향을 미칠 수 있는 또 다른 행위자다. 즐거운 학습활동을 촉진하는 기제는 제도이고 건강한 지식을 창조하는 지원 메커니즘은 시스템이다. 제도와 시스템은 한 번 구축하면 영원히 유지되는 게 아니라 지속적으로 보완하고 상황에 따라 본래의 목적과 용도를 변경해서 새롭게 개선하지 않으면 제도와 시스템을 구축하지 않은 것보다도 못한 역기능과 폐해를 일으킬 수 있다. 지식창조와 적용과정을 정착시키기 위해서는 지식생태계 내부에서 끊임없이 자발적인 학습이 일어나고 이를 구성원들이 적극적으로 공유하는 참여가 이루어질 수 있도록 지원하고 촉진하는 제도적 기반이 필요하다. 물론 가장 이상적인 지식생태계는 자연생태계처럼 강제적인 참여를 독려하는 어떤 외부적 개입 수단이나 내부적인 제도도 필요 없다. 하지만 지식생태계는 인간의 의도적인 목적과 지향성을 갖고 인위적으로 만든 생태계다. 이런 지식생태계가 본래의 존재이유를 상실하지 않고 일정한 목적의식이나 위기의식을 기반으로 즐거운 학습과 건강한 지식창조가 지속적으로 전개되기 위해서는 이런 활동을 촉진하고 지원하는 일정한 제도적 뒷받침이 필요하다. 학습은 자율성과 자발성이 전제될 때 스스로 몰입하고 집중한다. 개인차원의 학습이 집단학습이나 조직학습으로 승화되거나 발전되기 위해서는 모종의 조치나 이를 지원하는 제도적 기반이 필요하다. 일을 통해 성과를 내는 것처럼 학습을 통해 필요한 지식을 창조하는 개인이나 팀에게 일정한 보상을 해주거나 인센티브 차원에서 유인하는 제도적 지원 장치가 필요하다. 궁극적으로 제도는 없어지거나 일상적 업무의 한 부분이나 구성요소로 자리매김되어 사람이 의식하지 않아도 자연스럽게 제도를 활용하는 수준으로 제도화 또는 내재화되는 게 가장 이상적이다. 외재적 동기를 유발하는 제도는 장기적으로 내재적 동기를 유발, 제도적 기반이나 지원 없이도 학습자나 팀이 자발적이고 자율적으로 학습활동에 몰입하고 집중해서 개인의 삶은 물론 조직도 행복한 일터로 탈바꿈될 수 있어야 한다.

시스템은 지식공유 과정을 촉진하는 내부 지원 시스템과 새로운 지식자원을 지속적으로 습득할 수 있는 외부지원 시스템을 들 수 있다. 내부 지원 시스템은 한 동안 기업에서 유행했던 지식관리 시스템이나 사내 지식창고 등을 들 수 있다. 이런 지식경영 시스템이 기대와는 다르게 성공적으로 운영되지 못했던 가장 주요한 원인은 시스템 구축에 의의를 두고 변화관리 차원에서 지속적으로 업데이트를 하지 않았다는 데에서 찾을 수 있다(SK C&C, 유영만, 1999). 냉장고에 신선한 음식이 없으면 어린 아이가 냉장고 문을 열지 않듯이 지식창고에도 나의 업무와 직접 연관되는 아이디어나 고민하는 화두의 단서를 얻을 수 없다면 지식관리시스템을 찾는 일은 없을 것이다. 다양한 지식자원이 지속적으로 업데이트 되거나 분류, 가공, 지원되지 않는다면 지식관리시스템은 서서히 흐르지 않는 물이 고여서 썩어가는 호수와 다를 바 없어진다. 이런 시스템을 활성화시키는 방법은 일상적인 업무활동의 흐름 속에서 지식관리시스템을 통과하지 않고서는 해당 업무가 진전되지 않도록 시스템화시키는 방법이다. 모든 시스템의 지속가능성 여부는 일상적 삶이나 업무와 유기적으로 연동되어 시스템이 더 이상 독립적 섬으로 전락하지 않게 만드는 것이다. 지식생태계를 활성화시키는 데 내부적인 지식관리시스템이 필요한 이유는 짧은 시간에 해당 지식생태계가 축적한 지식을 보다 효율적인 방법으로 추출·공유할 수 있어서 일정한 수준 이상으로 지식생태계 구성원들의 인식수준을 높일 수 있기 때문이다. 내부 시스템은 외부의 다양한 지식지원 시스템과 연동되어 부단한 지식교환을 일으켜야 한다. 생태계에서 내부와 외부 간의 에너지 교환이 부단히 일어나면서 지속가능해지듯, 지식생태계 내부의 시스템은 시시각각으로 변화되는 외부 지식을 지속적으로 수혈해서 내부적 긴장감을 유지할 수 있도록 외부 지식지원 시스템과 연계시킬 필요가 있다.

4장

지식생태계로서의 이상적인 조직의 모습

내가 몸담고 있는 조직이 과연 지식생태계인지 아닌지를 알아보는 방법은 없을까? 간단하게 몇 가지 질문을 던져 지식생태계로서의 조직이 갖추어야 될 이상적인 모습을 판단해 볼 수도 있다. 지식생태계를 행위자 네트워크 이론(Actor-Network Theory; 이하, ANT)으로 바라볼 경우 지식생태계를 구성하는 모든 요소들은 다른 구성요소에 영향을 미치는 독립적인 행위자이면서 동시에 다른 행위자에게 영향을 받는 관계론적 존재다. 관계론적 존재는 정체성이 고정되어 있는 객관적 실체가 아니라 끊임없이 자가발전을 거듭하면서 타자와의 상호의존적 관계형성을 만들어나가는 생성적 행위자다. 우리가 꿈꾸는 지식생태계는 지금까지 논의한 지식생태학 관련 학습관과 지식관, 생태학적 지식순환원리, 지식생태계 디자인 원리와 활성화 전략이 모두 살아 숨쉬는 이상적인 생태계다.

1. 지식생태학적 학습관에 비추어 본 지식생태계 수준 진단

우선 지식생태계에서 일어나는 학습은 실험실에서 인위적 조작으로 일어나는 일시적 변화가 아니라 길들여지지 않은 본성을 일깨우는 야성적 학습이자 삶과 앎이 일치되는 일상적 학습이다. 지식생태계는 느림과 여유로운 상황 속에서 천천히 사색과 묵상을 통해서 이루어지는 숙지성을 강조하며, 스스로 집중하고 몰입해서 빠져드는 즐겁고 재미있는 유의미성, 그리고 무엇보다도 스스로 놀입하며 자발적으로 열정을 불태우는 학습을 지향한다. 이상적인 생태계는 이런 생태학적 학습의 5가지 조건이 충족되어 일어나고 있는지의 여부에 따라 판가름 날 수 있다. 그리고 생태학적 학습의 5가지 조건이 충족된 지식생태계는 생태계의 5가지 특성을 그대로 반영하는 5가지 학습관을 보여준다. 지식생태계에서 일어나는 학습은 파편화된 부분적 학습을 지양하고 전체와 구조적 관계를 꿰뚫어 통찰하는 총체적 학습이고 서로가 서로에게 도움을 주고받는 호혜적 학습이다. 무엇보다도 지식생태계에서 일어나는 학습은 시작과 끝이 구분되지 않고 영원히 반복되는 순환적 학습이고 행위자 네트워크상에서 서로 긴밀한 관계를 형성하는 상호의존적 학습이자 생각지도 못한 깨우침과 영감을 주고받는 예측불허의 창발적 학습이다. 생태학적 학습의 5가지 전제 조건과 지식생태학적 학습의 5가지 특성에 비추어 볼 때 지식생태계인지의 여부는 지식생태학적 학습의 전제조건을 갖추고 활발한 학습활동이 일어나는 수준과 정도에 달려 있다.

1) **지식생태학적 학습의 5가지 전제조건에 비추어 본 지식생태계 수준진단 질문지(진단 대상: 조직의 학습문화)**

① **[야생성]** 내가 몸담고 있는 조직은 과거 관행과 업무 방식을 탈피해 새로운 시도를 하는 것을 장려하는가?

② **[일상성]** 내가 몸담고 있는 조직은 업무와 학습을 분리하여 생각하지 않고, 업무 자체에서 개인이 성장하는 것을 중요하게 여기는가?

③ **[성숙성]** 내가 몸담고 있는 조직은 업무와 관련된 사안을 다룰 때, 깊이 숙고하거나 심도 있게 논의하는 데 시간을 투자하는 편인가?

④ **[유의미성]** 내가 몸담고 있는 조직은 구성원이 업무에서 새로운 것을 배우며 성장하는데 흥미와 보람을 느낄 수 있는 방향으로 역할과 책임을 규정하고자 하는가?

⑤ **[자발성]** 내가 몸담고 있는 조직은 성과를 위한 교육을 강제하기보다는 구성원이 스스로의 필요에 의해 자발적으로 학습할 수 있도록 지원하는 분위기인가?

2) 지식생태학적 학습의 5대 학습관에 비추어 본 지식생태계 수준 진단 질문지(진단 대상: 조직의 업무)

① **[총체적 학습]** 우리 조직에서는 자신의 업무가 조직 전체에 어떻게 기여하는지 명확히 인식할 수 있도록 업무의 미션을 설정하고 공감대를 형성하는가?

② **[통시적 학습]** 우리 조직은 단기성과 뿐만 아니라 장기적 관점에서 업무를 개선하고자 하는 노력을 권장하는가?

③ **[순환적 학습]** 우리 조직에서는 업무에서 배운 바를 다시 업무에 적용하고, 또 다른 새로운 배움으로 이어지는 흐름이 자연스럽게 일어나는가?

④ **[상호의존적 학습]** 우리 조직은 자신의 업무만을 우선하지 않고 공동의 목표를 달성하기 위한 협업이 원활하게 이루어지는가?

⑤ **[창발적 학습]** 우리 조직은 내·외부의 다양한 정보를 개방적으로 받아들여 업무를 개선하는 것이 (복잡한 의사결정 체계를 거치지 않고) 일상적으로 이루어질 수 있도록 권한이 위임되어 있는가?

2. 지식생태학적 지식관에 비추어 본 지식생태계 수준 진단

지식생태학적 학습관은 지식생태학적 지식관을 전제한다. 즉 창조된 지식은 학습활동의 결과물이다. 어떤 학습활동을 전개하는지에 따라 창조되는 지식의 성격과 유형이 결정된다. 학습과 무관하게 지식이 창조되지 않기 때문이다. 지식은 지식을 창조하는 행위 주체의 용기있는 결단과 치열한 문제의식, 체험적 각성과 주관적 신념이 반영된 사회적 합작품이다. 내가 몸담고 있는 지식생태계에서 어떤 학습활동이 일어나는지는 곧 어떤 지식을 창조해내려고 하는지를 알 수 있는 간접적인 증표다. 지식생태계가 창조하는 지식은 우선 인격적 지식이다. 모든 지식은 지식을 창조하는 사람의 주관적 신념과 가치판단이 반영되어 있어서 지식과 지식을 창조한 사람을 분리시켜 생각할 수 없다. 지식은 곧 그 사람의 인격이기 때문이다. 지식생태계는 야생적이고 일상적인 학습활동을 강조하기 때문에 모든 지식은 말로 다할 수 없는 또는 문서화 시킬 수 없는 암묵적 지식이라고 가정한다. 암묵적 지식은 언어로 전달하거나 직접적인 가르침으로 전수할 수 없고 오로지 체험적 깨달음이 몸에 각인되면서 몸으로 이해될 수 있을 뿐이다. 지식생태계에서 창조되는 모든 지식은 특정한 맥락에서 특정한 문제의식을 근간으로 창조되는 국부적 지식이다. 맥락없이 창조되는 지식은 탈맥락적 정보에 불과하다. 맥락성은 지식이 창조되는 구체적인 여건에 담긴 특수한 문제의식을 지칭한다. 지식생태계에서 창조되는 지식은 실험실이나 공허한 책상논리의 결과가 아니다. 오히려 지식생태계에서 창조되는 지식은 무수한 시행착오와 우여곡절, 실험과 모색, 좌절과 절망 속에서 피어나는 고통의 산물, 임상적 지식이다. 마지막으로 지식생태계가 강조하는 지식은 한 개인의 입신양명과 출세를 위한 자본주의적 상품지식이 아니다. 오히려 지식생태계가 강조하는 지식은 서로의 부족함과 결핍욕구를 서로 존중하고 격려해주면서 뜨거운 공감과 희망의 연대가 만들어가는 상호적 지식이다. 이런 지식생태학적 지식관에 상응하는 지식을 부단히 창조하고 공유하며 활용하다 자연스럽게 소멸되는 사이클이 부단히 선순환되는 곳이 바로 지식생태계다. 따라서 내가 몸담고 있는 조직이 지식생태계인지의 여부도 5가지 지식생태학적 지식관을 반영하고 있는 지식이 부단히 창조되고 공유되는지를 질문을 통해 진단해보면 알 수 있다.

1) 지식생태학적 학습의 5가지 전제조건에 비추어 본 지식생태계 수준진단 질문지(진단 대상: 나)

① **[인격적 지식]** 나는 함께 근무하는 동료들 개개인의 주관적 신념과 철학 그리고 그들이 갖는 문제의식에 대해 종합적인 이해가 필요하다고 생각하며 그들과 인간적 신뢰관계를 만들기 위해 노력하는 편인가?

② **[암묵적 지식]** 나는 새로운 기획 혹은 제안을 접할 때, 말이나 문서로 표현되지 않은 이야기를 듣기 위해 가급적 직접 접촉하고자 노력하는가?

③ **[국부적 지식]** 나는 새로운 지식을 접할 때, 그 지식이 만들어진 맥락에 대해 이해하고자 하며 더불어 이를 섣불리 일반화하기보다는 조직에 맞게 재맥락화 하여 활용하고자 하는가?

④ **[임상적 지식]** 나는 새로운 이론과 지식에 대한 관심이 있는 편으로 이를 현장에 적용하여 새로운 실천을 만들고자 노력하고 더불어 현장의 실천사례를 이론적으로 연결하고자 노력하는 편인가?

⑤ **[상호적 지식]** 나는 새로운 지식을 접할 때, 그 지식이 특정한 누군가의 점유물이 아니라 수많은 사람들의 땀과 노력이 누적된 합작품임을 인정하는가?

3. 지식생태학의 주요 원리에 비추어 본 지식생태계 수준 진단

생태계가 유지되는 원리를 근간으로 지식생태계에서 지식이 순환되는 원리를 네 가지로 정리한 바 있다. '즐거운' 학습을 촉진시키는 자기조직적 갱생(更生) 원리: 지식생태계의 지속가능성을 확보하기 위한 전제조건, '건강한'

지식을 창조하는 창발적 관계성의 원리: 지식생태계의 성장조건과 건강성 판단기준, '보람찬' 성과를 나누는 호혜적 공감의 원리: 지식생태계의 가치창출 수준 및 정도 판단 기준, '행복한' 일터를 가꾸는 상호의존적 깨우침의 원리: 지식생태계의 궁극적 존재이유이자 이상적인 방향성이다. 여기서는 네 가지 원리에 비추어 내가 몸담고 있는 조직이 이상과 같은 네 가지 생태학적 지식 순환원리가 어느 정도 작동되고 있는지를 점검해볼 수 있는 질문지를 통해 지식생태계로 전환될 수 있는 가능성의 수준과 정도를 판단해보기로 한다.

첫째, '즐거운' 학습을 촉진시키는 자기조직적 갱생(更生) 원리는 지식생태계의 지속가능성을 확보하기 위한 전제조건이다. 기존의 지식만으로는 조직의 존속을 위협하는 문제의 해결이나 위기를 극복하기 어렵다는 성찰적 판단이 이루어지면, 지식생태계에서는 새롭게 지식을 창조하거나 기존 지식을 폐기하는 활동이 자생적 메커니즘에 의해 이루어진다. 여기서는 기존 지식을 폐기하고 새로운 지식을 수혈 또는 습득하기 위해 의도적으로 문제를 제기하고 딜레마를 탈출하려는 노력이 중요하다. 둘째, '건강한' 지식을 창조하는 창발적 관계성의 원리는 지식생태계의 성장조건과 건강성 판단기준이다. 모든 지식은 주관적 신념과 용기있는 결단의 산물이다. 나의 신념에 편견과 고정관념의 싹이 자라기 이전에 내·외부 전문가와의 우발적 접속과 충돌, 인지적 불협화음과 화학적 융합을 통해 무용지식을 폐기하는 창발적 학습활동이 부단히 전개될 필요가 있다. 셋째, '보람찬' 성과를 나누는 호혜적 공감의 원리는 지식생태계의 가치창출 수준 및 정도 판단 기준이다. 목표나 성과추구를 위한 수단적 학습활동보다 배우는 과정에서 보고 느끼고 공감하며 서로가 서로를 도와주는 이타주의적 파트너십과 호혜적 공감이 중요하다. 마지막으로 '행복한' 일터를 가꾸는 상호의존적 깨우침의 원리는 지식생태계의 궁극적 존재이유이자 이상적인 방향성이다. 다양한 주체들이 신뢰를 기반으로 서로를 도와 공동의 목표를 달성하는 따뜻한 연대망이다. 모든 전문성은 덕분에 이루어진 사회적 합작품으로 여겨 겸손한 자세를 유지하고, 다름과 차이를 존중하고 배려하며 서로 도와주고 아껴주는 상호의존적 깨우침이 필요하다.

1) 지식생태학적 학습의 5가지 전제조건에 비추어 본 지식생태계 수준진단 질문지(진단 대상: 구성원)

① **[자기조직적 갱생원리]** 과거의 성공체험이나 기존 지식에 매몰되지 않고 의도적으로 문제를 제기하고, 이를 해결하기 위한 다양한 방법을 강구하고자 하는 구성원이 얼마나 많은가?

② **[창발적 관계성의 원리]** 내·외부 전문가와의 활발한 네트워킹으로 다양한 지식을 접하고 이를 융합하여 또 다른 새로운 지식을 창조하고자 노력하는 구성원이 얼마나 많은가?

③ **[호혜적 공감의 원리]** 서로에 대한 깊은 신뢰와 파트너십을 바탕으로 자신의 일 외에 타인의 일에 관심을 갖고 기꺼이 함께 일하는 것을 즐기는 구성원이 얼마나 많은가?

④ **[상호의존적 깨우침의 원리]** 자신의 성취가 다른 사람의 노력에 기반하고 있다는 것을 인정하고, 경쟁이 아닌 동반의 관계로 동료를 바라보는 구성원이 얼마나 많은가?

4. 지식생태계 생명력 강화 방안에 비추어 본 지식생태계 수준 진단

지식생태계는 또 다른 외부 지식생태계와 정보와 지식, 에너지를 주고받으며 부단히 접촉하는 개방적 생태계다. 지식생태계가 활성화되기 위해서는 지식생태계를 구성하는 모든 행위자가 활발한 소통과 긴밀한 네트워크를 유지한 채 지속적으로 상호작용을 해야 한다. 내가 몸담고 있는 조직이 지식생태계로 어느 정도 활성화되어 있는지를 판단하기 위해서는 지식생태계 생명력을 강화시키는 전략에 비추어 스스로에게 질문을 던져봐야 한다. 지식생태계의 생명력을 강화시키는 전략은 지금까지 언급한 생태학적 학습의 전제조건과 지식생태학적 학습의 특성, 지식생태학적 지식관, 생태학적 지식순환 원리가 반영된 전략이다. 따라서 어느 정도 중복되는 특성이나 원리, 그리고 전략이 존재한다. 이런 점을 감안하여, 중복되지 않는 범위 내에서 지식생태계 활성화 전략에 비추어 본 지식생태계 수준을 진단하기 위한 간략한 논의와 질문을 던져본다.

첫째, 외부 지식생태계와의 개방적 네트워크 구축은 지식생태계의 지속가능성 확보를 위한 전제 조건이다. 내부역량에 대한 객관적 판단과 주체적 열림을 유지하기 위해 외부 지식생태계와 개방적 네트워크를 구축하는 일은 지식생태계가 지속가능한 성장과 발전을 이루기 위한 필수조건이다. 둘째, 우발석 마주침을 촉진하는 새로운 시도의 추구는 지식생태계의 지속가능성을 주도하는 주체의 결단이다. 생각지도 못한 생각의 씨앗은 생각지도 못한 우연한 마주침이 낳는다. 지식생태계가 활성화되기 위해서는 우발적 마주침을 주기적으로 경험할 수 있는 배움의 기회를 마련할 필요가 있다. 셋째, 호혜적 공감대 조성을 통한 사회적 신뢰 형성은 지식생태계의 활력 에너지 흐름의 기반이자 토대다. 내부적으로 맺는 폐쇄적 인간관계를 넘어서 외부 이해관계자와의 사회적 연대와 자본을 형성할 때 지식생태계는 활성화될 수 있다. 넷째, 창발적 깨우침을 지원하는 지식공유 문화와 마당 조성은 즐거운 학습과 건강한 지식 창조를 위한 토양 마련에 해당된다. 창발적이라는 말은 사전에 예측할 수 없고 미리 계획을 세울 수 없다는 말을 내포하고 있다. 따라서 창발적 깨우침이 빈번하게 일어나기 위해서는 이를 지원하고 촉진하는 조직문화가 창의적이고 유연하게 구축될 필요가 있다. 마지막으로 지식창조와 적용과정을 정착시키는 제도와 시스템 마련은 지식생태계의 지속가능성을 촉진하는 인프라 구축에 해당된다. 행위자 네트워크 관점으로 보면 제도나 시스템도 사람 행위자에 영향을 미칠 수 있는 또 다른 행위자 네트워크의 한 가지 구성요소다. 어떤 제도와 시스템을 구축하느냐에 따라 사람 행위자의 지식창조 및 공유과정에 결정적인 영향을 미칠 수 있다.

1) 지식생태학적 학습의 5가지 전제조건에 비추어 본 지식생태계 수준진단 질문지(진단 대상: 리더)

① **[개방적 네트워크 구축]** 우리 조직의 리더는 외부의 새로운 지식을 거부감 없이 개방적으로 받아들이고, 이를 조직 내 이슈와 효과적으로 접목하는가?

② **[새로운 시도의 추구]** 우리 조직의 리더는 기존 지식만으로는 역부족이라는 한계성과 위기의식을 가지고 색다른 도전과제를 제시하고 구성원들이 적극적으로 탐색하도록 이끌어가는가?

③ **[사회적 신뢰 형성]** 우리 조직의 리더는 다양한 구성원들이 상호 동질감을 가지고 서로를 이해하며 신뢰관계를 형성할 수 있도록 조직 내 커뮤니케이션을 활성화하는가?

④ **[지식공유 문화와 마당 조성]** 우리 조직의 리더는 조직 내에 특별한 노하우를 가지고 있는 구성원이 자신의 지식을 공유하는 것을 적극적으로 지원하고 그 활동의 가치를 인정해주는가?

⑤ **[제도와 시스템 마련]** 우리 조직의 리더는 업무와 관련하여 새로운 지식을 창조하고 적용할 수 있는 다양한 제도와 시스템을 마련하고, 목적에 부합하게 운영되는지 지속적으로 모니터링하며 일관성 있게 추진하는가?

5. 지식생태계와 지식사태계가 만들어내는 지식

지금까지 논의한 지식생태학적 학습관과 지식관을 근간으로 생태학적 지식순환원리를 지식생태계에 내재화시키고 지식생태계를 활성화 시킬 수 있는 전략을 추진하면 우리가 이상적으로 원하는 바람직한 지식생태계로 변화될 것이다. 그렇게 변화된 지식생태계에서는 틀에 박힌 방식대로 마지못해서 일을 하는 직장인보다 어제보다 나아지기 위해 호기심의 물음표를 갖고 부단히 애쓰는 장인이 더욱 신바람나게 일할 수 있을 것이다. 바꾸어 말하면 모든 지식생태계는 자기답게 일하면서 일터가 곧 삶의 터전이자 배움의 터전이라고 생각하는 장인이 다른 행위주체들과 교류하면서 자신의 전문성을 무한대로 개발할 수 있는 무대다.

특히 멀티플라이어와 같은 리더와 함께 일하는 장인은 자신의 능력을 두 배 이상 발휘할 수 있는 여건과 환경을 든든한 기반이라고 생각할 것이다. 반대로 어쩔 수 없이 맡겨진 일이니까 할 수밖에 없다고 생각하는 대부분의 직장인은 안타깝게도 설상가상으로 디미니셔 같은 리더를 만나 악순환을 거듭하며 아까운 시간과 노력을 낭비하며 인생을 살아갈 것이다. 우리 모두가 원하는 이상적인 지식생태계는 자신은 물론 자신이 몸담고 있는 조직에도 도움이 되는 지식을 창조하고 공유하는 선순환의 흐름을 유지할 것이다. 반면에 지식생태계와 대조되는 여건과 기반을 갖고 있는 직장인의 일터에는 자신은 물론 서로에게도 도움이 되지 못하고 심각한 폐해와 역기능을 끼칠 수 있는 지식을 만들어냄으로써 더욱 심각한 문제가 누적되다 해당 조직은 오래가지 못하고 쇠잔의 길을 걸어갈 것이다.

여기서는 직장인이 디미니셔와 함께 일하면서 만들어내는 지식사태계(知識死態系)의 지식과 장인이 멀티플라이어와 함께 일하면서 만들어내는 지식생태계(知識生態系)의 지식이 어떻게 다른지를 비교해보고, 전자의 지식이 후자의 지식으로 탈바꿈하기 위해서는 결국 지금까지 논의해 본 지식생태계 여부를 판단하는 다양한 질문을 던져 저마다 조직이 처한 위기 상황을 진단해보고 현재 수준에서 적절한 처방전을 적용할 수 있는지 가능성을 타진해봐야 될 것이다. 지금 내가 몸담고 있는 조직은 지식사태계인가 지식생태계인가? 어떤 지식이 우리 조직에서 보다 많이 창조되고 있는지를 가늠해보고 보다 많은 구성원들과 솔직담백한 대화와 토론을 해본다면 적절한 해결대안을 마련할 수 있을 것이다. 지식사태계가 만들어내는 지식은 엄밀히 말해서 지식으로서의 갖추어야 될 요건을 갖추지 못하고 있다. 다만 여기서는 지식생태계에서 만들어내는 지식과 비교하기 위한 편의상 진술이라는 점만 알아두었으면 좋겠다.

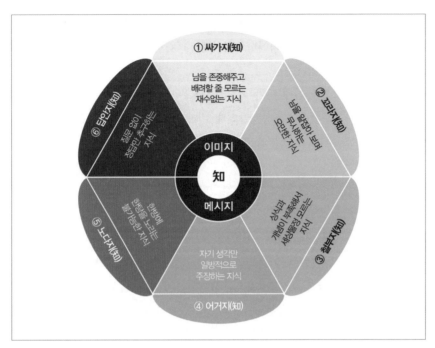

[그림 3.3] 지식사태계(知識死態系)가 만들어내는 6가지 지식

지식사태계가 만들어내는 첫 번째 지식은 싸가지(知)다. 싸가지는 네 가지가 없다. 이외수 작가에 따르면 개념, 교양, 양심, 예의가 없는 사람이 싸가지가 없는 사람이라고 한다. 여기에 추가해서 싸가지가 없다는 말은 또한 남을 존중해주고, 배려하며, 겸손한 자세로 감사할 줄 모르는 사람이다. 존중, 배려, 겸손, 감사를 모르기에 희망이나 가망이 없는 안하무인(眼下無人)이다. 한 마디로 싹수가 노란 사람이다. 특별한 이유 없이 밥맛이 없어 보이는 사람, 머리는 좋은 데 타인을 배려해주는 따뜻한 가슴이 없는 사람이다. 싸가지가 없는 사람은 쉽게 교육으로 해결되지 않는다. 소질과 능력이 부족한 싹수는 교육으로 치유가 가능하지만 예의나 버릇은 교육으로 쉽게 고치기 어렵다. 장기간의 자가 치유와 깊은 성찰, 그리고 주변 사람들의 인내가 요구되는 배려로 마음을 바꾸는 노력이 필요하다. 싸가지는 따뜻한 가슴이 동반되지

않고 차가운 머리로만 만들어낸 논리적인 지식이라서 머리로 이해는 가지만 가슴으로 와 닿지 않는 지식이다. 지식에 나의 용기와 결단, 철학과 신념이 들어있지 않은 지식이다.

지식사태계가 만들어내는 두 번째 지식은 꼬라지(知)다. 싸가지가 그 사람이 보여주는 태도에서 나오는 말인데 비해 꼬라지는 겉으로 드러나는 외모나 모습을 보고 지칭한다. 본래 꼬라지는 '꼬락서니'나 '꼴'에서 나온 말이다. '꼴'은 '겉으로 보이는 사물의 모양이나 사람의 모습 또는 행태를 낮잡아 이르는 말'이다. '우여곡절 끝에 꼴을 갖췄다'는 표현에서 꼴은 좋은 모습을 지칭하지만 '저 사람 꼴이 말이 아니다', '꼴도 보기 싫다'처럼 쓰이는 꼴에서는 좋지 않은 부정적인 모습이다. 이 '꼴'을 더 심하게 말하면 '꼬락서니'가 된다. 적당히 맘에 안 들면 '꼴'을 쓰고, 정말 불쾌한 언행이 등장해 심기가 몹시 불편한 경우 '꼬락서니'를 쓰면 된다. 꼬락서니의 방언인 꼬라지는 남을 얕잡아 보면서 무시하거나 비하할 때 나오는 오만한 지식이다. 꼬라지는 남을 업신여기고 깔보는 오만과 거만한 자세에서 빚어지는 지식이다. 성품도 없어 보이는 데다 겸손하지 않고 얼마 되지 않는 지식으로 남을 깔보기 시작하면 꼬라지가 탄생된다. 꼬라지는 꼴도 보기 싫은 지식이다.

지식사태계가 만들어내는 세 번째 지식은 철부지(知)다. 사리분별을 하지 못하고 어린아이처럼 형편없는 행동을 하는 사람을 가리키는 우리말이 바로 철부지다. 철이 없다는 말은 계절의 변화를 모른다는 말이다. '철'없이 사는 사람은 계절의 변화를 모르고 천방지축(天方地軸)하는 사람을 가리킨다. 과일이 '철'을 잊고 아무 때나 나온다. 예전 같으면 제철이 되어야 계절에 맞는 과일을 먹을 수 있었다. 이제 온실재배로 겨울에도 여름 과일을 먹을 수 있게 되었다. '철'없는 과일을 먹어서 사람도 '철'이 없다는 이야기도 일리가 있다. 여기서 '철'은 세상의 변화를 감지하고 사리를 헤아릴 줄 아는 지혜를 뜻한다. 철을 알려면 오랫동안 계절의 변화를 몸으로 익혀야 한다. 봄이 오면 가장 먼저 변하는 자연현상이 무엇인지, 어떤 꽃이 언제 피는지, 나무는 계절의 변화에 따라 어떤 모습을 바꾸어나가는지 유심히 관찰하고 몸으로 익히다 보면 때가 되었을 때 무의식적으로 몸이 반응한다. 그 때가 바로 철이 든 상태다. 철부지(不知)라는 말이 시사하듯 무엇이 옳고 그른지 판단하지 못하고 자기 마음대로 행동하는 사람을 일컬어 철부지라고 한다. 철부지는 상식과 개념이 부족해서 세상물정을 모르는 지식이다.

지식사태계가 만들어내는 네 번째 지식은 어거지(知)[1]다. 우리 속담에 '콩을 보고 팥이라고 우긴다'는 말이 있다. 사실과 다른 주장을 막무가내(莫無可奈)로 내세운다는 뜻으로, 억지스럽게 고집을 부리는 것을 비유적으로 이르는 말이다. 이렇게 말이 되지도 않는 것을 맞는다고 우기거나 잘 안 될 일을 무리하게 기어이 해내려고 고집을 피울 때 '어거지'란 말을 자주 쓴다. 남들이 기 보기에는 무리수라고 생각되지만 본인은 전혀 그렇게 생각하지 않는다. 오로지 자기 목적달성을 위해서는 수단과 방법을 가리지 않는다. 남의 입장에는 아랑곳하지 않고 오로지 자기주장만 관철시키려는 자세와 태도에서 나오는 지식이 바로 어거지다. 어거지가 나오는 이유는 상대방의 입장을 안중에도 두지 않고 자기 이익을 앞세워 뜻을 관철시키려고 하기 때문이다. 주어진 상황에서 어떤 판단과 행동이 모두에게 도움이 되는지를 생각하지 않고 무조건 자기 입장만 고수할 때 탄생되는 지식이다. 어거지가 쌓일수록 대화가 되지 않고 불통이 심화되며 불신의 싹이 자라기 시작한다.

지식사태계가 만들어내는 다섯 번째 지식은 노다지(知)다. 노다지는 본래 캐내려 하는 광물이 많이 묻혀 있는 광맥을 뜻한다. 땅속의 노다지 광맥도 숱한 시추와 탐사 끝에 발견되는 고행의 산물이다. 본래의 의미와 다르게 쓰이고 있는 노다지는 손쉽게 많은 이익을 얻을 수 있는 일감을 비유적으로 이르는 말이 되었다. 힘든 노력을 통해서 얻는 성취감보다 한두 번의 노력으로 일확천금(一攫千金)을 꿈꾸는 헛된 망상을 지칭하기도 하다. 한두 번의 노력으로 기대이상의 대박을 꿈꾸는 사람이 노다지를 기대하는 사람이다. 우여곡절과 파란만장, 시행착오와 절치부심을 경험하며 오랜 시련과 역경 끝에 마침내 맞이하는 성취감보다 적은 노력으로 보다 많은 성과를 더 빨리 이루려는 헛된 망상이 낳은 사회적 부산물이다. 노다지는 힘든 노고와 정성을 들이지 않고 한 방에 한 탕을 노리는 부질없는 지식이다. 노다지가 만들어지는

---

1) '어거지'는 잘 안 될 일을 무리하게 우겨서 해내려고 하는 '억지'의 비표준어다.

이유는 주어진 기간에 가시적인 성과를 내놓지 못하면 신변의 위협을 느끼는 제도적 장치 때문이다. 그리고 모든 지식은 문제의식과 열정, 철학과 신념으로 숙성시킨 고뇌의 산물이라는 점을 세상이 기다리고 인정해주지 않기 때문에 한 방에 한탕을 노리려는 속물주의적 근성이 만들어낸 지식이다.

지식사태계가 만들어내는 여섯 번째 지식은 답안지(知)다. 답안지에는 주어진 문제에 대한 하나의 정답만 존재한다. 다른 가능성을 제시하거나 대안적인 관점을 제시하는 답안지는 이미 답안지가 아니다. 답안지는 문제를 낸 사람의 의도를 벗어나는 답이 들어있지 않다. 출제자의 의도를 정확하게 꿰뚫고 이에 상응한 성답을 써 넣을 때 비로소 빛난다. 다른 답은 틀린 답이다. 내가 원하는 답만이 정답이고 다른 생각으로 뻗어나갈 수 있는 일리가 있는 답은 무리로 판정된다. 다양성을 인정하지 않는 답, 다른 생각으로 유도하지 않는 답, 하나의 길만이 존재하는 정답을 추구할수록 남이 제기하는 문제에 답을 찾는 인생으로 전락한다. 답안지가 갖고 있는 치명적인 문제점은 정답은 하나 밖에 없다고 생각하는 독단적 발상이다. 그리고 문제나 질문보다 정답을 찾아가는 과정에 익숙해진 우리들에게 답안지를 잘 쓰는 능력은 곧 출세의 지름길로 가기 위한 선결 지식이라고 생각해왔다. 답안지는 고뇌에 찬 결단으로 물들은 질문이나 호기심의 물음표 없이 주어진 문제에 대해 고속으로 정답을 찾아가면서 요점만 뽑아 간추린 지식이다. 성공으로 가는 지름길, 성과달성의 급소, 방대한 지식의 요약판이 판치는 세계에 어울리는 지식이다.

지식사태계에서 싸가지, 꼬라지, 철부지, 어거지, 노다지, 답안지가 만들어지면서 일관된 이미지(知)와 메시지(知)를 전해준다. 지식사태계는 생태계의 순환원리를 거역하는 인위적 개입이나 지나친 간섭과 통제로 생태계의 자정능력이 상실되고 복구가 불가능해진 상태다. 직장인이 틀에 박힌 방식대로 일을 하면서 마지못해서 만들어내는 보고서에 담기는 지식이다. 디미니셔와 같은 리더가 일방적으로 명령하고 통제하며 목표달성과 성과 추구를 효율적으로 강조해서 탄생된 역기능적 지식이다. 생태계가 파괴되면 갖가지 역기능과 폐해가 발생하는 것처럼 지식생태계가 파괴되면 심각한 역기능과 폐해를 유발하는 쓰레기 지식을 대량 양산한다. 다각적인 교육적 노력으로도 쉽게 정화되지 않는 '싸가지'와 '꼬라지'는 차마 눈뜨고 볼 수 없는 상식이하의 발언과 행동을 일삼게 만드는 몰지각한 지식이다. 그러다 보니 당연이 세상 물정을 모르고 대책 없이 천방지축을 떨며(철부지) 자기생각만 일방적으로 밀어붙이는 '어거지'를 쓰고 한 방에 일확천금을 올릴 수 있는 일장춘몽(노다지)을 꾼다. 이런 사람에게 답은 딱 하나 밖에 존재하지 않고 다르게 생각하기는 불가능에 가깝다(답안지). 대대적인 생각의 청소가 필요하고 조직에 대한 근본적인 혁신과 구조조정이 요구된다.

지식생태계는 일종의 지식 숲이다. 숲은 나무를 비롯한 다양한 식물과 생물이 공존해서 살아가는 하나의 완벽한 생태계다. 저마다의 색깔과 스타일로 살아가는 방식이 있고 생존하는 원리가 있다. 서로가 서로에게 의존하면서 공생의 미덕을 나누는 아름다운 공동체, 숲에서 배우는 지식생태계의 미덕이다. 지식생태계는 자연 생태계처럼 효율과 속도 패러다임이 지배하지 않는다. 자연이 저마다의 속도로 움직이면서 다양성을 보여줄 때 자연은 가장 자연스러운 아름다움을 드러낸다. 마찬가지로 지식생태계도 저마다의 문제의식과 사연을 갖고 나름의 속도로 지식을 창조하고 공유하면서 더불어 살아가는 공동체의 미덕을 보여준다. 부족한 지식은 외부에서 흡수, 내부에서 재창조하거나 번안 가공되며 다양한 문제 상황에 적용하는 과정과 여기서 배운 교훈을 나누면서 더불어서 가르치고 배우는 교학상장의 배움 공동체가 바로 지식생태계다.

지식생태계가 강조하는 첫 번째 지식은 묵은지(知)다. 묵은지가 탄생되기 위해서는 일정기간의 숙성시간이 필요한 것처럼 삶에 대한 깊은 통찰력과 혜안을 전해주는 지식이 되려면 다양한 정보를 체험적 적용을 통해 자기만의 통찰력이 추가되어야 한다. 빛의 속도로 정보에 접속한다고 그것이 모두 나의 지식으로 전환되지 않는다. 지식 생태계로 유입되는 다양한 정보는 일정기간의 체험적 적용과 성찰과정을 통해 저마다의 신념과 철학이 추가되어 색깔 있는 지식으로 거듭난다. 지식생태계는 이런 지식을 창조하고 공유하는 과정을 촉진하는 플랫폼이자 터전이다. 지식생태학적 지식관에서 강조한 바와 같이 지식생태계에서 창조되는 모든 지식은 쉽게 말로 다할 수 없는 암묵

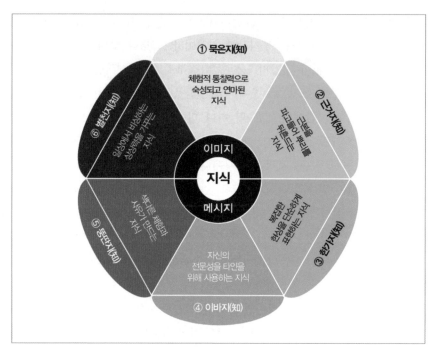

| 그림 3.4 | 지식생태계가 만들어내는 6가지 지식

지이자 개인의 신념과 철학이 반영된 인격적 지식이다. 이런 지식은 하루아침에 탄생되지 않는다. 시행착오와 우여곡절 끝에 깨달은 체험적 교훈이 지식으로 숙성되면서 탄생된다. 묵은지(知)는 체험적 통찰력으로 숙성되고 연마된 지식이다.

지식생태계가 강조하는 두 번째 지식은 근거지(知)다. 모든 지식은 태생적 배경과 사연을 담고 있다. 동일한 지식이라고 할지라도 언제 어디서 누가 어떤 문제의식을 근간으로 창조했는지, 그리고 그런 지식이 어떤 상황적 맥락에서 적용되고 논의되는지에 따라 전혀 다른 의미로 다가온다. 지식생태학적 지식관은 특정한 맥락에서 문제의식을 갖고 태어난 구체적인 지식, 문제상황의 고유한 맥락성을 강조하는 독창적인 지식을 선호한다. 모든 지식은 자신을 탄생시킨 뿌리를 지니고 있다. 지식생태계에서 통용되는 모든 지식은 뿌리를 갖고 태어나서 사용자의 문제의식과 적용 맥락에 따라 의미가 부여되고 새롭게 재탄생되기도 한다. 근거지(知)에는 근거 있는 배경과 사연이 담겨 있다. 근거지(知)는 근본을 파고들어 뿌리를 뒤흔드는 지식이다. 근거지가 창조되는 지식생태계는 시류에 흔들리지 않고 남과 비교하지 않고 오로지 자신의 색깔을 찾아가는 철학을 갖고 있다.

지식생태계가 강조하는 세 번째 지식은 한가지(知)다. 모든 지식은 저마다의 문제의식과 탄생 배경, 그리고 지식 창조 주체의 사연을 담고 있다. 색깔이 다르고 스타일도 다르다. 지식생태계가 강조하는 지식은 어떤 상황에서도 일반적으로 통용되는 절대 진리(眞理)라기보다 해당 지식생태계를 구성하는 공동체 멤버들이 공감하고 합의하는 일리(一理)에 가깝다. 지식생태학적 지식관은 실천 현장에서 숱한 고뇌와 좌절, 절망과 고통을 먹고 자란 인고의 산물, 임상적 지식이다. 따라서 지식생태학적 지식은 책상논리로 만들어내는 공허한 관념적 지식을 넘어선다. 지식생태계에서 창조되고 공유되는 지식은 저마다의 문제의식과 사연을 담고 있지만 한 가지 공통점은 체험적 깨달음을 담고 있어서 심금을 울리는 지식이라는 점이다. 다양한 문제의식과 사연과 배경을 지니고 있는 여러 가지 지식이지만 다 마찬가지다. 나뭇가지가 여러 가지지만 그 가지는 한 가지 뿌리와 줄기에서 뻗어 나온 마찬가지다. 한가지(知)는 복잡한 현상을 단순하게 표현하는 놀라움이 담겨 있는 지식이다.

지식생태계가 강조하는 네 번째 지식은 이바지(知)다. 생태계에서 살아가는 모든 생명체는 저마다의 개성을 뽐내며 살아가지만 서로가 서로에게 영향을 주고 받으면서 살아가는 상호의존적 존재다. 지식생태계에서 창조되는 모든 지식은 자신의 안위와 이해관계를 위해서 존재하는 지식이라기보다 지식생태계의 다른 구성원들에게 도움을 제공하기 위하 존재하는 지식이다. 공동체의 선을 위해 봉사하는 지식, 다른 사람의 아픔을 치유하기 위해 기꺼이 발벗고 나서서 쓰이는 지식이 바로 이바지다. 이바지 할 수 없는, 하지 않는 지식은 지식생태계에서 통용될 수 없는 지식이다. 다른 사람의 생존과 성장에 도움을 주는 지식이 되려면 우선 자신의 위치에서 최선을 다해 꽃을 피우고 열매를 맺어야 한다. 모든 지식은 덕분에 창조된 사회적 합작품이다. 내가 갖고 있는 전문성도 수많은 사람 및 환경과의 사회적 상호작용을 통해서 창조된 사회적 합작품이다. 지식생태계에서의 지식은 소유하는 실체가 아니라 부단히 공유되면서 봉사하고 기여하는 흐름이다. 이바지(知)는 자신의 전문성을 기꺼이 남을 위해 사용하는 지식이다.

지식생태계가 강조하는 다섯 번째 지식은 뚱딴지(知)다. 누구나 살아가면서 뚱딴지 같다고 핀잔을 받은 적이 있다. 뚱딴지는 두 가지 의미를 갖고 있다. 우선 완고하고 우둔하며 무뚝뚝한 사람을 놀림조로 이르는 말이다. 뚱딴지의 또 다른 의미는 행동이나 사고방식 따위가 너무 엉뚱한 사람을 놀림조로 이르는 말이다. 여기서는 두 번째 의미에 근거해서 엉뚱한 사고방식을 촉진하는 지식으로 뚱딴지를 생각해본다. 딴생각은 딴짓에서 나온다. 딴짓을 하지 않으면 딴생각을 할 수 없고 딴생각을 하지 못하면 기존 고정관념이나 타성을 깨부수는 새로운 발상이 어렵다. 지식생태계는 기존 생태계에 교란이나 파란을 일으키는 뚱딴지같은 발상을 환영한다. 뚱딴지(知)는 색다른 체험과 사유가 만드는 지식이다. 뚱딴지가 탄생하려면 인식과 관심이 다른 사람과 자주 만나 대화를 하고 때로는 의도적으로 충돌도 일어나야 한다. 갈등과 반목 속에서 서로의 허점이 드러나고 모순을 찾아내며 합의에 이를 수 있는 대안을 모색하는 가운데 이전에는 생각지도 못했던 생각의 지식이 탄생한다. 뚱딴지는 발상의 전환을 촉진시켜 기존 지식생태계에 파란을 일으키는 지식이다.

지식생태계가 강조하는 여섯 번째 지식은 별천지(知)다. 별천지는 일상에서 찾을 수 없는 상상의 목적지가 아니라 누구나 마음만 먹으면 어제와 다른 방식으로 즐기고 의미를 찾을 수 있는 근무지다. 지식생태계는 일상에서 비상하는 상상력이 자라는 텃밭이다. 별천지는 지금 여기를 벗어나 전혀 다른 세계를 상상하는 환타지가 아니다. 오히려 별천지는 기정사실도 사실로 받아들이지 않고 원래 그런 세계와 물론 그렇다고 생각하는 당연함에 어제와 다른 물음표를 던져 새로운 가능성을 부단히 모색하는 세계다. 별 볼 일 없는 일상에서도 어제와 다르게 별다른 세계를 부단히 만들어가는 과정에서 별천지가 탄생된다. 별천지는 기정사실을 사실로 받아들이지 않고 이방인의 눈으로 세상을 바라보는 가운데 창조되는 지식이다. 뚱딴지가 기존 지식생태계에 색다른 발상을 촉진시켜 현실에 안주하려는 구성원들의 사유체계를 뒤흔드는 지식이라면 별천지는 지식생태계가 이상적으로 꿈꾸는 상상의 세계로 이끌어가는 지식이다. 뚱딴지가 딴 짓과 딴생각의 결과라면 별천지는 꿈의 목적지를 그리며 상상하는 가운데 탄생한 구상의 산물이다.

묵은지(知), 근거지(知), 한가지(知), 이바지(知), 뚱딴지(知), 별천지(知)라는 지식이 지식생태계에서 만들어지면서 일관된 이미지(知)와 메시지(知)를 전해준다. 지식생태계에서 창조되고 공유되는 모든 지식은 자기만의 문제의식으로 숙성(묵은지)시켜 그 어디에서도 찾을 수 없는 고유하면서 튼실한 뿌리(근거지)를 갖고 있다. 묵은지에 담긴 신념과 철학의 숙성이 어떤 세파에도 흔들리지 않는 근거지로 이어진다. 묵은지와 근거지는 이를 필요로 하는 모든 사람들에게 발 벗고 나서서 봉사하며 '이바지'할 수 있는 지식이다. 나아가 지식생태계에서 창조되는 지식은 상식과 고정관념에 의문을 던져 타성을 깨뜨리며 색다른 사유를 촉진시키는 '뚱딴지'를 통해 그 누구도 경험해보지 못한 색다른 '별천지'에 이르게 한다는 이미지와 메시지를 지니고 있다. 뚱딴지가 엉뚱한 생각으로 색다른 발상을 촉진한다면 별천지를 통해 지식생태계는 지금 여기서 가볼 수 없는 이상적인 세계를 꿈꿀 수 있다.

지식생태계의 대변환이 일어난다
- 4차 산업혁명 시대 교육환경의 변화 -

4차 산업혁명이 일어난다고 저절로 정보가 나에게 필요한 지식으로 체화되지는 않는다. 다만 사물과 사물은 물론 사물과 사람이 초연결되고 지능화됨으로써 학습활동을 통한 지식 창조 과정이 전례에 없었던 방식으로 효율적으로 일어날 가능성은 높아지고 있다. 4차 산업혁명이 낳은 다양한 기술적 대안을 기반으로 필요한 사람이 필요한 학습자원에 접근 (access)할 수 있는 사회적 플랫폼(social platform)을 구축, 직면하고 있는 문제나 도전 과제 해결에 적합한 가치 높은 사람과 자원을 끌어들여(attract), 지금까지와는 판이하게 다른 성과를 창출(achieve)하는 지식생태계를 구축할 필요가 있다.

숲에서는 모두가 저마다의 개성을 자랑하면서도 함께 살아갈 수 있는 공생의 길을 모색한다. 마찬가지로 함께 만들어가는 지식의 숲, 지식생태계는 저마다의 문제의식을 담고 있는 지식의 오케스트라가 펼쳐지는 지식 향연의 무대. 오케스트라는 저마다의 악기로 독특한 소리를 내서 한편의 하모니를 연출하듯이 지식생태계는 저마다의 사연과 문제의식을 담고 있는 지식과 아름다운 선율로 지식 오케스트라가 연주되는 협주의 무대다.

누구라도 지식 향연의 무대에서 저마다의 지식 연주를 보여줄 수 있다. 청중은 연주자의 연주를 들으며 공감하고 박수를 보내듯이, 지식 연주를 보고 들은 지식생태학자는 건설적인 의견과 피드백을 나누면서 더불어 성장하고 발전할 수 있다. 비판은 비난과 다르다. 비난은 상대방을 공격해서 감정적 상처를 주기 위한 파괴적 화살이지만, 비판은 상대방이 몰랐거나 부족한 부분을 채워주기 위한 건설적 피드백이다. 자기주장만 옳다고 주장하거나 다른 사람의 건설적인 피드백을 일방적으로 비난하는 화살은 모두에게 상처만 안겨줄 뿐이다. 지식생태학자는 배우고 익히는 과정에서 건설적인 피드백과 창의적인 의견을 자기 발전의 디딤돌로 생각하는 학습자다. 지식생태학자는 나아가 스스로 쌓아놓은 벽을 무너뜨리고 경계를 넘어 자기 변신의 과정을 거듭해나가는 길만이 우리 모두가 발전하는 길임을 잘 알고 있다.

이런 지식생태계에도 변화의 바람이 불고 있다. 지금 전세계는 인류가 지금껏 경험해보지 못한 새로운 산업혁명을 경험하고 있다. 지금까지 경험한 그 어떤 산업혁명보다 강력한 영향력을 지닌 쓰나미 혁명이라고까지 불리는 4차 산업혁명이 바로 그것이다. 〈사피엔스〉

의 저자, 유발 하라리에 따르면 문명발전의 새로운 전기를 마련한 농업혁명은 인류 최대의 사기극이라고 한다.

"농업혁명 덕분에 인류가 사용할 수 있는 식량의 총량이 확대된 것은 분명한 사실이지만, 여분의 식량이 곧 더 나은 식사나 더 많은 여유시간을 의미하지 않는다. … (중략) … 평균적인 농부는 평균적인 수렵채집인보다 더 열심히 일했으며 그 대가로 더 열악한 식사를 했다. 농업혁명은 역사상 최대의 사기였다(Harari, 2015, p.124)." 농업이 인류의 복지에 기여한 것은 별로 없고 오히려 농업혁명 덕분에 인류는 더욱 피폐하고 불행한 삶을 살 수밖에 없는 '덫'에 걸렸다는 주장은 4차 산업혁명에도 그대로 적용해서 생각해볼 수 있다.

더 많은 부가가치 창출을 위해 만들어낸 다양한 기술 간 연결과 융합이 오히려 인간적 삶을 거꾸로 길들이는 혁명의 '덫'으로 작용할 수도 있다. 농업혁명으로 생긴 효율과 더 많은 식량이 인간적 풍요로움과 행복을 가져오지 못했던 것처럼 4차 산업혁명이 이끌어가는 사물과 사물, 사물과 사람을 연결하는 초연결성과 다양한 기술적 융합도 인간적 행복을 위한 혁명인지 아니면 혁명이라는 이름으로 위장된 기술적 '덫'으로 전락할 가능성이 없는지를 생각해볼 필요가 있다.

4차 산업혁명이 던져준 혁명적 가능성의 그림자와 덫에서 벗어나기 위해서는 이제까지와는 다른 접근 방법을 사용해서 4차 교육혁명을 주도할 필요가 있다. 종래의 과거 지향적 '몰아넣기 전략'(push approach)에 비교되는 미래지향적 '잡아 당기기 전략'(pull approach)이 필요하다(Hagel III, Brown, & Davison, 2010). 우선 '몰아넣기 전략'은 미래 사회와 조직이 원하는 요구를 정확히 분석한 다음 매우 신중하게 설계된 표준화된 프로세스를 활용하여 필요한 시기에 필요한 사람이 필요한 정보를 습득할 수 있도록 효율적인 시스템을 구축하는 전략이다. 이에 비해서 '잡아 당기기 전략'이란 보다 적은 시간과 노력을 투자해서 위기 상황이나 도전과제를 해결하기 위해 필요한 사람과 자원을 활용하여 인간의 잠재적 가능성을 극대화시킬 수 있는 사회적 플랫폼을 구축하는 전략이다. 결국 잡아당기기 전략을 통해서 궁극적으로 구축하고자 하는 바는 배움에 열정적인 사람이 다른 사람이나 다양한 학습자원을 활용하여 즐겁게 학습하고, 그 결과를 다른 사람들과 소셜 플랫폼에서 공유하는 것이다. 이를 통해 개인과 조직이 필요한 지식을 부단히 창조 및 활용하면서 성과를 창출하고 나누는 일종의 지식생태계를 구성하게 된다(유영만, 2006). 지식생태계에서 활동하는 학습자는 각자의 경험과 능력, 그리고 통찰력을 나누면서 혼자서는 미처 생각할 수 없는 세렌디피티(serendipity), 즉 불현듯 떠오르는 직관적 아이디어를 공유한다(Hagel III, Brown, & Davison, 2010).

지식생태계에서 '잡아 당기기 전략'을 구현하기 위해서는 3A 전략이 필요하다. 3A는 접근(Access), 유인(Attract), 성취(Achieve)를 의미한다. 여기서 필요한 사람이 필요한 학습자원에 접근(access)할 수 있는 사회적 플랫폼을 구축, 직면하고 있는 문제나 도전과제 해결에 적합하면서 가치가 높은 사람과 자원을 끌어들여(attract), 지금까지와는 판이하게 다른 성과를 창출(achieve)하는 전략이다. 우선 4차 산업혁명이 일어나면 사람과 사람은 물론 사람과 사물, 사물과 사물이 시공간을 초월해서 연결되고 다양한 기술적 융합이 가능해진다. 전 세계 어떤 자원에도 학습자가 원하면 바로 접근할 수 있는 가능성의 문이 열린다. 시스템적 학습자원은 물론 문제해결에 필요한 인간적 지원체계를 통해 필요한 멘토를 만나 시공간을 통해 배울 수 있는 휴먼 네트워크가 가능해지고 있다.

둘째 미래의 학습은 계획된 설계안을 따라 정해진 목표를 효율적으로 달성하는 전략에서 벗어난다. 산물보다 부산물에서 더 많은 배움을 얻을 수 있다. 의도하는 산물을 만들어내기 위해 다양한 학습활동을 하다가 우연히 만난 사람, 학습자원, 다른 네트워크상의 자극이 지적 호기심을 자극하거나 고민하고 문제를 해결한 단서를 발견하는 경우가 많다. 예기치 못한 만남, 생각지도 못한 깨달음이 네트워크의 만남과 상호작용을 통해서 일어날 수 있다. 이것이 바로 매력적인 영감을 일으키는 유인체제(attract)다.

상상을 초월하는 학습자원과의 접속과 생각지도 못한 영감이 교감되고 공감이 일어나며 나아가 공명이 파장이 휘몰아치는 과정에서 집단적 문제해결이 일어난다. 내가 갖고 있지 못한 아이디어나 지식을 나와 접속하고 있는 다른 학습동료자로부터 얻게 되면서 집단의 창작욕구가 발동된다. 또한 이 과정에서 협동의 창의성이 생각지도 못한 방식으로 발휘되면서 상상을 초월하는 성취감(achieve)을 맛볼 수 있다. 혼자서는 불가능한 일도 얼마든지 가능해지는 집단창작의 터전이 초연결과 다양한 융합으로 가능해진 것이다.

지식생태계는 다양한 지식을 매개로 교감하고 소통하면서 공감의 연대망을 구축하는 무대이자 장이다. 지식의 전문화/세분화가 극심하게 전개되면서 통합적 안목과 융합적 혜안이 점점 부족해지는 시대에 지식생태계는 이질적 지식과의 만남과 융합이 자유롭게 전개될 수 있는 지식 연금술소다. 이질적 정보가 각자의 문제의식과 저마다의 목적의식으로 재목적화(repurposing)되면서 다양한 지식이 재편집(remixing)된다.

지식생태학자는 나름의 사연과 배경, 문제의식과 목적을 담보하고 있는 지식이 다른 지식과 자유롭게 만나면서 색다른 융합을 시도하고 제3의 지식을 자유롭게 창조하고 공유하는 지식의 연금술사다. 지식의 연금술사는 편협한 시각과 의견으로 특정 지식을 편식하지 않는다. 모든 지식에는 배움의 혜안이 숨어 있다. 지식의 이면에 숨어 있는 지식창조자의 사연과 배경, 아픔과 슬픔까지도 함께 알아보고 역지사지로 생각하면서 배움의 즐거움을 나누는 교학상장(敎學相長)의 터전이 바로 지식생태계다.

이제 가르치는 사람과 배우는 사람이 따로 정해져 있어서 누가 누군가에게 일방적으로 가르치는 시대는 지났다. 방대한 지식의 양과 전문 분야의 다양성, 그리고 전문성의 깊이를

한 사람의 힘으로 정복하기에는 역부족이다. 한 사람이 모든 분야를 다 알 수도 없지만 어떤 분야에 대해서는 일가견을 지니고 있을 수 있다. "모든 것을 아는 사람도 없고, 아무것도 모르는 사람도 없다." 브라질의 교육학자 파울로 프레이리의 말이다. 내가 모르는 분야는 선뜻 나서서 배우고 내가 좀 더 잘 아는 분야는 남을 위해 기꺼이 지식을 나누는 지식 생태계야말로 서로 가르치고 배우는 교학상장의 배움 공동체다.

WHERE

4부

지식생태학의 미래

1장

생태학적 상상력과 전문가의 미래

1. 4차 산업혁명과 생태학적 상상력

사회 여러 분야에서 4차 산업혁명과 관련된 논의가 뜨겁다. 선진국의 사례를 보여주면서 4차 산업혁명이 몰고 올 혁명적인 변화상을 여러 가지 매체를 통해 보여주고 있지만 아직 그 실체와 실상이 눈에 잘 보이지 않는다. 사람과 사람은 물론 사람과 사물, 사물과 사물이 인터넷과 센서 기술로 연결되는 초연결성과 사람을 능가하는 지능을 갖게 되는 초지능성, 그리고 방대한 빅데이터를 분석, 미래 현상을 정확하게 예측하는 예측가능성이 4차 산업혁명을 특징짓는 대표적인 3대 특성이다. 상상을 초월하는 연결혁명이고 지능혁명이자 예측혁명이다. 접촉하고 접속하는 모든 순간이 센서로 감지되고 감지된 모든 흔적이 데이터로 축적되어, 언제 어디서 무엇을 했는지를 분석해서 앞으로 무슨 일을 하게 될 것인지도 알아 맞추는 무서운 예언자의 시대가 바로 4차 산업혁명 시대다. 초연결성을 주도하는 4차 산업혁명이 활성화되기 위해서는 나와 인식과 관심을 달리하는 사람과 협업을 통해 융합혁명이 일어나야 하고, 초지능성을 능가하는 인간의 지성과 지혜 혁명이 더불어 일어나야 한다. 나아가 예측가능성으로 대처하기 불가능한 생각지도 못한 사태에 대응하기 위해 우연한 영감(serendipitous interactions)과 임기응변력으로 무장한 창발성 혁명이 일어나야 한다. 4차 산업혁명은 기계나 기술이 주도하는 혁명이 아니라 기계나 기술을 만드는 사람이 주도하는 혁명이다. 사람혁명 없이 4차 산업혁명도 없다. 사람혁명 없이 달려가는 4차 산업혁명의 흐름에는 암울한 그림자가 기다릴 뿐이다.

3차 산업혁명이 물리적 제품(명사)중심 경제인 데 반해 4차 산업혁명은 역동적 체험(동사)중심 경제다(이성호, 유영진, 2017). 예를 들면 신발을 파는 나이키와 게임기를 파는 닌텐도는 명사 중심의 3차 산업혁명 시대의 산물이다. 하지만 동사 중심으로 보면 나이키는 신발을 통해 사람들에게 놀이의 즐거움을 제공하고 닌텐도는 게임기를 통해 남녀노소를 막론하고 게임하는 즐거움을 선사하는 회사다. 신발과 게임기라는 명사가 구체적으로 고객에게 마지막으로 제공하는 가치는 신발과 게임기라는 명사가 아니라 신발과 게임기가 고객에게 제공하는 놀이라는 동사가 제공하는 즐거움이다. 신발과 게임기는 3차 산업혁명의 관점으로 보면 전혀 다른 제품이기에 경쟁상대가 아니었다. 하지만 4차 산업혁명의 동사중심 패러다임으로 바라보면 신발과 게임기는 비록 제품은 다르지만 궁극적으로 고객에게 제공하는 놀이라는 컨셉이 동일하기에 경쟁상대가 되는 것이다. 나아가 4차 산업혁명은 나만 잘 먹고 잘 살면 되는 유아독존적인 상쟁 패러다임이 아니라 협업과 융합을 통해 더불어 성장하는 상생의 패러다임이다. 내가 하는 일이 모두 연결되어 있어서 나의 잘못과 실수, 무관심과 무시는 곧 나와 연결되어 있는 다른 파트너에게도 그대로 영향을 미치는 관계론적 세계다. 4차 산업혁명이 추구하는 초연결성은 단순히 사물과 사물, 사람과 사물, 사람과 사람간의 연결이 아니라 저마다의 특이점이 연결되어 혼자서는 해낼 수 없는 시너지 효과가 극대화될 수 있는 가능성의 세계다.

하지만 이런 초연결 시대일수록 연결과 연결 사이를 주도하는 전문가의 신뢰와 생태학적 감수성이 중요해지는 시대다. 신뢰는 사람들 사이를 좋은 사이로 바꿔주는 강력한 접착제이자 촉매제다. 신뢰는 상대방을 배려하고 존중하는 마음을 기반으로 나와 다른 가능성과 장점을 갖고 있다는 믿음을 전제로 피는 꽃이다. 그 꽃이 만발하고 튼실한 결실을 맺기 위해서는 타자의 아픔을 가슴으로 생각하면서, 나를 넘어서 다른 사람과의 관계까지를 고려하는 생태학적 감수성이 필요하다. 생태학적 감수성이란 세상은 모두 연결되어 있다는 기본 전제 위에 타자의 아픔을 나의 아픔처럼 생각하는 측은지심(惻隱之心)이자 역지사지(易地思之)로 생각해 보는 물아일체(物我一體)의 자세와 태도다. 비록 나와 연결되는 것이 사람이 아니고 사물이라고 할지라도 사물이 품고 있는 사연과 지향성을 하나의 생명체적 감각으로 품고 보듬어 주려는 애틋한 마음이 생태학적 감수성이다. 생태학적 감수성으로 포착된 타자의 아픔을 나의 아픔처럼 생각하면서 이것을 치유하기 위해 아이디어를 내는 과정이 생태학적 상상력이다. 생태학적 상상력이란 생태계에 살아가는 모든 생명체는 물론 일상에서 만나는 모든 사물이나 도구가 우리와 한 몸이기에 관계 없는 것은 아무것도 없다는 생각에 근거를 두고 있다. 나아가 사람이든 사물이든 세상의 모든 존재가 다 연결되어 있는 관계론적 입장으로 바라보는 것이 생태학적 상상력이다. 생태학적 상상력으로 세상을 바라보면 이 세상에는 관계없이 독립적으로 존재하는 것은 아무것도 없다. 따라서 모든 사람과 사물은 나와 한 몸이기에 그들의 아픔은 곧 나의 아픔이라고 생각하는 것이다.

2. 전문가의 위기와 생태학적 상상력의 필요성

생태학적 감수성과 상상력이 가장 필요한 사람은 바로 저마다의 분야에서 나름의 깊이 있는 식견과 안목으로 세상을 이끌어 가는 전문가다. 세상에는 전문가적 행세를 하면서 진실을 의도적으로 은폐 또는 왜곡하거나 아예 진실을 말하지 않고 시종일관 사심으로 세상을 어지럽히는 사이비 전문가도 많기 때문이다. 진실은 시끄러운 소리를 내지 않는다. 진실이 은폐되고 왜곡되는 소외된 현장에서 다만 침묵으로 울부짖고 있을 뿐이다. 진실이 절실하게 밝혀지기를 바라는 마음이 간절해질수록 누군가는 배후에서 진실을 간직하고 있는 실세들의 실상을 은폐하거나 조장하는 경우가 있다. 진실함이 동반된 절실함만이 사건의 진실을 밝혀낼 수 있다. 불온한 의도와 의지로 포장된 절실함은 오히려 진실을 왜곡하거나 다른 뜻으로 은폐할 수 있다. 당대의 주도권을 잡고 있는 정치권력의 주변에 포진하고 있는 수많은 전문가가 저마다의 전문성을 활용해서 사건의 진상이 밝혀지지 않도록 합동작전을 펼치는 경우도 있다. 진실 은폐와 위장에 가담한 실세와 관련 공범자들은 모두 공부를 많이 한 저마다의 전문가다. 이들이 공부로 축적한 전문성은 사회적 이슈를 해결하거나 공동체 발전을 위한 초석으로 사용되지 않는다. 오히려 이들이 축적한 전문성은 개인의 입신양명과 당파적 이익 확보를 위한 수단으로 쓰인다. 나아가 자신보다 못한 위치에 있는 사람을 이용하여 옳지 못한 일을 저지르는 범죄도구나 수단으로 활용한다. 이들이 축적한 전문성은 타인의 아픔에 공감하거나 자신의 재능을 기꺼이 공동체의 선을 위해 사용하는 전문성이 아니라는 점에서 문제가 있다.

공부(工夫)는 공부(功扶)다. 있는 힘을 다해 내공을 쌓은 다음 그것으로 남을 도와서 성공(成功)하게 만들어주는 미덕이 공부(功扶)의 본질이다. 나름의 노력을 통해 분야별 전문가 된 인재들 중 몇몇은 안타깝게도 개인의 이익과 성공을 위한 출세의 수단으로 공부를 한다. 공부로 쌓은 전문성을 공동체의 선이나 바람직한 목적을 위해 올바르게 사용하지 않는 지능범죄자들이 늘어가고 있는 시점에서 우리가 길러내고 인재의 모습에 대해 깊은 성찰이 필요하다(유영만, 2016). 위기의 인재(人災)들이 주도하는 세상은 많은 어려움과 혼란을 야기한다. 예를 들어 한 우물만 파서 전문가가 되었지만 다른 사람과 소통이 되지 않는 답답한 인재, 매뉴얼에 의존해서 일을 처리하다 생각지도 못한 일이 발생하면 속수무책인 멍청한 인재, 전문가로 믿고 따라 가봤지만 무늬만 전문가인 사이비 인재, 그리고 머리는 똑똑하지만 가슴이 따뜻하지 않아서 밥맛이 없어 보이는 재수 없는 인재가 마치 자기 분야의 최고의 인재인양 행세를 하고 있다(유영만, 2013). 전문가의 위기는 바로 현재의 위기를 넘어서 우리 사회가 구상하는 미래의 위기이기도 하다. 전문가가 지니고 있는 전문성 이전에 올바른 사람으로서 갖추고 있어야 될 바람직한 미덕이 없다면 심각한 문제가 아닐 수 없다.

우리가 직면한 인재의 위기 중에서 가장 심각한 것은 머리는 좋지만 가슴이 따뜻하지 않아서 타인의 아픔에 공감할 수 없는 전문가의 등장이다. 한마디로 생태학적 감수성이 없어서 나 이외의 다른 사람은 물론 더불어 살아가는 생명체를 소중하게 생각하는 마인드조차 실종된 인재들이 각 분야에서 전문가라고 생각하며 활동하는 경우가 많아질수록 한 공동체의 위기는 설상가상 악화될 수밖에 없다. 이들은 주로 책상에서 열심히 공부를 해서 엘리트 코스를 밟으며 사회적 지위와 명성을 쌓았다. 하지만 오로지 앞만 보고 달리며 성공과 성취를 위한 야망을 키워왔을 뿐이다. 우리가 경험하는 많은 편리함은 누군가의 힘든 노동 덕분이다. 누군가의 불편함이나 복잡함은 다른 누군가가 대신 해결했을 뿐 불편함이나 복잡성은 사라지지 않는다. 바로 이런 사실에 주목한 사람이 아마존과 야후에서 유저 인터페이스 최고 책임자로 일했던 컴퓨터 과학자 Tesler다. 그는 인간이 경험하는 편리함과 단순함의 실체를 복잡성 보존의 법칙으로 설명하고 있다. 복잡함의 총량은 정해져 있는데, 만약에 공급자가 복잡함을 더 짊어지면 그만큼 소비자는 단순함을 즐길 수 있게 된다는 것이다. 가슴이 따뜻한 인재는 자신의 존재가치를 높여주는 전문성이 '덕분에 생긴' 사회적 합작품이라고 생각한다. 나의 전문성으로 누리는 지금의 모든 행복도 보이지 않는 가운데 누군가 힘들게 수고해 준 덕분이다. 바로 여기서 전문가의 생태학적 상상력이 중요해지는 시점이다. 겉으로 보이는 나의 전문성도 보이지 않는 수많은 관계론적 존재의 직간접적인 노력으로 이루어진 사회적 합작품이라고 생각하는 상상력이야말로 모든 전문가가 가슴에 품고 있어야 될 생태학적 상상력인 셈이다.

3. 직장인이 근무하는 조직과 장인이 근무하는 지식생태계

당신은 다리가 떨리는 직장인인가, 심장이 떨리는 장인인가. '직장인'은 하던 일을 하던 대로 반복하지만 '장인'은 어제보다 조금이라도 나아지기 위해 어제와 다른 방법으로 애를 쓰는 사람이다. 직장인은 어제와 비슷한 또는 같은 방식으로 일을 반복하니까 재미도 없고 설레지도 않는다. 장인은 어제와 다른 방법으로 조금 더 잘하기 위해 안간힘을 쓰면서 분투노력하는 사람이다. 〈장인: 현대문명이 잃어버린 생각하는 손〉의 저자 Sennett (2009)에 따르면 장인은 어제보다 나아지기 위해 애쓰는 사람이다. 직장인은 자신의 일을 사랑하지 않기 때문에 어제와 다른 방법으로 내 일을 잘하기 위해 노력도 하지 않을 뿐만 아니라 내 일에 대한 호기심도 물음도 없는 사람이다. 내 일을 사랑하지 않기 때문에 이 일을 더 잘하려면 어떻게 해야 되는지에 대해 물어보지 않고 하던 대로 한다. 당연히 어제와 다른 학습이 발생하지 않고 기존 지식으로 적당히 얼버무리고 얼렁뚱땅 일을 마치려고 서두른다. 반면에 장인은 자기 일을 너무 사랑하기 때문에 이 일을 어제보다 잘하려면 어떻게 해야 되는지에 대해 호기심의 물음표가 많아지고 매순간 애를 쓴다. 〈휘파람 부는 바람〉이라는 책을 쓴 미국의 작가 Mary Oliver에 따르면 "우주가 우리에게 준 두 가지 선물은 사랑하는 힘과 질문하는 힘이다." 자기 일을 사랑하는 장인은 지금 하고 있는 일을 조금 더 잘하기 위해 애를 쓰면서 끊임없이 질문을 던지며 다양한 시도와 실험을 한다. 반면에 자기 일을 사랑하지 않는 대부분의 직장인은 지금 하고 있는 일을 어제와 같은 방식으로 오늘도 반복하고 내일도 마지못해서 했던 대로 그냥 반복한다. 지식생태계는 직장인보다 장인이 많은 생태계다. 직장인이 많을수록 일터는 지식생태계로서의 본성을 잃어가면서 점차 바람난 조직, 김빠진 조직으로 전락하기 시작한다.

한겨레 신문에 실린 정희진의 〈어떤 메모〉에서는 "사랑의 끝은 질문이 없어진 상태다."라고 하였다. 그렇다. 내가 사랑하는 사람에게 질문이 없어지기 시작하면 사랑도 식어가고 있다는 증거다. 내가 하는 일에 대해서도 질문하지 않는 이유도 내가 하는 일을 사랑하지 않기 때문이다. 이런 점에서 사랑하는 힘과 질문하는 능력은 두 가지 다른 능력이 아니라 한 가지 능력을 두 가지 관점에서 본 것이다. 일이든 사람이든 사랑하면 질문이 많아지고 질문이 없어지면 호기심이 없어져서 어제 했던 일을 그냥 받아들이고 대강 해내는 데 급급하다. 사랑하는 힘이 지속되기 위해서는 사람이든 일이든 한꺼번에 알 수 없는 비밀이 남아있어야 한다. 내가 알고 싶은, 풀고 싶은 비밀이 다 밝혀지는 순간 인간은 앎에의 의지와 욕망이 사라지고 질문도 없어지며 사랑도 급속도로 식어간다. 끊임없이 질문을 던지며 매일 대상이나 사람이나 일을 더 잘 알고 싶어서 어제와 다른 물음표를 던지며 정진할 때 나는 어제와 다르게 성장하고 발전한다. 바로 사랑하는 힘이 질문을 낳고 그 질문이 앎에의 의지를 강화시켜 나가기 때문이다. 장인은 오늘도 어제와 다른 호기심의 물음표를 마음 속에 품고 미지의 세계로 여행을 떠난다. 떠나는 여행에서 만나는 수많은 사람과 사물, 현실과 현상과의 마주침을 언어로 변환시키는 부단한 작업을 반복하면서 경이로운 일상에서 비상하는 상상력을 잉태한다. "삶은 견딜 수 없이 절망적이고 무의미하다는 현실의 운명과, 이 무의미한 삶을 무의미한 채로 방치할 수 없는 생명의 운명이 원고지 위에서 마주 부딪치고 있습니다. 말은 현실이 아니라는 절망의 힘으로 다시 그 절망과 싸워나가야 하는 것이 아마도 말의 운명인지요. 그래서 삶은, 말을 배반한 삶으로부터 가출하는 수많은 부랑아들을 길러내는 것인지요"(김훈, 2012, p.227). 장인은 비록 일상이 절망적이고 무의미하다고 할지라도 좌절하지 않고 그 운명을 끌어안고 어제와 다른 운명을 창조하기 위해 부단히 애를 쓰는 사람이다.

내가 몸담고 있는 조직에는 직장인이 많은가, 아니면 장인이 많은가. 직장인이 많은 조직에서는 5가지 적들이 서로가 서로에게 역기능적 폐해를 끼치면서 악순환을 반복한다. 첫째, 직장인이 많은 조직에서는 나까지 나설 필요가 없다고 생각하면서 차일피일 미루고 요리조리 눈치를 살피는 일이 많다. 공연한 평지풍파 일으키지 말라는 말을 많이 듣고, 아이디어를 내면 결자해지(結者解之)식 업무지시가 떨어진다. 해당 아이디어를 끝까지 책임져야 하는 조직문화의 폐해를 몸소 많이 겪는다. 둘째, 직장인이 많은 조직은 즐길

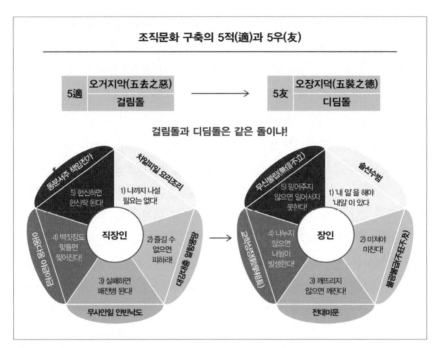

[그림 4.1] 직장인이 근무하는 일터와 장인이 근무하는 지식생태계의 조직문화 차이 비교

수 없으면 피하라는 조직문화가 팽배해있다. 어차피 해야 되는 일이 많아질수록 즐기기보다 가급적 안 해도 되는 이유를 찾아보라고 스스로를 다독거리며 대강대충, 얼렁뚱땅 해치우려는 성향이 관행처럼 몸에 배어 있다. 셋째, 직장인이 많은 조직은 실패하면 패잔병이 된다는 피해의식에 물들어 있다. 색다른 도전을 통해서 혁신적인 대안을 모색하다 실패라도 하면 그동안 힘써 노력한 성과도 물거품이 된다. 실패를 용인하는 조직문화는 말뿐이고 실패하면 바로 인사상 불이익이 따른다. 그래서 직장인의 최고의 덕목은 무사안일주의를 따라 안빈낙도의 삶을 즐기는 것이다. 넷째, 직장인이 많은 조직은 백짓장도 맞들면 찢어진다는 믿음을 갖고 있다. 힘든 일을 서로 나누거나 어려운 일을 부탁 했다가 큰 코 다친 적이 너무 많기 때문에 몸에 밴 관성이다. 이들은 아옹다옹 싸우지 않고 힘들고 버티기 어려워도 혼자 조용히 어찌되었든 해보려는 싸일로 효과(Silo Effect)가 팽배해있다. 마지막으로, 직장인이 많

은 조직은 헌신하면 헌신쫙 된다는 잘못된 신념을 믿고 있다. 이들에게 직장 생활을 하면서 지켜야 될 철칙은 개인 우선 조직 나중주의다. 조직은 내가 살아 있어야 존재할 수 있다는 믿음이다. 개인을 버리고 희생하면서 조직에 충성했다가 망가지는 것은 내 몸뿐이라는 인식이 확고부동하다. 이들은 동분서주하는 것처럼 보이지만 실질적인 성과로 연결되는 일은 거의 없고 틈만 나면 책임을 전가하려는 묘책을 강구한다. 이런 조직에서는 아이디어를 내면 낼수록 돌아오는 말은 "하던 대로나 잘 해"라는 가슴에 못을 박는 소리뿐이다. 변화와 혁신을 추구하는 리더십과 현상유지와 안정을 꾀하려는 보신주의와 관리가 성행한다.

이에 반해서 장인이 많이 활동하는 지식생태계에서는 시너지 효과를 내는 5가지 벗들이 함께 활동한다. 우선 장인이 몸담고 있는 지식생태계에서는 '내 일'을 해야 '내일'이 있다는 신념을 갖고 매사 솔선수범하는 자기분야의 리더가 활기차게 활동한다. 자신에게 맡겨진 일에 의미와 가치를 부여함은 물론 필요한 일만 하지 않고 필요 이상으로 일을 하는 사람이 많다. 직장인이 많은 조직에서는 필요한 일, 나에게 맡겨진 일도 하지 않는 사람이 태반이지만 장인이 많이 활동하는 지식생태계는 필요한 일은 물론 필요하지 않은 일도 찾아서 솔선수범한다. 둘째, 장인이 활동하는 지식생태계는 자기 일에 흠뻑 빠져서 열정적으로 몰입하는 이들이 많다. 이들은 미쳐야 미친다는 불광불급(不狂不及)의 정신을 몸소 실천하면서 일을 통해 기존의 앎을 바꿔나가는 사람이다. 이들은 앎으로 삶이나 일을 증명하기보다 자신이 몸을 던져 깨달아가는 삶으로 앎을 증명해보이려고 노력한다. 어제와 다른 방식으로 동일한 일도 다시 해보고 새로운 방법으로 학습하는 과정을 즐긴다. 셋째, 깨뜨리지 않으면 깨진다는 발상으로 스스로를 붙잡아두고 있는 고정관념이나 타성을 깨부수고 전대미문의 창조적 발상과 색다른 도전을 즐긴다. 내 생각도 틀릴 수 있다는 전제와 가정으로 다른 사람에게 언제나 배워보려는 노력을 게을리 하지 않는다. 넷째, 장인이 몸담고 있는 지식생태계는 나누지 않으면 나눔이 발생한다는 신념으로 서로 가르치고 배우면서 함께 성장하는 교학상장(敎學相長)의 미덕을 실천하면서 기존 조직을 부단히 변신하는 학습조직으로 만들어나간다. 한 분야의 전문가가 동시에 모든 분야에 능통할 수 없기 때문에 모든 사람과 소통하면서 배우려는 노력을 게을리하지 않는다. 그리고 이런 배움의 결과를 아낌없이 나누는 가운데 또 다른 배움을 즐긴다. 마지막으로 장인이 많이 활동하는 지식생태계는 믿어주지 않으면 일어서지 못한다는 공자의 무신불립(無信不立) 철학을 삶의 신조로 삼는다. 지식생태계에서 가장 중요한 것은 행위자간에 믿고 신뢰하는 인간관계다. 상대를 믿지 않는 상태에서는 피상적인 대화만 오고갈 뿐이다. 진정한 지식교류가 일어나기 위해서는 상대를 믿고 내가 갖고 있는 암묵적 노하우를 다양한 방식으로 전수하고 공유하려는 노력을 게을리하지 말아야 한다.

4. 지식생태계 리더십의 본질: 멀티플라이어와 디미니셔 리더십의 차이

지식생태계는 모든 행위자가 동등한 위치에서 호혜적으로 영향을 미치는 살아있는 네트워크다. 누가 언제 어떤 상황에서 어떤 리더십을 발휘하는지에 따라 지식생태계는 살아 움직이는 생태계가 될 수 있다. 하지만 반대로 사기를 떨어뜨리거나 동기를 저하시키는 발언을 일삼는 사람이 조직 전체의 분위기를 좌지우지 하면서 엉뚱한 방향으로 이끌어간다면 지식생태계는 순식간에 죽은 조직으로 전락할 수도 있다. Wiseman과 Mckeown(2010)은 글로벌 기업 35개사의 150명 이상의 임원을 대상으로 20년 동안을 연구한 결과, 팀과 조직의 지혜와 창의성을 고갈시키는 리더가 있는가 하면 팀과 조직의 역량을 최고로 이끌어내고 사람들을 더 똑똑하게 만드는 리더가 있음을 발견했다. 평범한 재능을 갖고 있는 사람의 능력을 두 배로 배가시켜 주는 리더를 '멀티플라이어(multiplier)'라 부르고 반대로 우수한 팀원의 능력을 반감시키는 리더를 '디미니셔(diminisher)'라고 부른다. 멀티플라이어란 상대의 능력을 최대로 끌어올려 팀과 조직의 생산성을 높이는 리더를 뜻한다. 이들은 함께하는 사람들의 능력을 2배로 끌어올려 자원의 추가 투입 없이도 생산성을 2배

이상 높인다. 반대로 디미니셔는 본래 우수했던 팀원도 지극히 평범한 사람으로 전락시키거나 본래 갖고 있는 능력의 절반도 발휘하지 못하게 동기를 떨어뜨리고 사기를 저하시키는 리더다. 멀티플라이어어는 재능자석, 해방자, 도전자, 토론주최자, 투자자처럼 행동한다. 그들은 재능 있는 사람을 모아 그 능력을 최대한으로 끌어낸다. 재능을 펼칠 환경과 기회를 제공하기 때문이다. 멀티플라이어는 혼자만의 생각으로 결정하지 않는다. 최고의 결과를 이끌어내기 위해 일하는 사람 모두가 주인의식을 갖고 참여하는 토론을 통해 올바른 결정을 내린다. 지식생태계는 모든 행위자가 멀티플라이어로서의 역할을 발휘하는 생태계다. 한편 디미니셔 같은 리더가 나타나 조직을 자기 마음대로 움직이며 폭군이나 전지전능하다고 생각하는 보스처럼 행동한다면 지식생태계는 급속도로 죽은 조직으로 변해갈 것이다. 멀티플라이어가 발휘하는 리더십과 디미니셔가 발휘하는 리더십의 차이가 지식생태계에 어떠한 영향을 미치는지를 비교하면 다음 5가지와 같다.

첫째, 멀티플라이어는 재능자석이 되어 누구에게 속한 사람인지에 상관하지 않고 재능을 끌어당기고 남김없이 이용한다. 그래서 멀티플라이어와 함께 일하면 성장하고 성공한다는 것을 알고 사람들이 몰려든다. 재능자석으로서의 멀티플라이어는 행위자 모두에게 영향을 미친다. 모든 행위자가 저마다의 재능자석처럼 작용한다면 강점은 상승작용을 일으키고 단점은 다른 재능자석의 강점과 상쇄되어 시너지 효과를 일으킬 것이다. 반면 디미니셔는 제국 건설자로서 직접 사람을 소유하고 통제한다. 자신에게 속한 사람과 그렇지 않은 사람을 구분하여 결국 모든 사람을 효율적으로 사용하는 데 실패한다. 디미니셔는 강력한 카리스마로 명령하고 통제하면서 일체의 자율권을 주지 않고 모든 것을 자신이 직접 관할하면서 중앙집권적 권력을 행사하려고 한다.

둘째, 멀티플라이어는 해방자로 일할 의욕을 갖게 하는 작업 환경을 만들어준다. 두려움을 없애고 편안한 분위기를 만들어 사람들 각자 최고의 생각을 끌어내게 해준다. 이와 동시에 최선의 노력을 요구하는 치열한 환경을 만든다. 지식생태계를 구성하는 모든 행위자는 저마다의 재능과 강점의 꽃이 만개할 수 있도록 무대를 제공해주고 자유롭게 색다른 대안을 실험할 수 있는 여건을 마련해준다. 반면 디미니셔는 폭군으로 평가의 두려움을 이용하여 긴장을 유발시킨다. 디미니셔는 행위자의 생각과 능력을 억누르고 자유롭게 의견을 타진하지 못하도록 엄숙하고 긴장된 환경을 만든다. 잘못 발언했다가는 큰 코를 다칠 수 있다는 강한 암시를 주고 가급적 암묵적 합의를 유도하는 분위기를 조성한다.

셋째, 멀티플라이어는 도전자처럼 조직을 운영한다. 기회를 보여주고 도전에 맞서게 하고 해낼 수 있다는 믿음을 만들어낸다. 멀티플라이어는 자신이 모든 것을 아는 것처럼 행동하기보다 미지의 세계에 도전하면서 함께 새로운 지식을 습득해나가는 공농체임을 강조한다. 누구나 저마다의 재능을 갖고 있기 때문에 리더의 역할은 그런 재능을 믿고 마음껏 도전할 수 있는 무대를 만들어주는 것이라고 생각한다. 반면에 디미니셔는 전지전능자처럼 조직을 운영한다. 자신이 가진 지식을 보여주기 위해 직접 지시를 내리는 것이 그 예다. 모든 일은 지시로부터 시작되고 지시로 마감된다. 지시는 리더가 알고 있는 지식으로 이루어진다. 디미니셔는 직접 방향을 정하고 자신의 지식으로 지시하면서 팀을 끌고 가지만 멀티플라이어는 방향이 정해지는 환경을 만들고 도전적 체험을 통해 체득하는 지혜로 지휘한다.

넷째, 멀티플라이어는 결정을 내리는 과정을 통해 조직에게 실행을 준비시킨다. 그는 철저한 토론을 통해 견실한 결정이 나오도록 노력하므로 토론 주최자처럼 조직을 운영한다. 멀티플라이어에게 모든 의사결정은 팀원과 함께 토론과정을 통해서 이루어진다. 리더의 역할은 토론을 이끌어가면서 가급적 많은 구성원들의 다양한 의견이 자유롭게 개진될 수 있는 분위기와 여건을 조성하는데 주력한다. 이와 반대로 디미니셔는 결정자로서 조직을 운영한다. 그는 작은 이너서클 안에서만 결정을 내린다. 따라서 그를 제외한 대다수 직원들은 결정을 실행에 옮기는 대신 결정이 온당한지 아닌지를 두고 논쟁하며 우왕좌왕한다. 디미니셔에게 의사결정은 일종의 권력 행사과정이다. 팀원은 다만 의사결정에 대한 아이디어를 낼 뿐 그것의 채택여부는 전적으로 디미니셔가 쥐고 있다. 따라서 디미니셔는 의사결정권을 통해 팀원을 통제하고 조정한다.

다섯째, 멀티플라이어는 조직 전반에 걸쳐 높은 기대를 심어줌으로써 탁월한 성과를 내고 이를 유지한다. 그는 투자자처럼 성공에 필요한 자원을 제공해준다. 그러는 한편 사람들에게 자신의 일에 대해서는 자신이 책임지게 한다. 멀티플라이어는 지금 하고 있는 일의 주인은 자신이며, 지금 몸담고 일터가 바로 나의 삶의 터전임을 깨우치게 한다. 그리고 가슴뛰는 비전을 공유하면서 최고의 성취감을 맛볼 수 있도록 이끌어 준다. 반면 디미니셔는 사소한 일까지 관여하며 마치 간섭자처럼 행동한다. 그는 자신이 주인이라는 의식에 사로잡혀 있으며 세세한 사항까지 파고들고 직접 결과를 만들어내려 한다. 디미니셔에게 팀원은 자신의 명령을 받아 수행하는 기계적 부속품에 불과하다. 그들의 존재이유는 디미니셔가 시키는 대로 움직이는 수동적인 존재일 뿐이다. 모든 팀원은 디미니셔를 위해 봉사하는 일꾼일 뿐이다.

"배를 만들고 싶다면, 사람들을 불러 모아 목재를 마련하고 일감을 나눠주고 업무를 지시할 것이 아니라, 그들에게 넓고 끝없는 바다에 대한 동경심을 키워줘라." 어린 왕자를 쓴 생텍쥐페리의 말이다. 사람들을 불러 모아 목재를 마련하고 일감을 나눠주고 업무를 지시하며 배를 만드는 사람은 디미니셔이고, 넓고 끝없는 바다에 대한 동경심을 키워주는 사람은 멀티플라이어다. 우리가 만들어가는 지식생태계도 이상적인 모습, 우리 모두가 꿈꾸는 이상적인 지식생태계의 이미지를 그려놓고 그걸 만들어가는 전략과 방법은 스스로 찾아갈 수 있도록 분위기와 여건을 마련하는 게 멀티플라이어의 리더십이다. 팀원에게 지시하면 깊은 생각을 하지 않고, 명령하면 그대로 따르는 복종심만 늘어날 뿐이다. 진정으로 팀원에게 사기를 북돋우고 도전정신을 심어주기 위해서는 이렇게 하는 것은 어떨지, 이런 방법 이외에 다른 더 좋은 방법은 없는지 질문을 통해 같이 생각해보는 시간을 갖게 되면 팀원은 새로운 생각의 문을 열고 무한한 가능성을 탐색하기 시작한다. 지식생태계를 주도하는 한 가지 최고의 리더십 스타일은 없다. 그리고 한 사람이 주도적으로 이끌어가는 슈퍼 컴퓨터 같은 독재적 리더십도 통하지 않는다. 지식생태계에서는 모든 행위자가 리더가 될 수 있으며 실제로 모든 사람이 리더로서 저마다의 분야에서 자기 맡은 바 임무와 역할을 수행해나간다. 다만 사안과 문제의 성격, 그리고 내용의 전문성 수준에 따라 주도적인 역할이 달리 발휘할 수 있다. 한 세션이 끝나고 다른 주제 영역으로 지식창조 및 공유과정이 전개되면 또 다른 행위자가 리더로 부각되고 다른 행위자는 팀원으로 활동하면서 서로가 서로에게 영향을 주고받을 수 있다.

5. 4차 산업혁명과 미래의 전문가, 사이 전문가

머리는 좋지만 영혼이 없는 인재가 양산되는 이유는 직접 힘든 일을 겪어보면서 타인의 아픔을 온몸으로 체험하는 공부를 하지 않기 때문이다. 전문가가 직접 몸을 움직여 우여곡절과 시행착오를 몸소 겪으면서 해당분야의 체험적 노하우를 축적하는 과정에서 나와 다른 사람의 아픔을 가슴으로 생각하는 감수성이 생긴다. 이런 감수성이 몇 사람에 대한 인간적 고뇌를 넘어서나를 둘러싸고 있는 모든 생명체가 살아가는 생태계까지 확산될 때 비로소 생태학적 상상력은 위력을 갖게 된다. 물론 체험하지 않고도 책상에서 머리로 이해할 수는 있지만 타인의 아픔을 가슴으로 공감할 수 없다. 공감 능력은 역지사지다. 머리로 생각해서는 생기지 않는다. 공감 능력은 내가 직접 타인의 입장이 되어 체험해 봐야 그 사람이 왜 그렇게 생각하는지를 비로소 가슴으로 이해할 수 있다. 나의 생각과 행동이 상대에게 어떤 영향을 미칠지 가슴으로 공감하는 능력이 취약한 인재(人材)가 양성될 때 우리 사회는 지금보다 더욱 심각한 인재(人災)위기에 직면할 수 있다. 난관을 극복할 수 있는 지혜도 책상 전문가의 관념적 지식에서 나오지 않는다. 지난한 고통과 우여곡절로 얼룩진 체험적 지혜를 온몸으로 습득하는 과정에서 인재의 진면목이 드러난다. 다른 사람을 배려하고 인격적으로 존중해 주는 인재는 자신의 전문성을 남을 위해 나누는 자리이타(自利利他)적 사랑을 몸소 실천하는 전문가다.

전문가란 "뭔가에 대해서 모든 것을 알지만 그 밖에 다른 분야에 대해서는 아무것도 모르는 사람"이다. 미국의 작가, Bierce의 말이다. 깊이 있는 전문성도 좋지만 전문성이 심화될수록 전문성의 함정이나 덫에 걸려 다른 것은 볼 수 없는 안타까운 처지가 된다는 말이다. 전문가는 이제 자기 분야는 물론 다른 전문분야와의 접목을 통해 혼자서는 해낼 수 없는 색다른 전문성을 부단히 창조하는 새로운 전문가로 거듭날 필요가 있다. 특히 4차 산업혁명이 현실로 다가오면서 전문가의 미래도 새롭게 조명될 필요가 있다. 미래의 전문가는 지금까지의 전문가와는 무엇이 달라야 하는가? 대부분의 전문가가 지니고 있는 전문성을 인공지능이 대체할 경우 전문가는 기계가 대체할 수 없는 통찰력으로 무장, 탁월한 지혜를 발휘할 수 있어야 한다. 사람과 사람은 물론 사람과 사물, 사물과 사물이 연결되는 초연결시대의 분야별 전문가는 다른 분야의 전문가와 튼실한 신뢰를 바탕으로 협업과 융합을 실천하는 전문가로 변신할 필요가 있다.

한 가지 분야의 전문성만 고수해서는 진정한 전문가로 자리매김하기 어려워지는 4차 산업혁명 시대에는 기존 전문성을 새로운 전문성으로 부단히 신장시키고 개발하는 창조적 폐기학습(unlearning)이 필요하다. 새로운 분야를 이해하려는 학습(learning)도 중요하지만 새로운 생각을 잉태하고 색다른 창의성을 발휘하기 위해서는 타성에 굳어져 가는 고정관념과 습관적으로 믿고 있는 상식을 과감하게 버리는 의도적인 노력이 중요하다.

"전문성과 경험이 깊어질수록 세상을 보는 특정한 방식에 매몰된다."라이스 대학교 Dane 교수의 말이다. 전문가가 세상을 본다는 것은 자신이 쌓은 전문성과 경험적 안경으로 세상을 본다는 의미다. 결국 다른 전문가의 눈으로 볼 수 없는 색맹이 될 수 있음을 경계해야 된다는 말이다. 이를 위해서 전문가는 기꺼이 다른 전문가와 연결해서 협업하고, 소통하고 공감하며, 융합해서 창조를 이끌어가려는 남다른 의지와 실천력을 지녀야 한다. "위대한 아이디어는 레스토랑의 회전문에서 탄생한다"는 Camus의 말은 서로 다른 전문가가 소통하고 공감하면서 저마다의 전문성이 융합될 때 새로운 가능성이 탄생된다는 말이다. 전문가는 나와 다른 전문가와 사이에 존재하는 차이를 틀림이 아니라 다름으로 간주하고 그 차이 속에서 위대한 가능성의 싹이 자랄 수 있는 여건을 조성해야 한다. 이처럼 전문가와 전문가 사이에 존재하는 차이에 주목, 이질적 전문성을 융합, 색다른 전문성을 창조하는 전문가를 '사이 전문가(호모 디페랑스, Homo Differance)'라고 한다. '디페랑스(differance)'는 프랑스 철학자 Derrida가 영어의 '차이(difference)'로 설명할 수 없는 또 다른 차이를 설명하기 위해 차이를 시간적으로 뿐만 아니라 공간적으로 연기해놓자는 의미로 '차연' 또는 '차이(差移)'라는 새로운 개념으로 창조된 개념이다. 양지와 음지, 남과 여, 동양과 서양, 고대와 현대, 높이와 깊이, 바닥과 정상, 희망과 절망, 걸림돌과 디딤돌, 흑과 백, 어둠과 밝음, 배경과 전경 사이를 넘나들며 색다른 가능성을 모색하는 전문가가 바로 사이 전문가다.

6. 기계가 대체할 수 없는 전문가의 네 가지 전문성

"사람들 사이에 섬이 있다/그 섬에 가고 싶다." 정현종 시인의 '섬'이라는 시다. 그 섬은 사람과 사람 사이를 연결하는 다리이자 두 사람이 만나 다른 차이를 만들어낼 수 있는 융합적 지식창조의 공간이다. 하지만 그 사이에 있다가 사이를 두고 경계에 있는 양편의 입장 차이를 존중하고 이해하지 못할 경우 비판의 빵이 아니라 비난의 화살이 날아들 수 있다. 박덕규 시인의 '사이'가 바로 그런 시다. "사람들 사이에 사이가 있었다/그 사이에 있고 싶었다/양편에서 돌이 날아왔다." 사이는 전문가와 전문가 사이다. 사이는 무한한 가능성의 텃밭이 자라는 경계지대다. 그 사이에서 어떤 차이가 살아가는지, 그 차이를 어떻게 존중해주고 인정해주는지에 따라서 사이는 색다른 전문성이 싹틀 수 있는 융합과 창조의 영역으로 거듭날 수 있다. 사람과 사람 사이, 전문가와 전문가 사이, 그 사이에 존재하는 차이를 존중해줄 때 우리는 좋은 사이가 될 수 있으며 새로운 길을 개척할 수 있다. "그대 길(道)을 아는가? 길(道)은 언덕과 물 사이에 있다"는 연암 박지원의 〈열하일기〉에 나오는 말이 의미심장하게 들리는 이유는 무엇일까? 4차 산업혁명을 비롯해서 미래 사회의 변화를 주도하는 사람혁명이 일어나기 위해서는 기계가 대체할 수 없는 인간 고유의 능력이 무엇인지를 밝혀내야 한다. 인공지능을 장착한 로봇이나 기계가 머신러닝(machine learning)을 한다고 해도 동물성이나 식물성, 사물성이나 기술성으로 대체할 수 없는 인간의 고유한 특이점(singularity)이 무엇인지를 찾아보고 이를 기반으로 전문성을 개발하는 데 주력할 필요가 있다. 미래의 전문가가 무장해야 될 전문성도 바로 기계가 대체하기 어려운 특이한 능력이다.

기계가 대체하기 어려운 인간의 고유한 첫 번째 능력은 바로 호기심을 기반으로 질문하는 능력이다. 기계는 정해진 알고리즘 안에서 가능한 질문을 하지만 인간은 무한한 호기심을 품고 생각지도 못한 질문을 한다. 질문은 무한한 가능성을 열어 놓고 전대미문의 색다른 대안을 모색할 수 있는 관문이다. 질문이 바뀌면 관문이 바뀌고 세상을 바라보는 관점도 바뀐다. 질문은 익숙한 집단의 소속감에서 벗어나 낯선 세계로 진입하려는 용기 있는 결단이다. "신기한 것들에 한눈 팔지 말고, 당연한 것들에 질문을 던지세요"(이성복, 2015, p.151). 4차 산업혁명이 일어난다고 신기한 테크놀로지에 한눈 팔지 말고 여전히 변하지 않는 삶의 본질이 무엇인지, 지금까지 원래 그렇고 물론 그렇다고 생각했거나 당연하다고 간주했던 진리에 물음표를 던져본다.

두 번째 능력은 감수성이다. 감수성은 타인의 아픔에 공감하는 측은지심이다. 감수성으로 포착되는 측은지심이 있어야 타인의 입장에서 보고 들으며 생각하고 느낄 수 있는 공감능력이 생긴다. 내가 타자의 입장이 되어서 직접 해보지 않으면 공감능력은 생기지 않는다. 머리는 좋지만 따뜻한 가슴이 없는 책상 똑똑이(book smart)가 문제가 되는 것도 공감능력이 없기 때문이다.

세 번째 능력은 상상력이다. 감수성과 공감능력이 생기면 이제 이를 기반으로 타인의 아픔을 치유하기 위해 전문가가 발휘하는 능력이 곧 상상력이다. 두 가지 이상의 아이디어를 연속해서 연결시켜 상상력을 발휘하는 이연연상(二連聯想)이 창의력의 원천이다. 창의력은 없었던 생각을 새롭게 제기하는 발상(發想)이 아니라 익숙한 기존의 것을 낯선 방식으로 연결시키는 연상(聯想)이다. 감수성으로 포착된 생태계 모든 생명체의의 아픔을 어떻게 하면 치유할 수 있을 것인지 다양한 아이디어를 내는 과정이 바로 이연연상으로 새로운 가능성을 모색하는 생태학적 상상력이다.

마지막으로 기계가 대체하기 어려운 인간의 고유한 능력은 시행착오를 겪으며 문제해결을 통해 깨닫는 체험적 통찰력이자 실천적 지혜(practical wisdom)(Aristotle, 2011)다. 다양한 시행착오와 우여곡절의 체험적 축적이 어느 순간 세상을 색다른 가능성으로 유도하는 실천적 지혜를 가져다준다. 4차 산업혁명이 주도하는 기술혁명 시대에 기술적 실수로 발생하는 생각지도 못한 문제를 해결할 수 있는 주체는 오로지 인간밖에 없다. 예외적인 상황에서 순간적인 판단과 즉흥적인 결단으로 과감하게 실행하면서 축적하는 실천적 지혜는 기계가 대체하기 어려운 인간의 고유한 능력이 아닐 수 없다. 미래의 전문가가 가져야 할 단 하나의 능력을 꼽으라면 단연코 실천적 지혜다. 실천적 지혜는 단순히 해당 분야에 대한 폭넓은 식견과 안목을 지니고 있는 전문성을 능가한다. 실천적 지혜는 정답이 없는 회색 지대나 딜레마 상황에서 어떻게 판단을 내리고 조치를 취하는 것이 도덕적, 윤리적으로 옳은지를 부단히 고뇌하는 전문성이다. 실천적 지혜를 지니고 있는 미래의 전문가는 자기 자신에게 진정으로 필요한 전문성과 나와 관계를 맺고 다른 사람은 물론 우리 모두가 발을 딛고 서 있는 공동체가 추구하는 올바른 선이 무엇인지도 아는 전문가다. 실천적 지혜를 습득하고 있는 미래의 전문가는 지금 여기서 직면하고 있는 딜레마 상황을 탈출하기 위해서 무엇을 어떻게 해야 하는지를 다양한 체험적 노력을 통해 깨닫고 있는 사람이다(유영만, 2015).

2장

지식생태학의 가능성과 전망

'깊은 통찰력이 부족한 외눈박이 이성', 철학자 Whitehead가 서구 과학이 추구하는 기계론적 패러다임의 한계와 문제점을 지적하면서 한 말이다. 환언하면 과학은 그동안 우리에게 물체와 정신은 상호연관성을 결여한 채 서로 독립적으로 존재하는 개별적인 실체라고 가르쳤다(Worster, 1977). 나와 관계 없는 수많은 개체들의 집합장소가 바로 우리가 살아가는 삶의 터전이다. 더욱이 저쪽에 존재하는 자연은 나와 관계 없는 또 다른 개체일 뿐이다. 그 개체로서의 자연은 인간의 이성과 합리성에 따라 판단을 기다리는 인간적 삶의 수단일 뿐이다. 그 수단을 과학의 힘을 빌려 개발하고 활용하는 것이 인간의 의무이자 권리라고 생각하는 오만한 발상이 세상을 지배하면서 오늘의 위기를 맞이하게 되었다. 생태학은 이런 문제의식을 등에 업고 우리 곁으로 다가온 학문이다.

"내 고통은 자막이 없다. 읽히지 않는다." 김경주(2012) 시인의 비정성시(非情聖市)에 나오는 구절이다. 사람이나 동물은 아프거나 슬프면 내적으로 참고 견디기도 하지만 어쩔 수 없이 그 고통이 표현되기도 한다. 하지만 식물은 고통을 다른 생명체에게 표현할 수 있는 방법이 없다고들 생각한다. 그런데 식물도 인간이 알아채지 못할 뿐이지 고통을 저마다의 방법으로 표현하고 산다. 생태계의 구성원 중 하나에 불과한 인간의 고통으로 바꿀 수 있는 것은 극히 미약하다. 하지만 인간의 아픔은 아픔으로 인식하면서도 파괴되어 가는 생태계의 아픔은 나의 고통처럼 느껴지지 않고 남의 일처럼 생각한다. 김광섭 시인의 〈번영의 폐수〉라는 시를 보면 생태계가 파괴되고 그것이 결국 우리 삶을 파국으로 몰고 가는 실상을 고발하는 장면을 읽을 수 있다. 그럼에도 인간은 이런 파국을 강 건너 불구경하고 있듯 하고 있다.

번영이 버린 물

바다에 흘러들어

고기 병신 되어

벌레가 된 것을

어미가 물어다 먹인

새끼 제비가 죽은 것을 보고 놀라

갑자기 눈이 어두운 어미 제비도

전봇줄에 앉아 울다가

떨어져 죽었다

참새에게 쌀을 주고

제비에게 벌레를 준

하늘을 원망하여

바다는 고요했고

새는 곡했다

늦가을 강남 갈 제비도 없고

삼월 삼짇날 올 제비도 없으니

놀부 흥부는 제비 잘 사는 나라로 이민이나 가시지

Haeckel이 생태학을 창시한 이래로 생태학을 모학문으로 탄생되는 학문은 여전히 멈추지 않고 꾸준히 증가하고 있다. 예를 들면 생태학을 중심으로 사회를 바라보는 사회생태학, 생태학의 담론이 가정하는 전제하에 당연하다고 생각하는 상식을 뒤집어엎는 심층생태학, 생태학적 문제의식을 페미니즘에 대입한 생태여성학 또는 에코 페미니즘을 비롯하여 생태학은 부단히 그 영역을 넓혀 나가고 있다. 지식생태학도 생태학의 한 분파 학문으로 등장한다. 생태학이 여러 분야와 손을 잡아서 다양한 분과학문이 지속적으로 탄생하고 있는 것이다.

지식생태학에서 말하는 지식을 인공지능이 얼마나 대체할 수 있을지 예측하기 어렵다. 하지만 분명한 사실은 인간이 오랜 시간에 걸쳐서 학습할 내용을 인공지능은 하루 저녁에 다 학습해버리고 심지어 잊어버리지도 않는 놀라운 학습능력을 더욱 정교하게 갖춰가고 있다는 사실이다. 지식생태학의 새로운 가능성과 한계는 지식에 대한 관점변화와 더불어 기계와 공존해서 개발할 또는 기계가 할 수 없는 인간 고유의 능력개발에 달려 있다. 지식생태학의 숙제는 지식이 어떻게 창조되고 인간적 교류와 교감을 통해 전수·공유할 것인지를 밝히는 일이다. 이 시점에서 지식생태학이 던져야 할 질문은 다음과 같다. 앞으로 인류사회의 위기극복과 새로운 대안을 모색하고 마련하는 데 필요한 지식은 어떤 지식인가? 그런 지식은 소위 지식과 지혜로 구분되는 차원을 넘어서는 새로운 수준의 지식인가? 그런 지식을 지식생태학은 어떤 방법으로 지식생태계에서 창조해낼 것인가?

지식생태학의 학문적 발전가능성은 지식이라는 개념규정과 재정의에 따라 달라질 수도 있겠지만 그것보다는 더 근본적으로 지식생태학이 탐구하는, 지식생태학의 학문적 존립기반이자 실천적 적용대상인 지식생태계를 어떤 모습으로 상상하고 재규정하느냐에 따라 달라질 수 있다. 우리가 꿈꾸는 이상적인 지식생태계는 어떤 바람직한 요건과 모습을 띠고 있는 생태계인가? 기존 생태계의 유지 및 발전 원리를 그대로 수용하면서도 어떤 특징적 요건을 새롭게 갖추어야 하는가? 지식생태계에서 관여하는 지식생산자 및 소비자로서의 인간 학습자는 발달해가는 첨단 미디어를 어떤 방법으로 활용하여 기존 지식창조 및 공유와 적용과정에서 드러나는 한계와 문제점을 극복해낼 것인가? 지식생태계에 존재하는 수많은 지식생태계 구성요소간 어떤 상호의존관계를 맺어야 항상성은 물론 자기생산능력을 이상적으로 발휘할 수 있을 것인가? 질문이 꼬리를 물면서 그 질문에 답변하려는 학문적 탐구자세, 그리고 어제와 다른 호기심의 물음표를 품고 탐구여정을 멈추지 않는 한 지식생태계는 정체된 황무지가 아니라 끊임없이 변신을 거듭하는 살아있는 생태계로 나날이 그 모습을 달리할 것이다.

지식생태학은 최근 새롭게 부각되고 있는 언어생태학과의 접목가능성을 꿈꾸면서 지식생태학의 새로운 탐구영역을 개척해낼 수 있다. 인간이 사용하는 언어는 언어 사용 주체의 심리를 반영한 표현이기도 하지만 당대의 시대적 흐름을 반영하는 사회적 산물이기도 하다. 예를 들면 고속성장과 효율, 그리고 성과를 강조하는 직선형 사회에는 직유법이 횡행하면서 마음이 조급해지고 뭐든지 빨리 해치우려는 성향으로 자신도 모르게 내몰리게 된다. 이런 상황에서는 천천히 그 의미를 음미해보면서 반추할 수 있는 은유법을 비롯한 비유법이 사용되기 어렵다. 인간우위론적 사고방식이 유행하면서 인간은 자연을 개발하고 활용해야 된다는 당위론이 세상을 지배할 때 인간이 사용한 언어는 주로 개발, 남용, 착취, 지배, 완벽이나 완전, 목표, 효율, 성과, 직선, 속도 등과 같은 것이었다. 언어는 언어를 사용하는 사람의 욕망이 담겨 있다. 개발지상주의 시대에 인간이 무의식적으로 사용하는 단어의 세계를 분석해보면 개발 패러다임에 얼마나 젖어 있는지를 쉽게 알 수 있다. 지식생태학은 학습과 지식을 근간으로 일은 물론 일상적 삶의 질을 높이고 더불어서 행복한 공동체를 꿈꾼다. 지식생태계에서 즐거운 학습과 건강한 지식이 자발적, 자율적, 자생적으로 일어나기 위해서는 이에 상응하는 조직문화가 뒷받침되어야 하는데, 이때 중요한 매개 포인트는 구성원이 사용하는 언어나 개념의 수준이다. 지식생태계 공동체 구성원들이 사용하는 언어와 개념수준을 높이는 연구가 결국 지식생태계의 건강성을 드높이는 일과 직결되어 있다.

언어생태학은 언어와 문화적 환경의 상호작용을 연구하는 언어학의 분과학문이다(김욱동, 2003, p.289). 언어생태학자들은 언어가 소멸하는 것과 지구상에서 생물이 멸종하는 것을 같은 차원에서 보고 어떻게 하면 소멸되어 가는 언어를 복원시킬 것인지에 많은 관심과 노력을 기울이고 있다. 언어생태학자에 비추어 볼 때 언어는 Heidegger의 말대로 '사상의 집'이자 Emerson의 말처럼 '역사의 기록보관소'이다. 아무리 뛰어난 생각을 갖고 있다고 해도 그 생각을 표현할 언어가 부재하면 표현이 되지 않는다. 사상은 언어를 통해 비로소 표현되고 매개된다. 시대별로 사람이 사용하는 언어적 형태나 행태를 분석해보면 당시의 사람이 어떤 언어를 어떤 의도로 사용해왔는지를 알 수 있다는 점에서 언어는 '역사의 기록보관소'인 셈이다. 지식생태계에서 구성원이 학습활동을 전개하면서 창조하는 지식을 어떤 언어를 사용해서 표현하고 공감하는지는 매우 중요한 연구관심사다. 동일한 언어를 사용한다고 해도 그 언어에 담긴 한 사람의 생각이 바로 그 사람의 삶을 대변해줄 뿐만 아니라 어떤 연상세계를 몸속에 간직하고 있는지를 알 수 있는 단적인 증표이기 때문이다. 이런 관점에서 故 신영복 교수님의 단어와 연상세계는 우리에게 많은 시사점을 던져준다. "그 사람의 사상은 그가 주장하는 논리 이전에 그 사람의 연상세계, 그 사람의 가슴에 있다고 믿습니다. 그 사람의 사상이 어떤 것인가를 알기 위해서는 그 사람이 어떤 연상세계를 그 단어와 함께 가지고 있는가를 묻는 것이 더 정확하다고 봐요(신영복, 2017b, p.65)." 지식생태계는 다양한 구성원이 저마다 살아온 배경이 다르다는 전제를 공유하며 저마다의 생각과 의견을 언어를 통해 표현하면서 다른 사람과 공유하고 공감하는 공동체다. 어떤 사연과 배경을 품고 어떤 언어를 사용하는지를 알아주는 노력, 알아내려는 분투가 서로간의 믿음을 주고받는 공동체적 연대망을 강하게 만드는 중요한 요인이다.

생태계의 오염을 방지하는 수준을 넘어서 오염 자체가 발생하지 않도록 하기 위한 근본적인 대책이 마련되지 않는다면 우리가 몸담고 있는 거대한 지구는 삶의 터전에서 점점 멀어져갈 것이다. 언어생태학은 생태계가 오염되면서 언어도 같이 오염되어 가는 현상을 심각하게 바라보며 연구한다. 환경오염이 자연을 죽음으로 몰고 가듯, 언어오염도 인간의 정신을 황폐하게 만든다는 주장에 귀기울일 필요가 있다. 언어의 오염은 곧 사고의 오염이기 때문이다(Bolinger, 1980). 언어적 오염은 본래의 의미와 관계없이 편의주의적으로 만들어서 사용하는 각종 은어는 물론이고 쉽게 알아들을 수 없는 약어에만 편중되지 않는다. 오히려 가장 심각한 언어적 오염은 인간우위론적으로 정의해놓은 각종 동식물 이름과 분류체계다. 예를 들면 인간은 자신의 쓸모에 따라 먹을 수 있는 식물은 채소나 야채로 부르고 몸에 좋은 풀은 약초라고 하지만 먹을 수 없는 식물을 잡초라고 분류해놓는 방식이다(김욱동, 2003). 국어사전을 들춰봐도 잡초가 얼마나 천대받는 풀로 취급되고 있는지 알 수 있다. '저절로 나서 자라는 여러 가지 대수롭지 않은 풀'이라고 잡초를 정의해놓은 걸 보면 인간은 얼마나 자연지배적인 사상을 언어적으로 표현하고 있는지를 알 수 있다. 생태계에 존재하는 모든 생명체는 저마다 살아가는 이유가 있다. 그냥 거기서 대수롭지 않게 살아가는 생명체는 없다. 오로지 그런 판단은 인간의 오만한 언어적 사유일 뿐이다.

언어생태학에서 논의한 바와 같이 지식생태학의 학문적 발전 가능성은 지식생태학으로 영향을 주고받을 수 있는 인접 유관분야와의 학문적 접목가능성에서도 찾을 수 있다. 지식생태학과 시민교육, 지식생태학과 학교교육, 지식생태학과 HRD, 지식생태학과 교육공학으로 나누어 지식생태학의 학문적 접목가능성을 생각해볼 수 있다.

1. 지식생태학의 실천분야 탐색: ① 시민교육생태계

"다른 사람과 아무런 내왕이 없는 '순수한 개인'이란 무인도의 로빈슨 크루소처럼 소설 속에나 있는 것이며, 천재란 그것이 어느 개인이나 순간의 독창이 아니라 오랜 중지(衆智)의 집성이며 협동의 결정임을 우리는 알고 있습니다. 우리들이 잊고 있는 것은 아무리 담장을 높이더라도 사람들은 결국 서로가 서로의 일부가 되어 함께 햇빛을 나누며, 함께 비를 맞으며 '함께' 살아가고 있다는 사실입니다."

〈감옥으로부터의 사색〉 중에서

언제부턴가 한국 사회를 설명할 때 '각자도생', '승자독식' 등의 단어가 떠오른다. 더욱 무서운 것은 '각자도생'이라는 용어가 우리 사회에 작동하는 방식이다. "살아남아야 한다"는 차원을 넘어 "살아남으려면 다른 사람들을 돌아보지 마라"라는 명제로 방점이 찍혔다. 〈단속사회〉의 저자 엄기호는 신자유주의 사회에서 우리가 취해야 할 마지막 도덕은 '아무도 남을 돌보지 마라'는 것이라고 했다. 신자유주의 사회의 근본적 문제는 우리가 더불어 함께 살아가고 있음을 망각하게 만드는 체제라는 데 있다.

오늘날 '시민교육'의 문제의식은 바로 이 지점에서 출발한다. 더불어 함께 살아가고 있음을 각성하는 일이다. 민주사회를 형성하기 위한 훌륭한 자질을 가진 시민으로 성장하기 위해 필요한 밑거름을 제공하는 것이다. 한국의 시민교육은 가정교육, 청소년교육, 성인교육, 노인교육의 형태로 평생교육의 차원에서 이해될 수 있다. 시민의 사고와 행동을 가치지향적인 방향으로 전환시키고, 건전한 미래사회 형성을 위해 현실문제를 해결할 수 있는 능력을 기르는 데 중점을 둔다. 시민교육을 선도하는 독일의 경우 시민교육의 역할이 시민 공동체를 형성하는 데 목적을 두고 있다. 공동체를 위한 책임감을 인식하는 과정은 자신의 합리적 이익만을 고집하지 않고, 공동의 이익을 우선 고려할 줄 아는 사회규범을 체득하도록 유도하는 데 있다.

시민교육은 사람들의 파괴된 관계망을 회복시키는 것을 출발점으로 하고 있다는 점에서 지식생태학의 대표적인 실천분야라고 할 만하다. 지식생태학의 학습관과 지식관의 핵심 속성은 '호혜'와 '상호의존성'에 있다. 특히, 지식생태계 활성화의 5대 전략 중 지식생태계의 활력 에너지 흐름의 기반인 '사회적 신뢰'는 시민교육이라는 뿌리를 튼튼히 하는 일과 연결된다. 개별 조직 단위의 인간적 신뢰를 형성하는 일이 중요하지만, 사회적 신뢰의 뿌리가 미약할 경우 '지식생태계'의 기반 역시 쉽게 흔들릴 수밖에 없다. 지식생태학의 실천 분야로 '시민교육'이 대표적일 수밖에 없는 이유다.

2. 지식생태학의 실천분야 탐색: ② 학교교육생태계

　대한민국을 빠른 시간 안에 성장·발전시킨 공(公)은 학교교육과 교육열에 둘 수 있다. 현재 대한민국을 견인해 온 학교교육은 입시, 교육내용, 교육평가, 대학의 개혁을 요구하며 걱정거리가 되고 있다. 제4차 산업혁명시대로 대변되는 이 시대는 복합적 문제를 해결할 수 있는 인재양성을 요구하고 있다. 지금까지의 일정한 교과과정에 따라 교사가 계획적, 집단적으로 실시하는 형식적 교육으로는 미래사회가 요구하는 인재를 양성하기에 부족하다. 또한 성인으로서 사회에 나가기 전까지 앞으로의 삶을 살아가는 데 필요한 교육이라기보다는 대학에 들어가기 위한 입시위주의 교육으로 책상지식으로 무장한 사람들을 양산하고 있다.

　지식생태계는 외부와도 부단히 정보를 주고 받는 개방성을 가지면서도 스스로 유지되는 학습의 터전이다. 일상적 삶에서 배우고, 일상에서 만나고 부딪치는 모든 것이 학습의 자원이다. 폐쇄된 공간에서 책상에 앉아 이루어지는 암기위주의 주입식 교육이 아니다. 학교밖 일상의 삶과 연결된, 삶과 앎이 구분되지 않는 학습이다. 학교 담벼락 안에서 등교시간 이후에 이루어지는 것만이 공부가 아니다. 문과·이과를 구분하여 해당분야만 아는 사람이 아닌 인문·사회·과학기술에 관한 기초소양교육을 바탕으로 학교를 벗어나서 일상의 삶을 사는 지혜를 갖추게 하는 교육이어야 한다.

　지식생태계는 서로가 서로에게 배우고 가르칠 수 있으며 서로의 다양함을 존중한다. 지식의 전달자와 수혜자가 철저하게 나눠져 있고 경험이 많은 한 사람에 의해 주도되어 이루어지는 학습이 아니다. 모두가 스승이 될 수도 있고, 모두가 배우는 사람이 될 수도 있다. 교우, 교사, 선배, 후배와 상호작용을 하고 지역사회도 참여할 수 있다. 학교의 지식생태계는 교사의 주도로 이루어지는 객관적 정보의 전달을 학습으로 보지 않는다. 요즘 시도되고 있는 학습방법인 학생참여형 수업, 협력적 과제해결, 프로젝트 수업, 탐구학습처럼 교사와 학습자, 학습자 간의 경계가 없이 서로에게 배우고, 문제를 스스로 정의하고 해결책을 찾아간다. 남에 의해 규정되는 삶과 학습이 아닌 자신의 자유의지에 의해 스스로 추구하는 학습이며, 함께하는 동료와 서로 교감하면서 경쟁이 아닌 협력하는 방법을 배우는 학습이다. 교사와 학생간, 학생과 학생간의 상호의존적 관계망을 유지하고 다름과 차이를 존중하면서 공생한다.

자신의 성공을 위해서 머리를 채우는 양적인 지식의 야적이 아닌, 체험한 후 마음으로 깨달아 몸에 새겨지는 지식, 체험적 지혜여야 한다. 세상의 얽히고 섥힌 관계를 이해하고 다양한 시도와 모색을 통해 실천적·감동적으로 지식을 체화했을 때 비로소 지식은 우리 몸에 체득되고 필요할 때 활용될 수 있다. 대학의 지식생태계는 배움의 터전이 곧 삶의 터전이 되어 배움으로서 학과 습이 선순환되는 개방적 생태계여야 한다. 취업률 상승과 같은 단기적 목표에 매진하는 것이 아닌 인간다운 삶을 살기 위해 인간적이고 일상적인 학습을 지원할 수 있는 제도와 문화를 마련하는 것이 필요하다. 학교교육을 통해서도 체험적 지혜와 내공으로 무장한 진정한 사회인을 배출하여 대한민국 성공의 열쇠가 되기를 바란다.

3. 지식생태학의 실천분야 탐색: ③ 생태학적 HRD

기존의 HRD(Human Resource Development)는 인간을 조직의 성과 향상을 위한 하나의 자원으로 간주하고, 조직 내에서 사람을 통제 가능한 존재로 보며, 체계적인 교육 프로그램과 개입을 통해 효율적으로 인적자원을 개발하는 활동에 관심을 가져왔다(장원섭, 2011). 한 마디로 인간을 다른 천연자원과 비슷한 수준에서 비교함으로써 인간자원을 개발하고 활용한 다음 그 가치가 떨어지면 구조조정하는 대상으로 전락시켰다. 기존의 HRD는 인적자원을 목표달성이나 성과 극대화를 위한 전략적 수단으로 자리매김함으로써 인간관계를 통해 변화되는 인간이 아니라 인간 개체를 독립적으로 육성하고 개발하고 통제하며 관리할 수 있는 개체론적 존재로 전락시켰다. 이러한 기능주의적 관점하에서 이루어지는 기업교육은 인간을 독립변수로 상정하고 인간의 능력을 상황적 맥락과 무관하게 탈맥적으로 분리 독립시키는 개체론적 인재육성론이다. 개체론적 인재육성론을 따르는 기업교육은 우수성과자들이 보유한 역량을 그 역량이 발휘되는 맥락과 분리한 상태에서 분석하고 표준화시켜, 전체 구성원들에게 보편적으로 확산하여 생산성을 높이는 방향으로 이루어져 왔다. 그러나 이러한 교육방식은 이론적으로는 타당한 방법처럼 보이지만 현실적으로 별다른 효과를 거두지 못하는 이상적인 접근이다(유영만 외, 2009).

　　지식생태학에서는 인간을 주체적 행위자로서 성찰과 비판을 통하여 스스로 의미를 생산하는 존재로 바라볼 뿐만 아니라 인간은 인간관계의 역사적 산물로 바라본다. 인간은 인간이 만난 사람이나 환경과 무관하게 독립적인 노력을 통해 탄생하고 성장한 개체가 아니라 사람과 사람, 사람과 환경의 상호작용이 만든 관계론적 존재이자 부단히 자기변신을 통해 어제와 다른 모습으로 변화되어 가는 생성적 존재다. 이런 차원에서 지식생태학은 HRD를 'Human Relationship Development'로 재해석한다. 왜냐하면 인간은 인간관계의 산물이기 때문이다. 생태학적 HRD에 따르면 인간을 바꾸기 위해서는 인간 자신을 독립변수나 종속변수로 상정하지 않고 다른 구성요소와 긴밀한 관계를 맺고 있는 상호의존적 관계로 파악해야 한다. 상호의존적 관계로서의 인간을 변화시키는 HRD는 구성원간 상호 관계맺음을 기반으로 인간의 감수성과 창조적 상상력을 극대화할 수 있도록 조직의 여건을 조성하는 데 주안점을 둔다. 지식생태학적 HRD는 구성원들이 스스로 능동적인 변화를 만들어 낼 뿐만 아니라 내가 갖고 있지 않은 다양한 전문성을 다양한 전문가 네트워크나 지식생태계에서 어떻게 개발하고 육성할 수 있을 것인지를 고민한다. 나아가 지식생태학적 HRD는 인간과 인간관계에 영향을 줌으로서 지식생태계의 지식순환 과정에 영향을 미치는 일상적 학습활동, 다양한 제도와 시스템적 지원, 학습문화 조성 등에 많은 관심과 노력을 기울이고 있다.

4. 지식생태학의 실천분야 탐색: ④ 지식생태학과 교육공학

지식생태학의 이러한 관점은 교육공학에서의 미디어[1](기술)에 대한 연구에도 적용될 수 있다. 현재까지 교육공학에서 미디어를 바라보는 지배적 관점은 '도구적 사고'이다. 하지만 McLuhan은 그의 책 『미디어의 이해』에서 "인간은 기술(media)의 자궁이다"라는 말로 미디어가 단지 수동적 도구로서 존재하는 것이 아니라, 내재적 속성을 가지고 있으며 인간과의 상호작용 속에서 나름의 힘(power)을 가지고 있음을 주장하였다.

"인간은 기술(media)의 자궁이다"라는 McLuhan의 문장은 '기술은 인간의 움벨트(umwelt)다'라고 재해석할 수도 있다. 한편에서는 인간의 확장으로서, 다른 한편에서는 인간이 던져진 환경으로서 존재하는 미디어는 인간의 움벨트로서 인간이 받아들이는 감각의 종류, 그것을 수용하는 감각 기관, 수용된 감각정보를 처리하는 정보 처리 방식과 함께 공진화하고 있다. 가장 대표적인 것이 검색 포털 혹은 검색 엔진으로 불리는 인지화된 네트워크[2]이다. 인지화된 네트워크에서의 검색, 기록, 전송과 같은 인간 활동은 활동과 동시에 네트워크 알고리즘 자체에 반영이 되면서 검색 엔진의 역량에 변화를 가져온다. 소위 기계학습이 일어나는 것이다. 그리고 이렇게 진화한 검색 엔진은 다시 인간이 검색 엔진과 상호작용하는 방식에 변화를 가져온다. 이러한 과정이 누적되면서 이제는 어디까지 순수하게 인간의 지식이고, 어디까지가 기계의 지식(알고리즘)인지 명확하게 구분하는 것이 곤란한 시대에 와있다. 이러한 현상을 어떤 관점으로 바라볼 수 있을까?

지식생태학의 관점은 이러한 인지화된 네트워크에서 인간-기계의 이분법을 극복할 수 있는 가능성을 열어준다. 우리가 놓여 있는 인지화된 네트워크

---

[1] 여기에서 사용하고 있는 미디어(media)는 McLuhan이 『미디어의 이해』에서 사용한 '미디어(media)'의 의미이며, 이는 방송 혹은 매체, 수단 등의 협소한 의미를 넘어 인간의 확장으로서의 기술, 제도, 환경 전체를 아우르는 단어이다. 다만 이러한 확장된 의미로서의 미디어(media)에 대한 관점을 유지하면서 '교육공학의 기반으로서의 미디어'를 바라보고자 한 것이 본문의 의도이다.

[2] Kevin Kelly의 〈인에비터블 미래의 정체〉에서 인지화의 개념을 차용하여 현재의 검색 엔진을 새롭게 명명한 것이다.

를 인간 지식과 기계 지식이 결합된 하나의 지식생태계로 인식할 수 있게 하는 것이다. 인격적 지식이 개인 차원에서 지식을 지식의 주체로부터 분리할 수 없다는 뜻을 가진다면, 인간-기계지식의 복합체로 존재하는 인지화된 네트워크 역시 그 속에서 인간, 기계 파트를 분리해 낼 수 없다는 측면에서 인격적 지식의 확장된 개념으로 볼 수 있다.

이것은 Latour의 ANT(Actor Network Theory), Polanyi의 인격적 지식관, McLuhan의 미디어관, 인공지능에 대한 기술철학 연구에서의 포스트 휴머니즘(post-humanism) 관점을 지식과 교육을 바라보는 지식생태학의 관점 속에서 재해석한 것이나.

특히 현 시대는 정보의 실시간성과 공간성의 상실3)로 인해 세계를 바라보는 시선이 단일 소실점을 전제하는 원근법과 같지 않고, 오히려 존재의 다면성이 한 순간에 다가오는 큐비즘(cubism)적 세계이며, 시간의 단축보다 의미화와 질문하기가 더 중요해지는 때이기에 시간-비용 효율성의 단선적 논리에서 발달한 20세기적 교육공학의 한계를 넘어서기 위한 대안적 관점으로서 지식생태학의 가치에 더욱 주목할 필요가 있다.

지식생태학은 배움을 통해 미지의 세계로 떠나고 싶은 호기심의 욕구가 살아 있으며, 호기심의 물음표를 던져 배움을 계속하면서 색다른 지식을 창조하고 나누는 즐거움이 살아있는 한 무궁무진한 발전가능성을 내포하고 있다. 배움은 지적 호흡이다. 호흡을 멈추는 순간 생명도 거기서 멈추듯 배움을 멈추는 모든 인간은 그 순간부터 성장을 멈춘다. 지식생태학의 존재이유는 모든 인간 생명체의 지적 성장을 도모하기 위해 더불어 배우고 깨달으며 가르쳐주고 성장하는 교학상장의 지식생태계를 만들어나가는 데 있다. 지식생태학이 어떤 문제의식을 갖고 다른 전문분야와 융합하느냐에 따라 그 접목가능성은 무한대로 뻗어나갈 수 있다. 다만 지식생태학이 다른 학문분야와 접목하면서 수평적으로 확산되어 학문적 확장을 꿈꾸는 것도 중요하지만 이전에 보다 근본적인 문제는 수직적 깊이를 추구하면서 학문적 인식의 심화를

---

3) Meyrowitz의 〈No Sense of Place: The Impact of Electronic Media on Social Behavior〉 관점 차용

추구하는 노력에 있다. 지식생태학을 통해 다음 세 가지를 개발하는 노력을 부단히 경주할 때 지식생태학의 학문적 정체성이 보다 확연하게 드러날 것이다. 그것은 바로 생태학적 감수성, 생태학적 상상력, 생태학적 실험정신을 드높이는 것이다. 첫 번째로, 생태학적 감수성을 개발하는 것이다. 생태학적 감수성은 생태계에 살아가는 생명체와 나를 물아일체(物我一體)의 관계로 파악하는 감수성이다. 이것은 타자의 아픔을 나의 아픔으로 생각하는 측은지심(惻隱之心)이다. 생태학적 감수성은 모든 생명체를 수평적 관계로 설정해놓고 수평적 관계망에 연결되어 있는 모든 생명체와 나를 물아일체의 대상으로 가슴으로 생각하는 능력이다. 생태학적 감수성이 풍부할수록 지식생태계는 더욱 튼실한 믿음의 연대로 관계망이 형성된다. 두 번째, 생태학적 감수성으로 포착된 타자의 아픔을 어떻게 치유할 수 있을 것인지를 궁리에 궁리를 거듭하며 찾아내는 생태학적 상상력이다. 생태학적 상상력은 막연한 생각의 꼬리를 물면서 공상과 망상, 몽상과 환상을 거듭하는 뜬구름 잡는 이야기를 하는 게 아니다. 생태학적 상상력은 생태학적 감수성으로 포착된 아픔을 치유하기 위해 익숙한 것을 낯설게 연결시켜 상상력을 발휘하는 이연연상의 과정이다. 마지막으로 생태학적 실험단계다. 생태학적 실험은 생태학적 상상력으로 드러난 다양한 아이디어를 해당 지식생태계에 대입, 아이디어가 그리는 이상을 현실에 적용하면서 실현가능성을 타진해보는 모색과 적용단계다.

　지금까지 설명한 생태학적 감수성, 생태학적 상상력, 생태학적 실험정신은 Aristoteles가 말하는 설득의 3요소인 파토스, 로고스, 에토스와 각각 상응한다. 생태학적 감수성은 파토스, 생태학적 상상력은 로고스, 생태학적 실험정신은 에토스로 번역해서 생각해볼 수 있다. 에토스는 그 사람의 품성이나 품격에서 나오는 인간적 신뢰감으로 사람을 설득하는 데 60%를 좌우한다. 파토스는 청중의 가슴을 파고드는 감성적 호소력이며 30%의 설득력을 차지한다. 마지막으로 로고스는 객관적 사실이나 이론적 근거를 갖고 설명하는 논리적 구속력에 해당하며 청중 설득력의 10%를 좌우한다. 공부로 따지면 몸으로 하는 공부가 60%, 가슴으로 공감하는 공부가 30%, 그리고 마지막으로 머리로 하는 공부가 10%에 해당된다고 해도 과언은 아닐 것이다(유영만,

2016). 지식생태학이 추구하는 이상적인 학문적 발전방향은 몸을 움직여 직접 체험적으로 깨닫고 가슴으로 공감하며 타자와의 인간적 연대를 구축하고 마지막으로 개인은 물론 세상의 변화를 이끌어간다. 에토스는 그 사람의 체험적 통찰력에 비추어 생기는 인간적 신뢰감이다. 파토스가 있어야 에토스의 효력이 발휘되며 파토스와 에토스는 로고스의 도움을 받아 비로소 완성된다. 파토스는 몸이고 에토스는 심장이며 로고스는 머리에서 나온다. 지식생태학은 그동안 지나치게 몸이 없는 머리, 감성이 없는 이성, 야성이 없는 지성으로 세상을 변화시키려는 관념적이고 기계론적인 논리의 대안을 모색한다. 체험적 통찰력으로 생기는 에토스와 감성적 설득력으로 생기는 파토스, 그리고 논리적 설명력으로 생기는 로고스가 조화를 이루며 구현되는 세상이 우리가 지식생태학을 통해서 이루고 싶은 학문적 이상향이다.

지식생태학의 학문적 이상은 몸을 움직여 체험(에토스, 體)하면서 가슴으로 느낄 때(파토스, 仁) 머리(로고스, 知)로 정리되는 과정에서 이루어진다. 이것이 바로 체인지(體仁知) 철학이 지향하는 변화관이다(유영만, 2012). 체험(體)하면서 상대의 아픔을 가슴(仁)으로 생각하는 과정에서 탄생되는 지식(知)만이 세상을 체인지(change)할 수 있다. 나를 바꾸고 세상을 변화시키는 공부는 체인지(體仁知)를 축적하고 나누며 공감하며 더불어 변화를 추구하는 과정이다. 생태학적인 맥락에서 구체적인 체험적 깨달음을 겪어보지 못한 사람일수록 따뜻한 감수성으로 타자의 아픔에 공감할 수 없다. 생태학적 감수성이 실종될 경우 인간은 자만과 오만을 넘어 교만해지기 시작한다. 오만에 가득 찬 인간의 눈초리와는 다르게 김춘수의 '꽃'이라는 시는 인간이 자연에 대해 가져야 할 생태학적 감수성이 무엇인지를 가장 적나라하게 보여준다. 원래 거기 있었기에 아무도 관심을 갖지 않았거나 너무 당연하기에 그 누구도 문제를 제기하지 않았던 현상은 세상에 널려 있다. 일상에서 매일 만나는 원래 그런 것과 당연한 것이라고 할지라도 어제와 다른 눈으로 세상을 보기 시작할 때 안 보였던, 볼 수 없었던 현상이 눈에 들어온다. 김춘수 시인의 눈에 포착된 꽃도 다름 아닌 원래 있던 꽃이었고 당연하게 보였던 꽃이었다. 그 꽃이 어느 순간부터 원래 있었던 꽃이 아니고 처음 본 꽃이고 당연하고 생각했던 꽃도 당연하지 않게 다르게 보이기 시작하는 낯선 꽃이다.

내가 그의 이름을 불러주기 전에는
그는 다만
하나의 몸짓에 지나지 않았다.

내가 그의 이름을 불러주었을 때
그는 나에게로 와서
꽃이 되었다.

내가 그의 이름을 불러준 것처럼
나의 이 빛깔과 향기에 알맞는
누가 나의 이름을 불러 다오.
그에게로 가서 나도
그의 꽃이 되고 싶다.

우리들은 모두
무엇이 되고 싶다.
나는 너에게 너는 나에게
잊혀지지 않는 하나의 의미가 되고 싶다.

이름 없는 꽃이었지만 의미를 부여하는 순간, 서로에게 잊혀지지 않는 존재로 거듭나는 순간, 그 순간의 연속이 바로 생태계에서 살아가는 수많은 생명체와 교감하는 삶이며 생태학적 감수성으로 생명체를 소중하게 생각하는 삶이다. 지식생태학은 지식생태계에 존재하는 모든 구성요소를 독립적인 생명체이자 존재로 생각하면서도 혼자 따로 떨어져 존재하는 고립적 존재로 인식하지 않는다. 존재는 관계가 결정하기 때문이다. 나의 존재는 다른 존재와 어떤 관계를 맺고 있는지에 따라 존재의 본성이 결정된다. 지식생태계에는 의미 없는 존재가 없으며 쓸데없는 존재가 없다. 모든 때가 되면 쓸 데가 생기고 쓸 때가 생기면 쓸모가 생긴다. 이런 점에서 나태주 시인 '풀꽃'이라는 시는 자연에 사는 모든 생명체는 물론 지식 생산자 및 소비자는 저마다의 아름다운 개성을 지니고 있음을 알려준다.

자세히 보아야 예쁘다.
오래 보아야 사랑스럽다.
너도 그렇다.

지식생태학은 세상의 모든 생명체와 더불어 생명체가 만들어가는 삶에 영향을 주는 모든 만물이 저마다 존재하는 심오한 이유가 있음을 가정한다. 세상에는 쓸데없는 존재는 없다. 모든 존재는 탄생한 이유가 있고 저마다 살아가는 방식이 있다. 연대하고 관계를 맺으며 이루어져 가는 지식생태계를 다양한 관점과 접근방식으로 탐구하려는 지식생태학 역시 나름의 탄생배경과 존재이유가 있다. 지식생태학의 정체성은 정체되어 있지 않고 부단히 변신을 거듭하는 동태적 학문이다. 세상의 목소리에 답을 찾아 떠나야 하고, 지식생태계를 위협하는 외부적 변화에 적응해야 함은 물론 내부적 소용돌이를 스스로 극복하기 위한 위기의식으로 무장해야 한다. 학문은 그래서 명사가 아니라 동사다. 어제와 다른 모습으로 부단히 변신을 거듭하며 어제와 다른 정체성을 정리하면서도 뿌리조차 흔들리는 위기를 기회로 삼으려고 오늘도 미지의 세계로 떠나는 학문탐구여정을 게을리 하지 않는다.

지식생태학적 장인기질론
- 지식생태학적 상상력을 위하여 -

존경받는 장인(craftsman)이 되라.

모든 엄격한 일련의 절차를 피하라. 무엇보다도 지식생태학적 상상력을 활용하여 사회생태계 문제의 근원을 파고들어라. 첨단 기술과 유행, 방법과 기교를 무조건 숭배하지 마라. 부단한 노력과 불굴의 의지로 어제보다 조금 더 나아지려는 지적 장인이 되도록 노력하라. 모든 지식생태학자는 자기만의 문제의식을 갖고 인간과 사회생태계를 바라보는 독창적인 방법론을 개발하라. 모든 지식생태학자는 자신만의 관점과 시각으로 정련된 고유한 이론가가 되도록 노력하라. 지식생태학적 이론과 방법으로 무장하여 누구도 흉내 낼 수 없는 기예(craft)를 개발하고 실천하는 앎과 삶을 추구하라. 기술적 효율성에 매몰된 기능적 지식인의 굴레에서 벗어나 인간과 사회의 제 문제에 주체적으로 대처하는 비판적 지식인의 위상을 정립하라.

관념적 논의와 책상지식으로 물든 추상적 개념의 괴벽을 무너뜨려라.

그리고 현실적 위기의식이 반영되지 않는 공허하고 장황한 전문용어의 매너리즘에서 빠져나오라. 누가 언제 어디서 읽어도 현장의 현실을 근간으로 캐낸 진실을 간단하고 명료한 의미로 표현하는 연습을 부단히 연마하자. 일반인이 알아듣지 못하는 전문용어는 버리고 전문가가 아니어도 쉽게 공감할 수 있는 구체적인 사례와 에피소드, 또는 다양한 메타포를 활용하여 이해의 지평을 넓혀내자. 사회적 이슈에 대한 비판적 의식을 무력화시키는 관념적 논의에 종지부를 찍고 간단한 문제라도 개인과 조직이나 사회 구조적 관계망에서 바라보는 성찰적 문제제기를 습관화하라.

필요하다면 자신의 연구를 위해 독창적인 개념을 창조하거나 기존 개념을 재개념화시키고, 기정 사실을 사실로 받아들이지 마라.

철저한 현장성에 근거한 이론과 간단명료한 모델을 개발해서 복잡한 교육문제를 쉽게 이해할 수 있는 다리를 놓아라. 일상에서 벌어지는 구체적인 사실을 남다른 관심으로 관찰하고 이들 간의 상호관계를 면밀히 검토하되 가시적 사회구조적 틀에 비추어 비판적 시각으로 바라보라. 하나의 진리나 원리를 광신적으로 믿지 말고 항상 지금 여기서 그것이 던져주는 시사점의 의미를 반추해보라. 모든 연구를 역사적 발전과정에 비추어 철저하게 리뷰해보고 각각의 연구가 빠뜨리고 있는 문제의식을 발견하라. 누군가 먼 훗날 내가 했던 연구를 반복한다고 해도 다른 연구결과가 나올 수 있다는 사실을 명심하라. 중요한 점은 동일한 이슈나 문제라고 할지라도 지금 여기서 어떤 역사적 의미로 재해석될 수 있는가 하는 것이다. 개인적인 이해관계나 사리사욕에서 벗어나 철저하게 연구자 입장에서 학문 공동체와 사회에 기여할 수 있는 이론적 칼과 실천적 무기가 무엇인지를 고뇌하라. 확실한 사실과 사례를 확보하지 않고 자기주장만으로 장황하게 글을 쓰지 마라.

단지 소규모 상황만 차례대로 연구하지 말라.

이러한 상황이 조직되는 사회구조를 연구하라. 이와 같은 보다 큰 구조에 관한 연구의 측면에서 상세히 연구할 필요가 있는 상황을 선택하고 이들 상황을 상황과 구조의 상호작용을 이해할 수 있는 방법으로 연구하라. 시간의 폭이 관련되는 한, 연구를 진척시켜 나가라. 아무리 정밀하다 해도 단지 저널리스트가 되지는 않도록 하라. 저널리즘은 위대한 지적노력이라는 것을 앎과 동시에, 또한 여러분의 노력이 한층 더 위대하다는 것을 인식하라. 칼날과 같이 극히 짧게 한정된 한 시점이나 극히 단기적인 시간에 대하여 미시적 조사를 집중하지 않도록 하라. 자신의 시간폭을 인류역사의 과정으로 잡고 자신이 고찰하는 주, 년, 시대를 그 속에서 설정하라.

지식생태학자의 목적은 생태학적 상상력으로 무장, 모든 생명체가 살아가는 원리와 방식을 연구개발하고 이를 인간과 조직의 변화와 성장과정에 적용함으로써 생태학적으로 건강한 사회를 만들어나가는데 있음을 명심하라.

이를 위해서는 인간중심주의에 기반한 무한한 자연개발 및 착취 패러다임과 기술적 합리성으로 효율을 극대화하려는 기계론적 사고방식을 비판하고 생명존중의 전일적 패러다임으로 무장해야 한다. 지식생태학자의 모든 연구는 부분과 부분, 부분과 전체가 독립적으로 존재하지 않고 서로 호혜적 영향을 주고받으면서 부단히 생성 변화되는 과정적 존재임을 잊지 말아야 한다. 따라서 특수한 상황에서 구체적인 문제를 연구한다고 해도 그 문제가 사회구조적으로 어떤 사연과 배경을 갖고 있는지를 관계론적으로 살펴보고 부분 속에서 전체를 보려는 노력을 게을리 해서는 안 된다. 모든 자료는 그 나름의 존재이유와 사연이 있기에 함부로 판단하고 결정하지 말아라. 나의 연구가 내 삶이며 나의 앎이다. 연구는 곧 앎과 삶, 옳음을 하나로 통합하는 나의 존재이유이자 살아가는 방식이다. 생태학적 용어와 담론을 피력하면서 생태계 보전을 주장하는 관념적 지식인을 경계하라.

지식생태학적 연구가 가정하고 함축하고 있는 인간상과 이상적인 생태계 모습이 무엇인지를 끊임없이 고민하고 구체화시키는 노력을 게을리 해서는 안 된다.

그리고 하나의 생태계가 어떤 과정을 통해서 지금에 이르게 되었는지 사회역사적 문제의식을 잃지 않도록 유의해야 한다. 한 마디로 말해서 구체적인 일상에서 발생하는 작은 문제라고 할지라도 그 문제가 개인과 사회적 이슈가 복잡한 상호작용을 통해서 발생하는 더 큰 문제의 일환임을 잊지 말라. 생태계의 다양성과 역동성을 유심히 관찰하고 그것이 보여주는 변화무쌍함의 원리를 포착하라. 그리고 그것이 인간과 조직의 학습과 변화에 어떤 의미와 시사점이 있는지를 부단히 고뇌하고 반추하며 성찰하라.

여러분은 다양한 생태학적 패러다임의 전통을 계승하되 지식생태학적 문제의식과 목적의식으로 대안적인 인식지평과 깊이를 확산 심화시키고 있음을 잊지 말라.

인간을 고립된 개체나 다른 사람과 무관한 활동체계를 가진 독립된 하나의 개체론적 실체가 아니라, 역사적 사회적 행위를 하는 관계론적 존재로 이해하도록 하라. 인간의 다양한 관심과 인식에 걸맞는 다양한 생태계가 저마다의 지향점을 갖고 부단히 형성되고 유지되며 발전한다는 점을 가정하라. 아무리 단편적인 조그만 연구라 할지라도 지금까지 연구된 비슷한 연구문제와 어떤 관련성이 있는지를 주도면밀하게 검토해보고 기존 연구와 어떤 점에서 차별화되는지, 무엇을 밝혀내고 그것이 학문공동체에 어떤 기여를 할 수 있는지를 따져보라. 연구를 위한 연구, 연구 이전에 답이 예상되는 연구는 지양하고 답이 없는 문제, 누구도 던지지 않은 물음을 던져 집요하게 파고들고 끈질기게 물고 늘어지면서 찾고(search) 또 찾아내는(re-search) 연구(research)를 하라.

당신이 연구할 주제를 결정하기 위해서는 누군가 이미 지적한 그대로, 또는 개인적인 선호도나 취향에 의해 자신이 잘 사용할 수 있는 방법론에 근거해서 결정해서는 안 된다.

한 마디로 연구문제가 연구방법을 결정해야지 단지 할 수 있다는 이유로 연구방법이 연구문제를 견인해서는 안 된다. 특히 실증주의적 패러다임과 실험설계 방법론을 활용하여 생태계의 복잡성과 역동성보다 생태계 속의 특정 구성요소와 구성요소간의 인과관계나 영향력을 보는 양적연구의 한계와 문제점, 나아가 그런 연구가 생태계를 오히려 왜곡하는 역기능과 폐해를 만들었다는 심각한 문제의식을 가져야 한다. 생태계의 극히 일부분의 문제라고 할지라도 그것은 부분적인 문제로 해결될 수 없으며 생태학적 관계론과 역사적 문제의식으로 문제의 구조적 복잡성을 이해해야 한다. 생태계에서 발생하는 모든 문제는 그것이 발생한 생태학적 사연과 배경, 그것을 발생시킨 사회구조적 관계에 비추어 해명되어야 한다는 점을 알아야 한다. 지식생태학의 문제는 개인문제와 사회 제도 및 시스템 문제, 개인과 조직의 학습과 문화, 이들 양자 간의 미묘한 관계를 생태학적 문제의식으로 포착하고 부분 속에서 전체, 전체 속에서 부분이 차지하는 관계론적 의미를 파악하도록 노력하라. 지식생 태학적 상상력은 피상적으로 드러난 현상이 담고 있는 의미의 실체와 본질을 생태계 전체 맥락에 비추어 분석하고 해석하면서 발전시킬 수 있는 우리들의 무기임을 잊지 말라.

지식생태학자는 생태(生台)를 연구하지 않고 생태(生態)를 연구한다

"쓰기란 미지의 얼굴을 맞닥뜨리는 행위다"(Jabes, 2017, p.7). 지식생태학은 아무도 가보지 않은 미지의 세계다. 미지의 세계에 존재하는 지식생태학이 어떤 얼굴로 우리를 맞이할지 아무도 모르는 상태에서 우리는 탐구를 시작했고 사유의 지평을 열어가며 인식의 자유를 꿈꾸어 왔다. '이미' 지식과 생태학이라는 개념은 존재하지만 '아직' 지식과 생태학을 연결해서 새로운 학문적 융합을 시도하는 사람은 많지 않다. 〈지식생태학〉이라는 책이 2006년도에 출간되면서 이미 존재하는 두 가지 익숙한 개념을 융합, 낯선 지식생태학을 탄생시킨지 10년 이상이 지나갔다. "'이미'와 '아직'은 단 한 번도 서로를 만난 적이 없다 … 이미와 아직 만큼 더 먼 거리는 없었다." '천지창조 이후 오고 있는 모든 것'이라는 김승희 시인의 시집, 〈도미는 도마위에서〉에 실린 시의 일부다. 우리는 '이미' 우리 곁에 존재하는 익숙한 개념이지만 '아직' 만나지 못한 두 개념을 단순한 물리적 연결을 넘어 화학적 융합을 시도해보았다. '이미'와 '아직' 사이에 존재하는 거리는 그렇게 좁혀지고 있었다. 지식생태학은 아직 한 번도 만난 일이 없는 지식과 생태학이라는 두 가지 개념의 세계를 생태학적 문제의식으로 바라보면서 만들어낸 새로운 융합학문이다. 두 가지 개념에 존재하는 문제의식도 다양하다. 지식을 바라는 보는 지식관의 차이는 물론 생태학에 담긴 저마다의 문제의식의 차이는 지식생태학으로 융합되는 과정에서도 많은 진통을 겪어야만 했다. '아직' 만나보지 못했던 개념과 문제의식이 만나 지식생태학이라는 학문은 '이미' 탄생했다. 이제 '아직'과 '이미' 사이의 거리를 또 다시 넓혀서 그 사이에 존재하는 차이와 갈등의 수준을 심화시키는 학문적 탐구를 계속하는 일이 남아 있다. 이 책은 그 촉발점을 마련하는 시금석이 될 것이다.

"우리가 아는 가장 큰 부분은 우리가 모르는 것 중 가장 작은 부분이다." Montaigne의 말이다. 생태학에 관심을 갖고 책을 읽고 생태계를 공부하며 깨달은 점을 토대로 지식생태학이라는 학문분야를 만들어보았다. 우리가 아는 생태학의 가장 큰 부분은 우리가 모르는 생태학 중 가장 작은 부분이다. 그동안 생태학을 공부하면서 얻은 시사점을 지식생태학으로 접목시켜 공부해왔지만 가장 많이 알고 있다고 생각하는 생태학도 우리가 모르는 영역의 가장 작은 부분이다. 공부를 계속해야 되는 이유는 안다고 생각한 것이 결국 내가 모르는 부분의 극히 일부분이었음을 깨닫기 위해서다. 어떤 학문 분야든 스스로 정해놓은 가능성의 한계와 범위는 없다. 어떤 문제의식과 목적의식으로 해당 학문을 바라보는지에 따라 동일한 학문분야도 천차만별의 관심분야가 부각된다. 아직 만나지 못했던 두 가지 분야가 만나 이미 역사적 사건으로 기록되었다. 하지만 그 역사적 사건은 기억에도 남지 않는 하나의 행사가 아니다. 만나는 순간부터 둘 사이에는 언제나 생각의 차이가 존재하는 거리만큼 떨어져 존재한다. 그 거리를 좁혀 하나의 학문으로 만들어가는 일은 언제 끝날지 모르는 미완성의 탐구 여정이다. 나아가 단순히 지식과 생태학 사이에 존재하는 거리를 좁히고 차이를 줄이며 갈등을 완화시키는 탐구가 지식생태학적 연구의 전부가 아니다. 지식생태학에게 던져진 연구과제는 지식생태학이란 왜 탄생했고, 도대체 무슨 학문이며 무엇을 탐구하는지, 그리고 어떻게 우리가 직면하고 있는 학습과 지식의 문제를 해결할 수 있는지가 아니다. 오히려 지식생태학은 어떤 학문이 될 수 있는가에 대한 열린 가능성과 지식생태학은 적어도 이런 학문이어야한 된다는 당위론적 정의를 함께 연구하는 데 있다.

지식생태학자는 갓 잡은 명태를 지칭하는 생태(生太)를 연구하지 않고, 생물이 살아가는 다양한 모습과 그들 간의 관계를 지칭하는 생태(生態)를 연구한다. 물론 명태의 싱싱한 생태도 연구하고 겨울에 얼린 동태도 연구하지만 여기서 말하는 생태는 명태의 다른 이름인 생태(生太)가 아니라 모든 생명체가 살아가는 양태를 지칭하는 생태(生態)이다. 보다 엄밀히 말하면 지식생태학은 자연생태가 아니라 다양한 사회역사적이고 문화적인 관계맺음이 일어나는 사회생태이며 기존 학습관과 지식관을 비판적으로 분석, 대안적인 관점과 접근논리를 제시하려는 근원적인 생태학적 대안이다. 이런 관점에서 2006년에 출간한 〈지식생태학〉을 시대적 문제의식과 역사적 통찰력으로 재조명해보고 학습과 지식개념을 생태학적 문제의식으로 비판적으로 재해석해보려는 시도에서 이 책을 함께 저술하려는 의기투합이 이루어진 것이다. 지식생태학은 자연 그대로의 생태가 아니라 인간의 의도성과 목적성이 담긴 지식생태를 연구하는 학문이다. 지식과 생태라는 익숙한 개념이 만나 지식생태라는 낯선 개념이 탄생한 것이다. 지식생태학의 탐구여정은 우리가 몸담고 있는 조직이나 공동체를 지식생태계로 조성하는 과정, 우리 모두가 꿈꾸는 행복한 지식생태계를 다함께 디자인하면서 서로가 서로에게 묻고 대답하며 깨달아가는 집단적 성찰의 과정이다. 이 책을 쓰는 지난 몇 년의 시간은 같이 모여 토론하고 논의하면서 누구도 걸어가지 않은 미지의 학문적 탐구분야를 설정해서 도전하는 탐구과정이었다. 나아가 지식생태계를 상상하며 구현하는 여정에서 갈고 닦아야 할 문제의식의 본질과 체득해야 될 접근논리가 무엇인지, 그리고 무엇이어야 하는지를 다시 확인하는 소중한 깨달음의 과정이었으며 깨우침의 여정이었다.

연휴가 시작되는 2017년 9월의 마지막 밤, 우리는 지식생태학이라는 학문적 탐구작업의 일단락을 짓기 위해 경기도 광주 펜션에 모여 밤을 잊은 채 토론과 논쟁을 거듭하며 뿌리를 내리고 줄기와 가지를 뻗으며 지식생태학 나무의 모습을 만들어갔다. 밤과 새벽 사이를 건너면서 그 사이에 지식생태학이라는 지적 아키텍쳐를 건설했다. 함께 공부하고 토론하며 조율하고 다시 정리하면서 밤의 적막으로 휩싸인 가을밤바다를 건너면서 새벽으로 향하는 다리를 놓았다. 그 다리 이름이 지식생태학이다. 아직은 다양한 비판에 견딜 수 있는 내공이 부족하지만 시간과 더불어 세월의 흔적과 얼룩이 아름다운 무늬로 거듭날 수 있을 것이라고 생각한다. 그런 생각의 씨앗을 발아시키기 위해 공부하는 여정을 우리는 멈추지 않을 것이다. "개념을 글로 표현하는 것은 창에 서린 성에를 닦아 내는 작업과 비슷하다. 흐릿하고 모호했던 개념이 글을 쓰면서 서서히 명확하게 윤곽을 드러내기 시작한다"(Zinsser, 2017, p.47). 어둠의 장막이 새벽이 잉태한 희망으로 걷히듯 모호했던 지식생태학의 세계가 자신의 진면목을 드러내며 우리 곁으로 다가오는 순간 참을 수 없는 깨달음의 무거움을 느끼지 않을 수 없다. "생각은 공허를 짓뜯는 섬광이다"(Jabes, 2017, p.22). 지식생태학을 주제로 책을 쓰기 시작한 처음에는 어떤 그림을 상상하며 뼈대를 갖출 수 있을지, 줄기를 세우고 가지를 치면서 분명한 중심을 갖고 있으면서도 다양한 사례로 어떤 가지를 칠 것인지를 결정하지 못하고 헤매며 망망대해 위에 표류하는 돛단배였다. 하지만 우리는 고통스럽지만 공허한 망상과 몽상, 환상과 허상에 생각의 뿌리를 내리며 어둠 속에서 빛나는 생각의 섬광을 찾아 헤맸다. 틀 밖의 사유를 즐기면서 찰나의 생각이 벼락처럼 전두엽에 내리꽂히는 뜻밖의 경험도 했다. 심장을 파고드는 생각의 피뢰침이 생각지도 못한 깨우침으로 다가올 때, 번개처럼 다가오는 틀 밖의 사유를 만나는 행운도 누렸다.

공부는 호기심의 물음표를 품고 감동의 느낌표를 만나는 과정이다(유영만, 2016). 호기심의 물음표를 품고 지식생태학이 무엇인지를 넘어서서 지식생태학적 문제의식으로 무엇을 이전과 다르게 공부할 수 있는지를 물었다. 그리고 지식생태학이 지니고 있는 색다른 문제의식은 무엇이며, 그것이 우리가 직면하고 있는 학습과 지식에 대한 다양한 문제를 어떻게 해결해줄 수 있을 것인지를 묻고 또 물으면서 지식생태학으로 세상을 바라보고 생각해보는 탐구결과를 세상에 내놓는다. 지금 여기서 세상에 내놓은 이유는 지식생태학에 대한 탐구여정이 끝나서가 아니라 지금까지의 사유의 결과를 정리하기 위해서다. 어차피 모든 끝은 새로운 출발점이지 않은가. 그 끝에서 이전과 다른 다짐과 각오로 출발하기 위해 여기서 잠시 지식생태학으로 바라보고 함께 생각한 탐구의 결과물을 내려놓는다. 이제 다시 다른 호기심의 물음표를 마음속에 잉태하기 위해 지식생태학의 좌표와 위상을 다시 생각해보는 시간을 가질 것이다. 내가 품은 호기심의 물음표가 내가 찾을 수 있는 감동의 느낌표를 좌우한다. 당연하다고 생각하는 가정, 옳다고 믿었던 신념, 의심의 여지없이 오랫동안 받아들인 상식에 문제를 던져 색다른 가능성의 텃밭을 일궈내는 작업이 물음이다. 문득 찾아오는 깨달음도 수많은 질문을 던져서 얻게 되는 문득(聞得)이다. 누구나 한두 번 질문을 던질 수 있지만, 포기하지 않고 끝까지 집요하게 질문을 던지는 사람은 많지 않다. 집요한 질문이 집중과 집념을 불러온다.

물음은 집요하고 계속될수록 색다른 깨달음의 화두를 던져주고 공부하는 과정에 몰입과 열정의 불꽃을 피우게 만들어준다. 지치기도 했지만 거기서 탐구여정을 멈추지 않고 지금까지 이어온 원동력은 언제나 당연함을 부정하고 기존 시각에 문제를 던져 파고드는 집요한 물음 덕분이었다. 물음은 잠자고 있는 의식세계를 뒤흔들어 깨우는 마중물이다. 그것도 혼자 던져놓고 외롭게 찾아나서는 독행이 아니라 함께 던져놓고 이전과 다른 물음을 저마다의 방식으로 파고들면서 깨닫는 집단적 성찰의 과정이다. 지식생태학을 공부하는 우리들의 탐구과정은 생태학적 문제의식과 생태학적 감수성으로 세상의 아픔을 감지하는 과정으로 시작된다. 이어서 지식생태학적 탐구과정은 생태학적 상상력으로 아픔을 치유할 수 있는 아이디어를 구상하며 다양한 대안을 이연연상으로 잉태하는 과정이다. 이연연상은 익숙한 것의 낯선 조합으로 기존 사유를 뛰어넘어 색다른 사유의 지평을 열어가는 아이디어 탐색과정이다. 지식생태학적 탐구과정은 마침내 이연연상으로 도출된 수많은 아이디어를 부단한 실험과 모색을 통해 일상으로 구현하는 과정이다. 지식생태학자는 무엇보다도 따뜻한 가슴으로 세상을 측은지심으로 바라보는 눈이 필요하다. 세상은 논리적 앎의 대상이기 전에 감성적 느낌의 대상이다. 논리적 앎으로 세상을 분석하고 재단하기 이전에 감성적 느낌으로 있는 그대로를 받아들이는 자세와 태도가 색다른 앎의 문을 열어가는 가능성의 촉발점이다. "사람의 눈을 들여다보면 한 사람의 바닥이 드러난다/깊은 광활함, 아득한 유한 … 그런 눈빛이 그립다/사람의 눈에는 그 사람의 심장이 올라와 있다/중요한 순간이다." 박용하 시인의 〈견자〉라는 시집에 나오는 '심장이 올라와있다'라는 시다.

지식생태학자는 생태학적 학자다. 다른 학자와는 다르게 '생태학적' 학자라는 말의 의미는 무엇일까. 지식생태학자는 우선 세상을 부분적으로만 보지 않고 총체적인 관점을 지니고 본다. 이는 하나의 현상에서 나타나는 증상으로 사물이나 현상의 본질을 판단하지 않고 보이지 않는 이면의 힘들이 만들어가는 구조적 관계로 전체를 꿰뚫어 통찰한다는 의미이다. 생태학의 본질적 속성 중 하나는 호혜성이다. 호혜적이라는 말은 생태계를 구성하는 다른 부분들과 관계에서 어느 한 쪽이 일방적으로 이익을 취하는 관계가 아니라 서로가 서로에게 도움을 주는 상호의존적 관계이다. 생태학적이라는 말에는 언제나 상호의존적 관계로 서로에게 도움이 될 수 있는 방향으로 영향력을 주고받는다. 생태학적이라는 말은 한 곳에 머무르지 않고 부단히 흐르는 순환적인 의미를 내포하고 있으며 특정 시점에서 어떤 일이 일어날지를 미리 예측할 수 없다는 말도 포함하고 있다. 우발적 마주침 속에서 새로운 사건이 발생하고 그 사건으로 인해 이전에 생각할 수 없었던 색다른 사유를 시작할 수 있다.

생태계는 언제나 이런 점에서 창발적이다. 창발적이라는 말은 예측할 수 없는 불안감과 불확실성을 내포하고 있지만 어떤 가능성을 잉태하고 있는지 기대되고 설레기도 한다는 의미를 함축하고 있다. 생태학적 학자는 그래서 그냥 학자와는 근본적으로 다른 문제의식과 관점을 갖고 있다. 문제의식과 관점이 다르기에 문제를 해결하는 접근논리도 판이하게 다르다. 생태학적 학자로서의 지식생태학자는 형용사적 지식인이라기보다 부사적 지식인에 가깝다. 왜 그럴까. 우선 형용사와 다른 부사의 의미부터 생각해본다.

"부사는, 우선, 나머지 문장 전체와 독립해 있으면서도, 이를 테면 원격조종으로써 일거에 그 문장 전체에 영향을 미칠 수 있다"(김영민, 2001, p.147). 더 나아가 "부사는 '副'의 지위에 있으면서도 독립해있고, 또 문장 전체를 그 나름대로 뒤흔드는 역할"(김영민, 같은 책, p.148)을 수행한다는 부사의 품사적 특징을 핵심적으로 지적한 말이다. 이런 점에서 "독립하되 고립하지 않는다"는 김영민 교수의 지식인에 대한 입장을 부사의 품사적 성격이 너무 잘 표현해주고 있다. 부사는 품사론적으로 형용사와 동사를 수식하면서 때로는 문장 전체를 통째로 수식해서 특정 문장에 담겨있는 의미를 완전히 다른 의미로 다가오게 한다. 그렇다고 부사는 주어진 문장에 예속되거나 종속되어서 지배와 통제를 받지는 않는다. 주어진 문장과 독립적으로 움직이되 그렇다고 고립되어 있지 않다. 부사의 품사론적 특성을 반영하는 부사적 대화는 주어진 현상이나 실체론적 특성을 고집한 채 변화자체를 거부하는 명사주의적 대화의 갑갑함과 답답함을 거부한다. 부사주의적 대화를 통해서 달성하고자 하는 바는 변화무쌍한 현실성을 포착하면서도 "걸어가면서, 자신의 온몸을 사방에 노출시키는 대화이기 때문이다. 그리고 머무름이 없는 대화, 즉 대화로서의 과정, 과정으로서의 대화이기 때문이다 … 그리고 그것이 견실한 자경(自警)의 대화인 까닭은, 부(副=副詞)가 정(正=주류 담론)을 뒤집어엎을 수 있는 혁명의 대화이기 때문이다"(김영민, 같은 책, p.152). 따라서 부사적 지식인은 부사적 대화를 통해서 기존 명사주의적 대화를 통해서 체제 안착된 기존 체제의 순응성과 변화불감증을 전복하고 베일에 가려진 체제 이데올로기적 정체를 겉으로 드러내 놓고 공개적인 비판을 우선 시도한다. 부사적 대화를 매개로 지식인의 길을 걸어가는 부사적 지식인은 기존 체제의 이데올로기적 그물에서 벗어나 독립적으로 움직이되 고립되어 있지 않다. 오히려 체제 속에 뛰어 들어가 체제의 움직임을 예의주시하면서 계속 주변부에 머물러 있지만 체제 내 힘의 역학적 관계를 근본적으로 뒤바꾸는 엄청난 비판적 힘을 갖고 있다.

이에 반해서 "형용사의 '형용'은 기껏해야 명사라는 품사의 하부 구조에 종속될 뿐이며, 이를테면 제 아무리 뛰고 날아보아야 명사의 화장품에 불과한 것이다"(김영민 같은 책, p.148). 형용사는 그 자체로 독립적인 기능을 수행하는 것이 아니라 명사의 앞뒤에서 명사의 존재론적 속성을 말 그대로 형용해주는 보조적인 역할을 수행하지만 때로는 그 나름대로 명사적 실체의 존재가치를 드높이는 데 혁혁한 공헌을 한다. 따라서 형용사는 명사라는 실체를 수호하는 천사이며, 명사적 상태를 옹호하는 체제 순응적 이데올로기 역할을 수행한다. 형용사의 삶은 명사의 삶에 철저하게 예속되어 있다. 즉 형용사의 존재이유는 그 자체로서 찾을 수 없으며, 명사와 함께 할 때 비로소 그 존재이유가 밝혀지는 명사 기생적 존재다. 명사를 앞뒤에서 수식해주면서 명사의 희로애락에 따라 형용사의 희로애락이 결정되는 종속적 삶을 살 수 밖에 없다. 형용사의 품사론적 특성을 반영하는 형용사적 대화는 형용사의 형용 대상인 명사의 품위를 어떻게 하면 높여줄 것인지에 모든 고민과 관심이 놓여 있다. 따라서 형용사는 그 자체가 명사에 기생되어 있는 체제 종속적 대화의 틀을 벗어나기 어렵다. 형용사적 대화의 본질은 주어진 명사라는 실체를 어떻게 하면 멋지고 아름답게 형용할 것인지에 놓여있다. 형용사적 지식인은 지배적 권력의 존재 그 자체(명사적 실체)를 인정하고, 어떤 형용사를 동원하여 일반 범생들이 눈치채지 못하게 치장하고 각색해서 극단적으로 왜곡하느냐에 모든 고민을 쏟아 붓는다. 이러한 형용사적 지식인은 탐구대상의 본질을 드러내기보다는 자신이 체득한 다양한 형용사를 동원하여 탐구결과를 포장하는 데 관심을 둔다. 포장으로 가려진 탐구대상은 일반인들이 정상적인 방법으로 접근할 수 없다. 오히려 가려진 탐구대상은 본질을 파악하려는 일반인들의 의지가 꺾이고 좌절을 체험하게 되는 은폐와 조장의 대상이다.

우리는 '생태학적'이라는 형용사가 품고 있는 총체적이고 호혜적이며, 상호의존적이고 순환적이며, 창발적이라는 의미를 생태학으로 끌고 들어와 지식생태계에서 구현되는 과정을 연구할 것이다. 형용사가 단순히 정태적인 명사를 수식하는 수준에 머무르지 않고 그것이 부사로 바뀌어 지식생태계를 총체적으로 뒤바꾸어서 지식생태계에 몸담고 있는 모든 행위자들에게 호혜적으로 도움이 되는 세상을 만들어나갈 것이다. 나아가 지식생태계를 만들어가는 모든 행위자들이 상호의존적으로 나누며 살아가는, 그래서 서로의 에너지가 순환적으로 교류되면서 색다른 가능성의 세상이 언제나 창발적으로 열리는 생태계를 꿈꿀 것이다.

내가 책을 덮을 때
나는 삶을 연다
책들은 서가로 보내자,
나는 거리로 나가련다.
나는 삶 자체에서
삶을 배웠고,
단 한 번의 키스에서 사랑을 배웠으며

사람들과 함께 싸우고
그들의 말을 내 노래 속에서 말하며
그들과 더불어 산 거 말고는
누구한테 어떤 것도 가르칠 수 없었다.

　　Neruda의 '책에 부치는 노래 1'이라는 시의 일부다. 생태학을 포함해서 지식생태학은 머리로 배우는 학문이 아니다. 오히려 지식생태학은 가슴으로 느끼는 학문이다. 책상에서 책을 읽으며 관념적으로 사유하는 과정도 필요하지만 지금 우리에게 더욱 필요한 것은 생태계에서 온몸으로 배우고 느끼면서 깨달은 점을 우리 모두가 이상적으로 꿈꾸는 지식생태계로 끌어들여 조성하고 디자인하는 작업이다. 지식생태계는 생태계를 논리적으로 분석해서 나오는 앎의 소산이라기보다 생태계를 직접 몸으로 체험하면서 느낀 점을 정리하는 가운데 조성되고 창조된다. 생태학적 감수성이라는 촉수가 지식생태학자의 생명이다. 그것이 생태학적 상상력을 낳고 지식생태계를 현실로 만들어간다.

구승화 (1997). 사회 생태론의 논리와 의미. 환경과 생명, 14, 210-215.

구승회 (2001). 현대 생태주의 비판과 미래 조망. 환경사회학연구 ECO, 1, 146-165.

김국태 (1990). 근대과학적 패러다임의 형성에 있어서 플라톤-아리스토텔레스적 유산과 방법적 자율성. 철학탐구, 9, 61-86.

김기윤 (2016). 토머스 헉슬리와 자연에서 인간의 위치. 역사학연구, 63, 221-245.

김동광 (1998). 생물체계의 패턴으로서의 생명, 프리초프 카프라 생명의 그물. 동아시아 문화와 사상, 1, 273-282.

김성균(1998). 인간중심주의적 세계관의 근원과 새로운 패러다임의 모색 (Ⅰ)—종교와 과학을 중심으로. 사회교육연구, 5(1), 395-408.

김종욱 (2007). 레고 사유에서 그물 사유로—새로운 사유 패러다임의 전환. 철학논총, 47, 61-83.

강신주 (2013). 감정수업. 서울: 민음사.

강수돌 (2003). 강수돌 교수의 '나부터' 교육혁명. 서울: 그린비.

강판권 (2002). 위기(危機)와 위기(危己). 교수신문(엮음). 생명에 관한 아홉 가지 에세이 (pp.116-117). 서울: 민음사.

강판권 (2015). 나무철학. 서울: 글항아리.

김경주 (2012). 나는 이 세상에 없는 계절이다. 서울: 문학과지성.

김선빈 외 (2007). 대한민국 정책지식 생태계. 서울: 삼성경제연구소.

김승희 (2017). 도미는 도마 위에서. 서울: 난다.

김양현 (2011). 베이컨의 과학기술적 유토피아에 대한 비판과 반비판. 범한철학, 61, 175-188.

김영민 (2001). 보행. 서울: 철학과 현실사.

김욱동 (2003). 생태학적 상상력. 서울: 나무심는사람.

김윤성 (2009). 그림으로 이해하는 생태사상. 서울: 개마고원.

Aristotles (2011). Ethica Nicomachea. 강상진, 김재홍, 이창우(역)(2011). 《니코마코스 윤리학》. 서울: 길.

김진 (2006). 자연 주체와 기술 유토피아. 철학논총, 46, 73-98.

김현생 (2010). 오더스 헉슬리의 멋진 신세계의 과학, 축복인가, 재앙인가—디스토피아 과학. 인문과학연구, 14, 33-52.

김형준, 한동우 (2010). 사회복지의 대안적 이론체계로서의 사회생태주의. 상황과 복지, 29, 91-123.

김훈 (2012). 칼의 노래. 서울: 문학동네.

김희경 (2001). 생태주의와 기호학/제1부 인문학과 생태주의: 한국의 풍수지리 사상과 심층 생태학. 기호학 연구, 9, 108-135.

남효창 (2004). 나는 매일 숲으로 출근한다.: 숲 박사 남효창의 우리 숲 산책. 서울: 청림출판.

노상우, 이강님 (2004). Murray Bookchin의 사회생태론의 교육적 함의. 교육학연구, 42, 227-247.

류재훈, 최윤미, 김령희, 유영만 (2017). 하이데거 존재론에 비추어 본 전문성 의미 탐색. Andragogy Today, 20(1), 123-149.

박동수 (1995). 뉴턴의 기계론적 절대주의 세계관. The Science & Technology, 28, 14-15.

박영택 (2003). 식물성의 사유: 식물성을 화두로 삼은 우리 미술 읽기. 서울: 마음산책.

박용하 (2007). 견자. 서울: 열림원.

박이문 (1997). 문명의 미래와 생태학적 세계관. 서울: 당대.

박이문 (2001). 더불어 사는 인간과 자연. 서울: 미다스북스.

박이문 (2002). 환경철학: 문명의 여객선을 타고 항해하는 인간의 책임. 서울: 미다스북스.

방영준 (2003). 사회생태주의의 윤리적 특징에 관한 연구—머레이 북친을 중심으로. 윤리연구, 53, 285-308.

백순근 (2002). 학습에 대한 생태학적 접근이 교육평가에 주는 시사. 아시아교육연구, 3(1), 27-42.

변지연 (2004). 반인간주의 비판과 휴머니티의 재 마법화. 문학과 환경, 3, 209-214.

송명규 (1996). 환경철학의 전개2 근본 생태론 1. 지역사회발전학회논문집, 21(1), 119-147.

송명규 (2003). 심층생태학과 사회생태학의 논쟁에 대한 비판적 고찰. 도시행정학보, 16(3), 45-61.

송명규 (2006). 사회생태학과 심층생태학의 생태파시즘 논쟁과 그 교훈. 한국지역개발학회지, 18(2), 145-166.

송상용 (1990). 환경 위기의 뿌리. 철학과현실, 5, 28-35.

신상성 (1998). 생태주의와 공상과학소설의 역사철학적 문제. 비평문학, 12, 510-522.

신승철 (2011). 펠릭스 가타리의 생태철학. 서울: 그물코.

신영복 (2005). 강의―나의 동양고전 독법. 서울: 돌베개.

신영복 (2012). 변방을 찾아서. 서울: 돌베개.

신영복 (2016). 처음처럼: 신영복의언약. 서울: 돌베개.

신영복 (2017a). 손잡고 더불어. 서울: 돌베개.

신영복 (2017b). 냇물아 흘러흘러 어디로 가니. 서울: 돌베개.

신응수 (2005). 목수: 나무를 다루다, 사람을 다루다. 서울: 열림원.

신재식 (2015). 이 책을 말한다(2) ― 달큼한 연시같은 과학과 영성의 만남. 기독교사상, 673, 146-151.

신지영 (2012). 카프카의 동물이야기에 나타나는 인간화 기계-변신과 학술원에 드리는 보고를 중심으로. 카프카연구, 28, 47-72.

신진숙 (2006). 생명, 그 '살아 있는 시스템' / 프리초프 카프라, 『생명의 그물』, 범양출판부, 1998. 문학과 환경, 5(2), 164-169.

안승대 (2009). 생태주의 교육사회학의 시론적 검토. 교육사회학연구, 19(1), 151-175.

엄기호 (2014). 단속사회: 쉴 새 없이 접속하고 끊임없이 차단한다. 서울: 창비.

엄은희 (2012). 『머레이 북친의 사회적 생태론과 코뮌주의』를 읽고. 공간과 사회, 41, 109-114.

원병관 (2008). 동양 사상과 심층생태학. 동서비교문학저널, 18, 157-182.

유영만 (2002). 학습없는 e-Learning과 지식없는 지식경영 지식생태학적 관점에서 다시 생각해보는 e-Learning과 지식경영의 본질과 지향성. 교육정보미디어연구, 8(3), 45-83.

유민봉 (2003). 나를 찾아가는 자기경영. 서울: 미래경영개발연구원.

유영만 (2003). 한국 교육학의 미래와 「거리의 학습학」: 새로운 學習學 정립을 위한 시론적 논의. 한국교육학회편찬위원회(편)(2003). 자생적 한국교육학의 미래(pp. 479-512). 서울: 도시출판 원미사.

유영만 (2005). 당신의 강의에 날개를 달아드립니다: 공감과 소통의 교수법. 서울: 한양대학교출판부.

유영만 (2006). 지식생태학: 지식기반사회를 위한 포스트 지식경영(SERI 연구에세이 56). 서울: 삼성경제연구소.

유영만 외 (2009). 제4세대 HRD. 서울: 학지사.

유영만 (2012). 체인지 體仁知 — '경계'를 넘어 '경지'에 이르는 지식의 보물지도. 서울: 위너스북.

유영만 (2013). 브리꼴레르: 세상을 지배할 '지식인'의 새 이름. 서울: 쌤앤파커스.

유영만 (2014). 공식적·비공식적 학습과 소셜러닝을 통합·지원하는 개념적 HRD 생태계 모형 설계. 기업교육연구, 16(1), 247-277.

유영만 (2015). 실천적 지혜(phronesis)에 비추어 본 수업설계자의 전문성 재고. 기업교육연구, 17(2), 189-211.

유영만 (2016). 공부는 망치다. 서울: 나무생각.

윤노빈 (2003). 신생철학. 서울: 학민사.

윤용택 (1999). 환경철학의 한 대안으로서 확장된 인간중심주의—카프라에 대한 북친의 비판을 중심으로. 대동철학, 5, 185-209.

윤용택 (2003). 히든 커넥션 The Hidden Connections. 과학사상, 47, 262-287.

이귀우 (2001). 생태담론과 에코페미니즘. 새한영어영문학, 43(1), 39-51.

이도원 (2002). 부분과 전체-생태학에서 부분과 전체. 과학사상, 40, 58-73.

이도흠 (2002). 생태이론과 화쟁 사상의 종합. 교수신문(엮음). 생명에 관한 아홉 가지 에세이(pp.35-68). 서울: 민음사.

이상오 (2010). (심층)생태학적 인간이해를 통한 교육 패러다임의 재구성. 교육문제연구, 36, 57-80.

이상훈 (2003). 어느 환경주의자의 생명사랑 이야기. 서울: 그물코.

이상헌 (2011). 생태주의. 서울: 책세상.

이석재 (1992). 환경과 새로운 자연관-신과학운동의 자연관을 중심으로. 고황논집, 11, 171-199.

이성범 (1992). 카프라의 신과학 사상. 한국논단, 31(1), 196-201.

이성복 (2001). 네 고통은 나뭇잎 하나 푸르게 하지 못한다: 이성복 아포리즘. 서울: 문학동네.

이성복 (2015). 무한화서. 서울: 문학과 지성사.

이성호, 유영진 (2017). 사물지능 혁명: 명사의 시대에서 동사의 시대로. 서울: 이세.

이소영 (2012). 생태담론과 생명운동의 정치적 함의. 동양사회사상, 26, 289-323.

이승희, 유영만 (2002). 성찰적 실천의 관점에 비추어 본 수업설계자의 전문성 개발방안 탐색. 교육정보미디어연구, 8(2), 173-193.

이어령 (2003). 오늘보다 긴 이야기. 서울: 문학사상사

이영철 (2009). 사랑하는 여인들에 나타난 로렌스의 생태미학. DH 로렌스 연구, 17(1), 69-88.

이종흡(2012). 지구촌 환경사 쟁점으로서의 17세기 기계론-베이컨 논쟁을 중심으로. 인문논총, 29, 177-196.

이필렬 (2003). 인간과 생태와의 화해 — 머레이 북친, 휴머니즘의 옹호, 믿음사, 2002. 사회비평, 35, 340-345.

이현주 외 (2005). 콩알 하나에 무엇을 들었을까?. 서울: 봄나무.

이현지 (2007). 對待的 對立觀과 사회생태학의 새로운 패러다임. 철학논총, 49, 277-289.

이홍 (2004). 지식점프: 지식창조의 금맥을 찾아서. 서울: 삼성경제연구소.

이홍 (2008). 자기창조조직. 서울: 삼성경제연구소.

임재택 (2002). 아이들의 삶과 생태유아교육. 한국생태유아교육학회 2002년 추계학술대회발표자료집. 한국생태유아교육학회.

장상호 (1994). 인격적 지식의 확장. 서울: 교육과학사.

장연자 (2007). 생태학적 미술교육과정: 이론적 접근을 중심으로. 조형교육, 29, 449-488.

장원섭 (2011). 인적자원개발: 이론과 실천. 서울: 학지사.

장욱 (1998). 지속가능성에의 두 가지 접근방법: 생태적 효율성과 생태적 효과성. 환경정 책, 6(2), 7-20.

장하석 (2015). 장하석의 과학, 철학을 만나다. 서울: 지식플러스.

전경수 (2000). 문화시대의 문화학. 서울: 일지사.

전용갑, 황수현 (2016). 마야의 경전 포폴 부에 구현된 심층생태학적 유토피아. 비교문화 연구, 42, 47-68.

정규호 (2008). 생태적 (지역)공동체운동의 의미와 역할 및 과제. 경제와사회, 78, 57-82.

정석권 (2012). 헨리 데이빗 소로의 월든과 동양사상. 동서비교문학저널, 26, 125-144.

정인아, 김흥만, 이인희 (2011). 자연개념의 관점에서 본 사회생태학적 건축의 이해. 대학 건축학회 논문집, 27(5), 81-88.

정태창 (2011). 아도르노 철학에서의 이성의 파괴 ─ 계몽의 변증법에 대한 정치철학적 비 판 ─ . 철학사상, 40, 167-205.

정환도 (2003). 서구환경운동의 이데올로기적 이해. 영남지역발전연구, 31, 89-110.

정희진 (2016). 정희진의 어떤 메모: 고전이란 인간의 보편적 상황을 다루는 거죠. 한겨례 신문. 2016년 2월 19일.

조광수 (2017). 연결지배성 ─ 연결을 지배하는 자가 세상을 지배한다. 서울: 클라우드 나인.

차미란 (2003). 오우크쇼트의 교육이론. 서울: 성경제.

차윤정 (2004). 숲의 생활사. 서울: 웅진닷컴.

차윤정, 전승훈 (1999). 신갈나무 투쟁기: 새로운 숲의 주인공을 통해 본 식물이야기. 서 울: 웅진닷컴.

최미현 (2000). 생태학적 유아교육의 기본 프레임워크 탐색. 경북대학교 교육학박사학위 논문.

최병두 (2001). 심층생태학과 생물평등 및 자아실현으로서의 환경정의. 공간과 사회, 16, 36-68.

추재욱 (2014). 대위법적 문명의 의미 탐색 -헉슬리의 멋진 신세계. 문학과 환경, 13(2), 327-351.

한면희 (2002). 문명 패러다임 전환과 생태주의. 과학사상, 2002년 여름호, 43-60.

한면희 (2004). 초록 문명론. 서울: 동녘.

한면희 (2009). 스피노자와 생태철학의 함의. 환경철학, 8, 29-56.

한숭희 (2001). 평생학습과 학습생태계. 서울: 학지사.

한흥식 (2000). 심층생태학의 비판적 고찰. 교사교육연구, 39, 101-112.

홍성욱 (2010). 인간·사물·동맹: 행위자 네트워크 이론과 테크노사이언스. 서울: 이음.

SK C&C, 유영만(1999). 지식경영과 지식관리시스템. 서울: 한언.

Werber, B. (1999). Empire of the ants. 이세욱(역)(2001). 《개미 세트(전5권)》. 서울: 열린책들.

Bolinger, D. (1980). Language, the loaded weapon: The use and abuse of language today. London: Longman.

Bookchin, M. (2007). Social ecology and communalism. 서유석(역)(2012). 《머레이 북친의 사회적 생태론과 코뮌주의》. 서울: 메이데이.

Bowers, C. A. (1995). *Educating for an ecologically sustainable culture: Rethinking moral education, creativity, intelligence and other modern orthodoxies.* Albany, New York: State University of New York Press.

Bramwell. A. (1989). *Ecology in the 20th century: A history.* London, UK: Yale University Pres.

Brown, J. S., & Duguid, P. (2000). Knowledge and organization: A social-practice perspective. *Organization Science, 12*(2), 198-213.

Burnie, D. (2003). *Get a grip on ecology.* New York, NY: Barnes & Noble.

Cannon, W. B. (1963). *The wisdom Of the body*(Rev. and Enl. Ed Edition). New York, NY: .W. W. Norton & Company.

Capra, F. (1996). The web of life: The new scientific understanding of living systems. New York, New York: Anchor Books. 김용정·김동광(역)(1998). 《생명의 그물: 생물 시스템에 대한 새로운 과학적 이해》. 서울: ㈜범양사출판부.

Capra, F. (2002). The hidden connection: A science for sustainable living. Anchor. 강주현(옮김)(2003). 《나와 세상을 바꾸는 새로운 힘의 패러다임: 히든 커넥션》. 서울: 휘슬러.

Carson, R. (1962). Silent spring. 김은령(역)(2002). 《침묵의 봄》. 서울: 에코리브르.

Cherrett, J. M. (1989). Key concepts: The results of a survey of ourm embers' opinion. In J. M. Cherrett(Rd.). *Ecological concepts(pp. 1-16)*. Oxford, London : Blackwell.

Clive G. Jones, C. G., Lawton, J. H., & Shachak, M. (1994). Organisms as ecosystem engineers. *Ecosystem Management, 69,* 130-147.

Collingwood, R. G. (1996). 서양의 자연관의 변천 (1). 오창희(역). 과학사상, 19, 170-184.

Cohn, D. & Prusack, L. (2001). *In good company: How social capital makes organizations work.* Boston, MA: Harvard Business School Press

Dawkins, R. (2006). (The)selfish gene. 홍영남, 이상임(역)(2010). 《이기적 유전자》. 서울: 을유문화사.

Deleuze, G., & Guattari, F. (1980). Mille plateaux. 김재인(역)(2001). 《천 개의 고원》. 서울: 새물결.

Devall, B. (1980). The deep ecology movement. *Nature Resources Journal, 2,* 299-322.

Driscoll, M. P. (2000). *Psychology of learning for listruction*(3rd Edition). Pearson

Fukuyama, F. (1996). *Trust: The Social virtues and the creation of prosperity.* New York, NY: Free Pres.

Fukuyama, F. (1999). *Social capital and civil society. Prepared for delivery at the IMF Conference on Second Generation Reforms.* IMF Headquarters, Washington, D.C. IMF Institute and the Fiscal Affairs Department

Hagel III, J., Brown, J. S., & Davison, L. (2010). *The Power of pull: How small moves, smartly made, can set big things in motion.* New York: The Basic Books.

Harari, Y, N. (2015). Sapiens: A brief history of humankind. 조현욱(역)(2015). 《사피엔스》. 서울: 김영사.

Hawken, P. (1993). The ecology of commerce. 정준형(역)(2004). 《비즈니스 생태학》. 서울: 에코리브르.

Heeks, A. (2000). *The natural advantage: Renewing yourself.* 함규진(역)(2003).

《농부의 마음으로 경영하라》. 서울: 시대의 창.

Jabes, E. (1982). (Le) petit livre de la subversion hors de soupçon. (최성웅)(역)(2017). 《예상 밖의 전복의 서》 서울: dleek.

Jones, C. G., Lawton, J. H., & Shachak, M. (1994). Organisms as ecosystem engineers. In Ecosystem management (pp. 130-147). New York, New York: Springer

Johnson, S. (2002). Emergence: The Connected lives of ants, brains, cities, and software. New York, New York: Touchstone. 김한영(역)(2004). 《이머전스: 미래와 진화의 진실》. 서울: 김영사.

Kelly. K. (2016). The inevitable : understanding the 12 technological forces that will shape our future. 이한음(역)(2017). 《인에비터블 미래의 정체: 12가지 법칙으로 다가오는 피할 수 없는 것들》. 서울: 청림출판.

Lahiri, J. (2015). *In other words.* 이승수(역)(2015). 《이 작은 책은 언제나 나보다 크다》. 서울: 마음산책.

Latour, B. (2007). Cogitamus. Six lettres sur les humanites scientifiquesr. 이세진(역)(2012). 《브뤼노 라투르의 과학인문학 편지》. 서울: 사월의 책

Latour, B. (1991). Nous n'avons jamais été modernes . Paris, France: La Decouverte. 홍철기(역)(2009). 《우리는 결코 근대인이었던 적이 없다》. 서울: 갈무리.

Johnson, J. (1988). Mixing humans and nonhumans together: The sociology of a door-closer. *Social problems, 35*(3), 298-310.

Law, J. (1992). Notes on the theory of the actor-network: Ordering, strategy and heterogeneity. ystemic practice and action research, 5(4), 379-393.

Macy, J. & Chris, J. (2012). Active hope. 양춘승(역)(2016). 《액티브 호프》. 서울: 벗나래.

McDonough, W., & Braungart, M.(2003). Cradle to cradle: Remaking the way we make things. 김은령(역)(2003). 《요람에서 요람으로》. 서울: 에코 리브로.

Maturana, H. R. & Varela, F. J. (1980). *Autopoiesis and cognition: The realization of the living.* Dordrecht, Holland: Reidel Publishing

Company.

Maturana, H. R. & Varela, F. J.(1985). (El) arbol del conocimiento. 최호영 (역)(2007). 《앎의 나무: 인간 인지능력의 생물학적 뿌리》. 서울: 갈무리.

Maturana, H. R. (2004). From being to doing. 서창현(역)(2006). 《있음에서 함으로》. 서울: 갈무리.

Meyrowitz, J. (1986). *No Sense of Place: The Impact of Electronic Media on Social Behavior.* Oxford, England: Oxford University Press.

Naess, A. (1973). The Shallow and the Deep, Long-Range Ecology Movement. *A Summary. Inquiry, 16*(4), 95-100.

Nonaka, I. & Takeukchi, H. (1995). *The Knowledge-creating company: How Japanese companies create the dynamics of innovation.* New York, New York: Oxford University Press.

Nonaka, I. & Toyam, R. (2003). The knowledge-creating theory revisited: Knowledge creation as a synthesizing process. *Knowledge Management Research & Practice, 1*(1), 2-10.

Oliver. M. (2000). Winter hours: Prose, prose Poems, and poems. 민승남 (역)(2015). 《휘파람 부는 사람: 모든 존재를 향한 높고 우아한 너그러움》. 서울: 마음산책.

Oakeshott, M. (1947). Rationalism and politics. In Methun(1962). *Rationalism in politics and other essays*(pp.1-36). London, UK: Liberty Fund Inc.

Oakeshott, M. (1962). *Rationalism in politics and other essays.* Indianapolis: Liberty Press.

Polanyi, M. (1958). *Personal Knowledge.* London: Routledge & Kegan Paul. 표재명, 김봉미(역)(2001). 《개인적 지식: 후기비판적 철학을 향하여》. 서울: 아카넷.

Schon, D. A. (1984). *The Reflective practitioner: How professionals think in action.* Cambridge, MA: Basic Book.

Schon, D. A. (1987). *Educating the reflective practitioner: Toward a new design for teaching and learning in the professions.* San Francisco : Jossey-Bass.

Schon, D. A. (1990). *Educating the reflective practitioner: Toward a new design for teaching and learning in the professions.* San Francisco, CA: Jossey-Bass.

Senge, P., Scharmer, C. O., Jaworski, J., & Flowers, B. S. (2004). *Presence: Human purpose and the field of the future.* Cambridge, MA: SoL(The Society for Organizational Learning).

Sennett, R. (2009). The craftsman. 김홍식(역)(2010). 《장인: 현대문명이 잃어버린 생각하는 손》. 서울: 21세기북스.

Sessions, G. (1987). The deep ecology movement : A review. *Environmental Review, 11*(2), 105-125.

Stark, J. A. (1995). *Postmodern environmentalism: A critique of deep ecology.* Ecological Resistance Movements: The Global Emergence of Radical and Popular Environmentalism, 259-81.

Susan, S. (2009). Reborn: Journals & notebooks, 1947--1963. 김선형(역)(2013). 《다시 태어나다: 수전 손택의 일기와 노트 1947~1963》. 서울: 이후.

Rowland, G. (1999). *A tripartite seed: The future creating capacity of designing, learning and systems.* Cresskill, NJ: Hampton Press.

Ryn, D. & Cowan, S. (1996). *Ecological design.* Washington D.C.: Island Press.

Shimizu, H. (1999). 生命と場所: 創造する生命の原理. 新版. 박철은, 김강태(역)(2010). 《생명과 장소 — 창조하는 생명의 원리》. 서울: 그린비.

Tansley, A. (1935). The use and abuse of vegetational terms and concepts. *Ecology, 16*(3), 284-307.

Varela, F. J., Maturana, H. R., & Uribe, R. (1974). Autopoiesis: The organization of living systems, its characterization and a model. *Biosystems, 5,* 187-196.

Wiseman, L., & Mckeown, G. (2010). Multipliers: How the best leaders make everyone smarter. 최정인(역)(2012). 《멀티플라이어 — 전 세계 글로벌 리더 150명을 20년간 탐구한 연구 보고서》. 서울: 한국경제신문.

Woolcock, M. (1998). Social capital and economic development: Toward a theoretical synthesis and policy framework. *Theory and Society, 27*(2), 151-208.

Worster, D. (1994). *Nature's economy: A history of ecological idea*(2nd Ed.). New York, New York: Cambridge University Press; 2 edition (June 24, 1994).

Yoshikazu, K. (1990). Taenaru hatani tachite. 최성현(역)(2000). 《신비한 밭에 서서: 잡초와 함께 짓는 자연농법 철학》. 서울: 들녘.

Zimmerman, M. E. (1993). Rethinking the Heidegger-Deep Ecology Relationship. *Environmental Ethics, 15,* 195-224.

Zinsser, W. (1993). Writing to learn. (서대경)(역)(2017). 《공부가 되는 글쓰기: 쓰기는 배움의 도구다》. 서울: 유유.

인명색인

저자 소개

■ 유영만

지식생태학자, 한양대학교 교육공학과 교수
010000@hanyang.ac.kr
미국 Florida State University 교육공학 박사
한양대학교 교육공학과 석사

주요 관심사: 지식생태학, HRD(Human Relationship Development),
소통과 공감, 상상과 창조, 변화와 혁신을 통한 개인과 삶의 변화

지성 없는 야성은 야만이고, 야성 없는 이성은 지루하다고 생각하는 사람,
재미없는 의미는 견딜 수 없는 답답함이고,
의미 없는 재미는 참을 수 없는 가벼움이라고 거침없이 주장하는 사람,
체험 없는 개념은 관념이고, 관념 없는 체험은 위험하다고 선동하며
생태학적 상상력으로 사람과 세상을 변화시키고
자기다운 지식을 창조하고 공유하는 지식생태계를 연구하고 있다.

주요 저서로는 「나무는 나무라지 않는다, 2017」, 「곡선으로 승부하라, 2016」, 「공부는 망치다, 2016」, 「나는 배웠다. 그리고 아직도 배우고있다, 2015」, 「브리꼴레르, 2013」, 「니체는 나체다, 2012」, 「체인지(體仁知), 2012」, 「생각지도 못한 생각지도, 2011」, 「용기, 2007」등이 있고, 주요 역서로는 「나무를 심은 사람, 2017」, 「하던 대로나 잘 하라고?: 미어캣에게 배우는 위기를 기회로 바꾸는 기술, 2017」, 「에너지 버스, 2007」, 「빙산이 녹고 있다고?: 펭귄에게 배우는 변화의 기술, 2006」, 「핑!: 열망하고 움켜잡고 유영하라, 2006」 등 지금까지 80여권의 저서와 역서를 출간하고 있다.

■ 강수민

한양대학교 교육혁신팀 콘텐츠설계자
한양대학교 대학원 교육공학박사과정 수료
한양대학교 대학원 교육공학석사

주요 관심사: 과잉학습사회, 들뢰즈, 차이 생성, MOOC, 온라인 학습 등
"학습을 사랑하는 사람들은 삶을 사랑하게 되기 때문에 학습을 사랑하는 사람들에게 변화는 문제나 위협이 아니라 또 다른 흥미로운 기회가 된다(Handy, 1990)."는 말처럼,

학습과 연구 그리고 삶을 사랑할 수 있는 교육공학도가 되기 위해 오늘도 노력하고 있다.

■ 김소현

㈜HPC컨설팅 대표컨설턴트
한양대학교 대학원 교육공학 박사(Ph.D.)
한양대학교 대학원 교육공학 석사
한양대학교 사범대학 교육공학과 학사

주요 관심사: HRD, HRM, 일의 의미, 지식생태학 등
기업 현장에서 사람 중심의 HR을 실현하기 위해 노력하고 있다. 교육공학의 길에 들어
서게 된 우연적 마주침에 감사함을 느끼면서, 관념이 아닌 체험적 지식으로 나의 뿌리
인 교육공학에 기여할 수 있는 그 언젠가를 고대하며 한 걸음씩 내딛고 있다.

■ 김정이

제주문화기획학교 교장
한양대학교 대학원 교육공학 박사과정 수료
중앙대학교 예술경영학 석사(M.A.)

주요관심사: 지식생태학, 문화예술HRD 체제 설계, 실천적 지식공동체(CoP), 우정, 감
각, 연결 등
"모든 것의 배후에 예술이 있게 하라!!", 벽에 걸어놓는 예술이 아닌 일상과 삶의 예술
실천 가능성을 지식생태학에서 보고 있다. 돌을 깨서 부처의 형상을 조각하는 것이 아
니라 돌 안의 부처를 드러내는 서사의 구조와 패러다임에서 문화예술과 지식생태학은
궁극의 문제의식을 안고 있다. 암묵지의 모호함으로 가득찬 예술의 논리와 실천을 지식
생태학의 언어로 번역하고 해석하는 매개자로서의 현장연구자 '되기'를 실천하고 있다.

■ 설동준

프리랜서 문화예술기획자
전 사단법인 정가악회 운영실장
한양대학교 대학원 교육공학과 석사과정 재학
서울대학교 원자핵공학과 학사

주요 관심사: 미디어생태학, 예술경영, 신학
누군가에게 구체적인 도움이 되고 싶어서 대안학교 교사를 했고, 태어난 이유를 알고
싶어서 종교를 가졌다. 30대 중반에 '사람의 성장'이 인생을 관통한 관심사였다는 것을
알게 되었고, 지금은 교육공학을 공부하고 있다.

■ 이은택

(주)놀공 게임디자인 및 교육프로그램 기획자
전 청주대학교 교육혁신본부 전문연구원
한양대학교 대학원 교육공학 박사과정 재학
한양대학교 대학원 교육공학 석사

주요관심사: 수업생태계, 미디어경험, 게임디자인, 내러티브 등
실천현장에서 끊임없이 관계와 연결에 대해서 고민하면서 "지적해방"을 위한 진정한 경
험(real experience)의 본질을 찾아가고 있다.

■ 임상훈

미디어생태학자, 한양대학교 교육혁신팀 책임연구원
전 NAVER I&S Learning Design팀 과장/파트장
한양대학교 대학원 교육공학 박사(Ph.D.)
한양대학교 대학원 교육공학 석사

주요 관심사: 미디어생태학, 지식생태학, 디지털 환경에서의 학습
환경으로서 미디어의 영향력과 교육의 관계를 중심으로 교육, 기술, 그리고 문화의 융합
에 대해 관심을 갖고 있다. 저서로는 「미디어와 대화하라, 2016」이 있으며, 블로그 「삶
은 미디어; 미디어생태학자의 연구실」을 운영하며 일상에서 찾은 문제의식과 고민들에
대해 대중과 소통하고 있다.

■ 임애련

㈜놀공 공동대표
전 NHN서비스 인재육성팀장
한양대학교 대학원 교육공학 박사과정 재학
한양대학교 교육대학원 교육공학 석사

주요관심사: Play Based Learning, 게임, 경험디자인, 즐거운 놀이 생태계
최고의 교육 패러다임이자 환경인 게임의 교육적 방법론을 학문적으로 증명하고자 하고 있다.

■ 조현경

한겨레경제사회연구원 시민경제센터장
한양대학교 대학원 교육공학 박사(Ph.D.)

주요 관심사: 관계론, 사회적경제, HRD, HRM, 조직학습, 기술철학, 지식생태학 등
사람의 연약함과 상처를 아끼며, 객관직 달성보다 주관적 지향을 존중하는 공부를 소망한다. 더불어 함께 돌아가는 길이 빠른 길이라 믿으며 더불어 행복한 세상이라는 원대한 꿈을 꾸고 있지만, 동시에 매일매일 실패하고 자책하고 흔들린다. 삶 자체가 공부의 연속이기에 책이든 삶이든 끊임없이 공부하고 있다는 자각을 잃지 않기 위해 노력하고 있다. 인간성을 최대한으로 실현하는 것, 그것이 공부라 믿는다.

■ 최수진

지식생태학습자, 한국관광대학교 국제비서과 교수
한양대학교 대학원 교육공학 박사(Ph.D.)
이화여자대학교 대학원 교육학 석사

주요 관심사: 관계론, 인문학, 창의적 문제해결, 인성, 전문성, 대학교육 등
공부하는 삶에 매력을 느껴 사람이 갖추어야 될 전문성의 본질이 무엇인지를 파고들어 함께하는 학습을 통해 전문 지식을 창조하고 공유하는 과정을 탐구하고 있다.

지식생태학 — 생태학, 죽은 지식을 깨우다

초판발행   2018년 3월 5일

지은이   유영만 외 9인
펴낸이   안종만

편 집   전은정
기획/마케팅   송병민
표지디자인   조아라
제 작   우인도·고철민

펴낸곳   (주) **박영사**
             서울특별시 종로구 새문안로3길 36, 1601
             등록 1959. 3. 11. 제300-1959-1호(倫)

전 화   02)733-6771
f a x   02)736-4818
e-mail   pys@pybook.co.kr
homepage   www.pybook.co.kr
ISBN   979-11-303-0535-6   03370

정 가   18,000원